国家出版基金项目
NATIONAL PUBLICATION FOUNDATION

王世襄 集

王世襄 编著

髹饰录解说

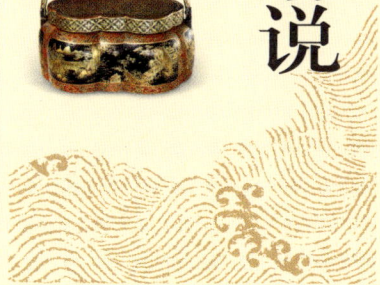

生活·讀書·新知 三联书店

出版说明

　　2009 年 11 月 28 日，王世襄先生在北京去世，享年 95 岁。随着王先生的辞世，他的研究及学问，即将成为真正的绝学。为使这些代表中国传统文化的绝学散发出璀璨的光芒，为后人所继承、发展，生活·读书·新知三联书店特推出《王世襄集》，力图全面、系统地展现王氏绝学。

　　王世襄，号畅安，汉族，祖籍福建福州，1914 年 5 月 25 日生于北京。学者、文物鉴赏家。1938 年获燕京大学文学院学士学位，1941 年获硕士学位。1943 年在四川李庄任中国营造学社助理研究员。1945 年 10 月任南京教育部清理战时文物损失委员会平津区助理代表，在北京、天津追还战时被劫夺的文物。1948 年 5 月由故宫博物院指派，接受洛克菲勒基金会奖金，赴美国、加拿大考察博物馆。1949 年 8 月先后在故宫博物院任古物馆科长及陈列部主任。1953 年 6 月在民族音乐研究所任副研究员。1961 年在中央工艺美术学院讲授《中国家具风格史》。1962 年 10 月任文物博物馆研究所、文物保护科学技术研究所副研究员。1980 年，任文化部文物局古文献研究室研究员。1986 年被国家文物局聘为国家文物鉴定委员会委员。2003 年 12 月 3 日，荷兰王子约翰·佛利苏专程到北京为 89 岁高龄的王世襄先生颁发 "克劳斯亲王奖最高荣誉奖"，其中一个重要的原因就是他对明式家具的研究，奠定了该学科的基础，把明式家具推向了至高无上的地位。

　　王世襄先生学识渊博，对文物研究与鉴定有精深的造诣。他的研究范围广泛，涉及书画、家具、髹漆、竹刻、民间游艺、音乐等多方面。他的研究见解独到、深刻，研究成果惠及海内外。《王世襄集》收入包括《明式家具研究》《髹饰录解说》《中国古代漆器》《竹刻艺术》《说葫芦》《明代鸽经　清宫鸽谱》《蟋蟀谱集成》《中国画论研究》《锦灰堆：王世襄自选集》（合编本）《自珍集：俪松居长物志》共十部作品，堪称其各方面研究的代表之作，集中展现了王世襄先生的学问与人生。

其中，《蟋蟀谱集成》初版时为影印，保留了古籍的原貌，但于今日读者阅读或有些许不便。此次收入文集，依王先生之断句，加以现代标点，以利于读者阅读。《竹刻艺术》增补了王先生关于竹刻的文章若干，力图全面展现王先生在竹刻领域的成果和心得。"锦灰堆"系列出版以来，广受读者喜爱，已成为王世襄先生绝学的集大成者；因是不同年代所编，内容杂糅，此次收入《王世襄集》，重新按门类编排，辑为四卷，仍以《锦灰堆：王世襄自选集》为名。启功先生曾言，王世襄先生的每部作品，"一页页，一行行，一字字，无一不是中华民族文化的注脚"。其中风雅，细细品究，当得片刻清娱；其中岁月，慢慢琢磨，读者更可有所会心。

《王世襄集》的编辑工作始于王世襄先生辞世之时。工作历经三载，得到了许多喜爱王世襄先生以及王氏绝学人士的支持和帮助，也得到了王世襄家人的大力协助，并获得国家出版基金的资助，在此谨表真诚谢意。期待《王世襄集》的出版，能将这些代表中华文化并被称为"绝学"的学问保存下来，传承下去。

生活 · 讀書 · 新知 三联书店 编辑部

2013 年 6 月

目　录

插图目录

彩版目录

18	乾隆云龙纹填漆碗	100	
19	清花鸟纹黑漆红细纹填漆皮胎椭圆盒	100	
20	明龙纹铲金细钩填漆箱	149	
21	乾隆锦地凤纹铲金细钩填漆莲瓣式捧盒	149	
22	苏州瑞光塔五代花鸟纹嵌螺钿黑漆经箱	103	
23	元大都遗址出土嵌螺钿广寒宫黑漆盘残件	103	
24	明缠枝莲纹嵌螺钿黑漆长方盘	103	
25	清初婴戏图螺钿加金银片黑漆箱	105，146	
26	元婴戏图剔红葵瓣式大盘	118	美国纽约大都会美术馆藏
27	元张成造栀子纹剔红盘	111，118	
28	宣德林檎双鹂图剔彩捧盒	123	
29	宣德芙蓉菊石纹攒犀地盘	160	
30	明双凤缠枝花纹漆画长方盒	96	
31	银扣剔犀盒	127	《中国漆艺二千年》定为5世纪，如所定不误，当为现知最早的剔犀器
32	元张成造剔犀盒	127	
33	明朱面剔犀椭圆盘	127	美国纽约大都会美术馆藏
34	马鞍山三国吴朱然墓出土黑漆铲金方盒	131	
35	武进南宋墓出土人物花卉纹朱漆铲金莲瓣式奁	131	
36	清初花鸟纹款彩屏风	129	
37	清初松鹤纹款彩屏风（局部）	129	
38	明花鸟山石纹百宝嵌黑漆圆角柜	152	香港洪氏藏
39	清洗象图百宝嵌长方盒	32，152	
40	清卢葵生制三鸡菊石图百宝嵌砚盒	152	
41	多宝臣制紫鸾鹊纹铲金细钩描漆间填漆盒	149	

彩图26、31、33均为海外藏家藏品，承蒙允许翻拍采用，谨于此深表谢忱。

凡　例

一、本书所据的《髹饰录》是1927年朱启钤先生的刻本。原书没有目录，现在的目录是依其内容编拟的。本书全录原书，为逐条编号，并加标点。

二、书中小四号仿宋字是黄成原文，六号细黑体字是杨明的注。用五号宋体排印的是为黄成原文及杨明注作的解说。

三、各条中的词句有需要解说的，依次录引，并加方括弧〔〕以清眉目。

四、原书末附《髹饰录笺证》，乃日人寿碌堂主人所作而经近人阚铎编订的。为了方便阅读，将《笺证》各则编号并加标点，分别提到本书各条之后，下注寿字某某号。《笺证》经与所引各书勘校，有不符之处则为注明。

五、为《髹饰录》作解说尽量用漆器实物印证。书后附引证实物目录，以备检查。惟各门类漆器，传世或多或少，故引证实物，数量也难一致。又因见闻不广，若干种漆器尚未找到实例，只得暂缺，待继续访求。

六、髹饰技法，也是解说本书的重要内容。凡向匠师请教所得，文献查阅所见，均经录引，分列各条之后。

七、本书仅有少数插图。大量实物图片另编成《中国古代漆器》一册，共收约一百五十余件，彩色版约占三分之二，该图册可作为本书的附图。

八、自质色门至单素门，其中可能出现的各种做法及名称，试将列入表格，编成附表十四张，以便读者一览。

九、髹饰名词及术语编成索引，以供查检。

十、批注系何豪亮先生为《髹饰录解说》所做。

前　言

一

漆器制造和漆工艺术是中国、日本、朝鲜及东南亚诸国，长期以来在相互交流影响下共同发展起来的。由于漆器坚实轻便，耐热耐酸，抗潮防腐，又可施加花纹装饰，故具备实用、经济、美观等特点。它种类繁多，用途甚广，在人民生活中不可或缺。

我国用漆有悠久历史，其始远在原始社会时期。殷商遗址多次发现有描绘乃至雕嵌的漆器残件。在此之前，肯定还经历了一个发展时期。几千年来，劳动人民积累了丰富的漆工经验，并曾加以总结。第一部见于著录的专书是五代朱遵度的《漆经》（见《宋史·艺文志》），惜早已失传。现在能看到的古代专著，明黄成的《髹饰录》要算是仅存的一部了。"髹饰"一词最早见于《周礼》。古代用漆漆物曰"髹"，"饰"有文饰之意。前人或言漆工，或言漆器，常用这两个字来概括。故书名《髹饰录》，即"关于漆工及漆器的记录"而已。

黄成，号大成，新安平沙人，是隆庆（1567—1572 年）前后的一位名漆工。他的著作总结了前人和他自己的经验，较全面地叙述了有关髹饰的各个方面。此书在天启五年（1625 年）又经嘉兴西塘的杨明（号清仲）为它逐条加注，并撰写了序言。西塘又名斜塘，是元、明两朝制漆名家彭君宝、张成、杨茂、张德刚的家乡。杨明可能是杨茂的后裔，也精通漆工技法。《髹饰录》经过杨明的注释，内容就更加翔实了。

《髹饰录》虽是我国现存唯一的古代漆工专著，但三四百年来只有一部抄本保存在日本。直到 1927 年才经朱启钤先生刊刻行世（图一）。关于它的流传及出版经过，见朱启钤先生的《髹饰录弁言》。

二

《髹饰录》分乾、坤两集，共十八章，一百八十六条。这里试用表格来说明此书的主要内容：

《髹饰录》内容简表

集 别	章 名	条 数	内 容	内容归纳
乾 集	（乾集序）*	1	总论制造方法	制造方法
	利用第一	40	漆工的原料、工具及设备	
	楷法第二	31	各种漆工容易发生的毛病及之所以发生毛病的原因	
坤 集	（坤集序）	1	总论漆器分类	分类叙述各种漆器
	质色第三	9	单纯一色不加文饰的各种漆器	
	纹㒷第四	5	表面有不平细纹的各种漆器	
	罩明第五	5	打色地上面罩透明漆的各种漆器	
	描饰第六	6	用漆或油描花纹的各种漆器	
	填嵌第七	8	填漆、嵌螺钿、嵌金、嵌银的各种漆器	
	阳识第八	6	用漆堆出花纹的各种漆器	
	堆起第九	4	用漆灰堆出花纹上面再加雕刻描绘的各种漆器	
	雕镂第十	13	雕漆、雕螺钿的各种漆器	
	铲划第十一	3	刻划细花纹再填金、填银或填色的各种漆器	
	斒斓第十二	20	两种或两种以上的文饰相结合的各种漆器	
	复饰第十三	6	某种漆地与一种或一种以上的文饰相结合的各种漆器	
	纹间第十四	7	填漆类中的某种做法与铲划类中的某种做法相结合的各种漆器	
	裹衣第十五	4	胎骨上面不上灰漆而用皮或织品蒙裹的各种漆器	
	单素第十六	5	简易速成，只上一道漆的各种漆器	
	质法第十七	8	漆器的基本制造过程	制造方法
	尚古第十八	4	修补及摹仿旧漆器	
共 计	18章	186条		

* 括号中的名称为原书所无，作者所加。

从上表可以看出《髹饰录》的内容分两大类：第一、第二、第十七、第十八等章讲制造方法；第三章至第十六章讲漆器的分类及各类中的不同品种。有时也因叙述品种而涉及它们的做法。

三

《髹饰录》是一部有价值而应当受到重视的古籍。据目前的认识，其价值在于：

（一）使我们认识到祖国漆工艺的丰富多彩

我国漆工艺，由于社会经济的发展，到明代又出现了一个新的兴盛时期，比之宋元两朝，不仅扩大了产量，还增添了许多新品种。杨明就指出了这一点。他说："今之工法，以唐为古格，以宋元为通法。又出国朝厂工之始，制者殊多，是为新式。于此千文万华，纷然不可胜识矣。"（见《髹饰录序》）我们试看一下《髹饰录·坤集》，"质色"至"铲划"各门，名色已甚繁多，而"斒斓"、"复饰"、"纹间"三类，更使人有千文万华之感。这三类中的每一品种，都是由两种或更多的做法结合而成的。多种做法的相互配合，或由文质的变换，或由装饰的损益，遂使花色翻新，形态迭异。因而即使用图表来排列各种名色，也因变化繁多，难以备举。

我们去博物馆或工艺美术展览参观漆器，品种纷呈，文饰夺目，往往使人赞叹不已。倘进而再读一读《髹饰录》，会发现一般博物馆及展览会所陈列的，还只不过是传统品种的一小部分。这就更加认识到我国传统漆器丰富多彩到何等程度！前代工匠的勤劳智慧，创造了精神和物质财富，美化了生活，为人类作出了贡献，使我们振奋自豪，不由地受到了爱国主义的教育。

（二）《髹饰录》是研究漆工史的重要文献

研究明代漆工艺，《髹饰录》的重要性是无可比拟的，就是探索更早的漆工史，也有重大的参考价值。例如关于剔红，黄成说："唐制多印板刻平锦朱色，雕法古拙可赏；复有陷地黄锦者。宋元之制，藏锋清楚，隐起圆滑，纤细精致。"杨明也说唐代的剔红"刀法快利，非后人所能及，陷地黄锦者，其锦多似细钩云，与宋元以来之剔法大异也"。由于唐代剔红现在还缺少实例，两家的描述就为我们提供了宝贵的材料。又如螺钿条中讲到"壳片古者厚而今者渐薄也"。我们取唐代嵌螺钿漆背镜和明代的螺钿器相比，壳片厚薄的变化十分显著。又由于近年的考古发掘填补了元代薄螺钿的空白，更加证实了杨明的说法是完全正确的。

（三）《髹饰录》为继承传统漆工艺，推陈出新，提供了宝贵材料

《利用第一》讲到原料、工具、设备，虽然文字隐晦，还是能从中获得许多古代漆工知识。《楷法第二》专论忌病，是按漆器的品种或制造过程排列在一起的。杨明的注又进一步解释了每一忌病的原因。这样就使人明白哪一种做法容易发生哪一种毛病，因而更能帮助我们理解漆工做法。最为切实简明的是《质法第十七》，有条不紊地叙述了由棬榡到糙漆六个生产过程。各种漆器不问最后文饰如何，都必须经过这几道工序。这些都是漆工必须掌握的基本知识，也是继承传统应当重视的法则。

《髹饰录》用了更多的篇幅叙述各种漆器的形态和做法，这些材料更为宝贵。我国目前正在生产或尚能生产的漆器究竟有多少种，虽有待作全面的调查才能知道，但近年的工艺展览和报刊画册，也大体上反映了现有品种。我们如果与《髹饰录》对比一下，就会得出传统品种未见制造的为数尚多这样一个结论。这并不是说凡是古代有过的品种今天要无批判地一一继承，但其中确有不少应当恢复继承的好品种，而其工艺技法需要下一番探索工夫才能搞清楚并用到实际生产中去。根据本书的描述进行挖掘试制，若干已经中断或久已失传的品种是可以获得新生的。一旦弄清了传统技法之后，在设计上和制作上加以改进或变革，就可以制造出更能适合今天人民生活需要的新产品来。另一方面，由于《髹饰录》讲到不同品种的相互结合，可以帮助我们掌握漆工的变化规律，使髹饰工艺呈现出新的面貌。即以现代的漆画来说，就是在我国流传已久的描漆、填漆等做法上发展出来的，综合之巧，变化之多，已超过历史上任何一种漆器。但它还需要吸收、融会更多的技法来丰富它的表现力，使它更适合描绘

新题材、新内容，能更好地为社会主义服务。《髹饰录》正是在这方面含蕴着大量的、宝贵的漆工材料，等待我们去寻绎、研究和应用。

（四）《髹饰录》为髹饰工艺提出了比较合理的分类

《髹饰录》讲到的漆器品种虽甚繁多，但是阅读起来并不觉得庞杂纷乱，相反地却不难得到一个比较系统的概念。这不能不归功于黄成的分类。本书是按漆器的特征来分门别类的。如"质色"门只收单纯一色不加文饰的漆器，"阳识"门都是用稠漆或漆灰堆成花纹的漆器等等。每门中各个品种的先后排列也体现了一定的逻辑性。这样就使人容易理解漆工的整个体系，可以由纲及目地找到所属的各个品种。仅仅这一比较合理的分类，黄成已为漆工研究者开辟了方便的途径。

（五）《髹饰录》为漆器定名提供了比较可靠的依据

有的博物馆工作者谈到如下的体会，即为古代漆器编目，往往感到定名称有困难。如沿用过去古玩业的旧称，既嫌笼统，不能表明其特点，又不免众说纷纭，莫衷一是。及待查阅了《髹饰录》，就找到了比较可靠的定名依据。当然在博物馆陈列中，向广大观众介绍漆器，不必也不宜机械地搬用《髹饰录》中某些冗长的全称。但适当的简略或变通，也只有在参考、研究了此书的命名之后才能拟定出来。《髹饰录》中许多术语也是值得学习使用的。在领会了其涵义之后，用来描写漆器的形态，叙述制造的过程等，觉得准确明了，有许多便利之处。

《髹饰录》的价值除上述几点之外，它还强调要有严肃认真的工作态度；反对粗制滥造，违反操作规程；反对造假古董，用以牟利欺人。如仿古器，有款可以照摹，但应另加一款，曰"某姓名仿造"。这些严格要求自己，重视质量，实事求是，一丝不苟的科学精神，也是值得我们学习的。

总之，凡是前人通过生产斗争和科学实验而总结撰写的著作，必然是有价值的。《髹饰录》正是在漆工方面成功地做到了这一点。古代著作而能为今人所用，正是此书应当受到重视的原因。

四

《髹饰录》虽然是一部有价值的古籍，也还存在着一些缺点。

最显著的缺点是黄成原文采用了一种比喻方法，甚至影射附会的写法，以致隐晦难懂，尤以"乾集"为甚。每条文字少仅十几字，多也不过二三十字，即使用通俗的语言，如此简短也无法讲清楚。杨明为逐条作注，在一定程度上弥补了上述的缺憾，但仍使人感到不够明了，更说不上详尽。实际上，总结漆工知识，介绍髹饰品种，直接了当地阐述讲解，只会比黄成的写法更容易些，为什么他竟避易就难，弄巧成拙呢？分析起来，有内因也有外因。

《髹饰录》不论是黄成自撰还是经人整理，他想借此来夸耀学识渊博、文笔典雅的意图，我们认为是存在的。因此他开宗明义就郑重其事地指出髹饰之中包含着与天地造化同功、四时五行相通的大道理。在这种主导思想的支配下，与漆工并无直接关系的种种自然物象被当作标题使用，经、史、诸子中的辞句也被引用，这样一来，距离漆工的实质问题却越来越远了。

在外因方面，明代社会严重地存在着重士轻工的风气，许多人只重视读书致仕，看不起劳动生产。一本漆工专著如用通俗的语言写成，会被认为不过是工匠的手册底本，得不到重视。黄成的内因何尝不曾受到外因的影响？

至于黄成本文和杨明注文每条都不长，可能是因为新安、嘉兴都是当时髹漆之乡，许多工具和方法是一般留心工艺的人，尤其是漆工所熟悉的，所以他们认为没有详细描述的必要。到了今天，几百年前使用的方法、工具和原料，有的已经改变，有的已经失传，我们希望从这部书中获得完整详尽的纪录，自然很难得到满足了。

书中讲到漆工史料，有的并不符合事实。如杨明认为施加铦划花纹的宋、元金银胎漆器是铦金、铦银漆器的起源，显然把时代定得太晚了。这是因为他不具备现在的条件，不可能看到大量的考古发掘成果的缘故。

黄成在《髹饰录》中讲到的漆器品种已经很多，再经杨明的补充就更加完备，但也还有没被提到的❶。它们之所以未被提到，或许由于明代尚未流行，或许由于杨明所谓的"文质不适者，阴阳失位者，各色不应者，都不载焉"。不过也确实有被遗漏掉的。例如"棬榡"条讲到用各种材料做胎骨，却漏掉了皮胎。其实春秋战国时已用皮革上漆做甲和盾，此后各代都用革来做马鞍、箱、匣、盘、盒等多种漆器的胎骨。又如黑漆地通身嵌螺钿屑，明代有这种做法的实物。倘依由简而繁、先质后文的次序，在"螺钿"条中应该较早讲到，而黄、杨两位都未将它作为一个独自存在的品种。当然《髹饰录》即使有所遗漏，也不能算是什么缺点，只是顺便指出《髹饰录》并没有也不可能把漆器制法完全囊括无遗。

五

为了研究我国髹漆工艺在历史上的辉煌成就，为了使这门工艺美术能更加发展，推陈出新地为社会主义服务，有必要持分析批判的态度对《髹饰录》进行研究；而设法读懂它、明了它，为它再作一番注解又是这项研究工作的第一步。这就是编写《髹饰录解说》的动机和目的。

《髹饰录》是承朱启钤先生的面授才知道有这样一本书的，解说的编写也得自他的启示。初稿始于1949年冬，时作时辍，到1958年秋才写成。当时编写的方法和采用的材料大体上是这样的：

（一）将黄成原文及杨明注中的名词、术语编成索引，以便通过相互参校，综合诠释来探索其意义。

（二）观察实物，取与《髹饰录》相印证。传世漆器多数是故宫博物院的藏品。出土漆器未能见到实物的，以发掘报告或简报为据。

（三）向老漆工艺人请教髹饰技法及有关工具、原料的知识。在这方面多宝臣❷先生给我的帮助最大。他热情地向我讲授几十年的实践经验并亲手操作示范。

（四）在征引文献中，古代史料多取自类书、笔记、杂著等及朱启钤先生撰辑的《漆书》；现代漆工技法专著有与传统技法相通的也酌量录引。

❶ 曾见实物而未经《髹饰录》提到的漆器品种有：1. 漆地上洒金片或银片，上面不再罩透明漆（见92）。2. 在立体圆雕或透雕的木胎漆器上作彩绘的描漆花纹，实物如江陵望山一号墓出土的战国小座屏（见95）。3. 黑漆地通身洒螺钿屑（见103）。4. 黑漆地嵌镂花骨片（见103）。5. 黑漆地嵌镂花铜片花纹（见105）。6. 像刻竹似的在漆器上作阴文花纹或文字（见78、79）。7. 刻竹为胎并在上面堆粘用胶粉挤出的阳文花纹，通体再上漆（见125）。8. 在用漆刷旋转刷成的仿犀皮地上做铦金的针划花纹（见160）。9. 以皮革作胎的漆器（见176）。10. 做法如篾胎，但不用竹丝而用铜丝，器物以箱、盒为多（见176）。11. 用彩漆模仿古铜器，身上布满斑驳的锈色（见186）。

❷ 多善，字宝臣，蒙古族，1888年生于北京。年十八从妻叔刘永恒学彩画及漆工。刘擅长彩漆描金，清末承应营造司定制的宴桌、箱、匣等器物，多宝臣得其传授。约1920年以后，多宝臣常为东华门同古斋雕漆局及灯市口松古斋古玩铺做彩漆、雕填种种古漆器。1953年多宝臣在故宫博物院修复工厂任技术员，1961年退休，1965年病故。

初稿为了征求意见，提供审阅，曾付油印，承朱启钤先生为撰写《序言》并题书签。

初稿油印后到现在，又经 1965 年和 1977 年两次补充修改。主要是后一次，除根据收集到的意见作了某些修订外，把近年重要的考古发现补充了进去，引证实物增添或更换了约八十例，并收进了一些能够看到的近年国外材料。对若干漆器品种及其装饰风格的继承问题，也试提出个人看法，供漆器生产者参考。

编写《髹饰录解说》前后虽已经历了三十年，但由于见闻不广，所见实物有限，考古发掘材料，间接引用居多，难免有错误。国内几个漆器制造中心，除福州、扬州外尚待调查访问，自己又不是漆工，缺少实际经验，对技法的理解，难免有误。中外文献，未经寓目的尚多。更重要的是受思想水平的限制，对这样一项需要运用辩证唯物主义和历史唯物主义观点才能做好的文化遗产整理工作，感到难以胜任。因此《髹饰录解说》必然存在着缺点和错误。不过任何事物都是不断提高、不断前进的。《解说》有幸正式出版，望能得到更多的批评和帮助。本人愿意把这次付印看作今后修改补充的一个新的起点。

最后谨向对《解说》工作给予过鼓励、协助的单位和同志致衷心的感谢。

王世襄

1979 年 5 月

*　　　*　　　*　　　*

《髹饰录解说》于 1958 年油印刊行后，经过两次修改补充，至 1983 年始正式出版。迄今又过了十五年，自然有不少应当补入的材料。遗憾的是自 1995 年我左目失明，已不可能把这些年的有关书刊查阅一遍；出外采访调查，更感困难。因此再一次的补充已力不从心，而只能为再版增加以下内容：

一、彩图四十一幅。弥补了初版本有彩图而被删去的缺憾。

二、何豪亮教授对《解说》的批注九十七条。为便于检阅，另增凡例一条。详见批注说明。

三、附文。包括拙文三篇及李一氓前辈、朱家溍兄的书评两篇。

王世襄

时年八十有四

朱启钤先生序

《髹饰录》者，明黄大成所撰之漆工专著也。此书在日本之传抄经过及民国丁卯镂板原委，予之弁言，已有论及。当时只印二百部，以其半分贻友好，半寄日本之藏原书者，藉为酬谢。是时《营造法式》亦甫刊成，两书木板，并庋文楷斋。不意《法式》板权，旋经陶兰泉先生转让上海商务印书馆，木板南运，装箱仓促，《髹饰录》未及拣出，遂随之捆载而去。"一·二八"事起，涵芬楼惨罹日寇轰炸，两书木板，同付劫灰。阚君霍初，方客大连，复取丁卯刊本，缩印若干部。为数既无多，又大抵流入日本书肆，予竟未能获见。数载之间，《髹饰录》虽两度刊行，但世乱亟而印本少，欲求初刻或缩本，久已渺不可得。哲匠名篇，传而未广，中心怦怦，不能已也。

1949 年秋，王畅安世兄游美归来，备道海外博物馆对吾国髹漆之重视。予即出示《髹饰录》并以纂写解说之事相勖，以为欲精研漆史，详核髹工，舍此无由，而将来解说与本文同刊，化身千百，使书易得而义可通，其有功漆术，嘉惠艺林，岂鲜浅哉！

畅安韪吾言而行之笃，数年来或携实物图片，就予剖难析疑。或趋匠师，求教操作之法，口询笔记，目注手追，必穷其奥突而后已。或寻绎古籍，下逮近年中外学者之述作。如予所辑《漆书》，不过獭祭杂钞，亦不鄙弃，特为校订付印。盖其无时不为解说蓄集资料，致力于此业深矣。

解说之稿，前已两易，予每以为可，而畅安意有未惬。顷读其最近缮本，体例规模，烂然愈备。逐条疏证，内容翔实而文字浅易。引证实物，上起战国，下迄当代，多至百数十器。质色以下十四门，为详列表系，可一览而无遗。更编索引，附之篇末。予之弁言，不亦云乎："今高丽乐浪出土汉器，其中铜扣、铜辟、铜耳诸制，即为黄氏所未经见，而未载之斯录者。又清宫秘藏历代古器，近亦陈列纵览，均可实证古法，辅翼图模，足资仿效，他日裒集古今本器，模印绘图，附列取证，即填嵌、描饰、铣刻、斒斓等等名色，亦拟依类搜求，按图作谱，其与墨法可通者，并取诸家墨谱，附丽斯篇，以为佐验。"是予曩所虑及者，畅安已悉为之，曩所未虑及者，今畅安亦为之。不期垂朽之年，终获目睹其成。卅年夙愿，此日得偿。平生快事，孰胜于斯？

《髹饰录》解说之作，予主之最力，望之亦最切，而其中甘苦，予知之复最审。然则叙述此书缘起，舍予又将其谁？

此所以不辞昏眊，不惮溽暑，力疾而为之序也。

1958 年 7 月紫江朱启钤识

时年八十有七

朱启钤先生《髹饰录》弁言

新安黄大成，为明隆庆间名匠。《格古要论》及《清秘藏》，称其剔红匹敌果园厂，而花果人物，刀法以圆活清朗著称。杨清仲《髹饰录》序许为一时名匠，精明古今髹法，殆无愧色。然国史方志于黄氏之艺事文学，阙焉不采。求如洪髹等之挂名于《嘉兴府志》，亦不可得。载笔之徒，浅视艺术，甄录不广。遂使绝学就湮，奇书失野，可慨也。

书契之用，漆墨代兴。唐宋之际，易水李氏，迁徙新安，治墨数世，遂为墨法南行之钤健。世人但知廷珪制墨，因材于黄山之松，不知新安产漆亦极丰饶。沈珪继起，烧烟和墨，取用益繁，而雕样琢坯，划理识文，以及漱金、嵌珠、填彩、揩光，无一不与髹工相表里。即附丽于墨之文玩，如墨匣、墨床、沙砚、笔管、笔阁、水丞、砚山之属，或髹、或雕、或刷丝、或错彩、或施金。凡世守之工，新安人无不擅之。然则名为墨工，毋宁名为漆工之为愈也。

北宋名匠，多在定州，如刻丝、如瓷、如髹，靡不精绝。靖康以后，群工南渡，嘉兴髹工，遂有取代定器之势。降逮元明，如彭君宝、张成及子德刚，杨茂、

杨埙父及埙等，皆为西塘杨汇人，而张德刚应明成祖面试，官营缮司所副。其时官局果园厂复兴剔红，德刚供奉其间，是为南匠北来之证。至天顺间，西塘又有杨埙父子，习髹于日本，遂以"杨倭漆"著名。清仲生于西塘，丁有明之晚季，本其高曾之规矩，乡里所睹，记于黄氏之书，遂条加注，不啻左氏之传《春秋》。

畸人夙慧，余事多能，心手调和，遂成绝诣。然非鄙为小技，语焉弗详；即或讳莫如深，秘为独得。每谓《辍耕录》所载黑光、朱红、鳗水及铧金银诸法，出自朱遵度《漆经》。今朱书已佚，赖此得窥一斑，已为厚幸。平沙、西塘两氏，推本师承，发挥意匠，循名辨物，体用兼赅，盖训故精详，义例朗彻，固已奄有经生良史之长，而考工术语，学士大夫，转不能笔削一字。

黄书之论刀法，于剔红则谓："唐制多印板刻平锦朱色，雕法古拙可赏，复有陷地黄锦者。宋元之制，藏锋清楚，隐起圆滑，纤细精致。"于剔犀则谓："复或三色更叠，其文皆疏刻剑环、绦环、重圈、回文、云钩之类，纯朱者不好。"于铧金、铧银则谓："细钩纤皴，运刀

要流畅而忌结节。"以上云云，于尚古精意，阐发无遗。按之《清秘藏》《格古要论》诸书所纪，黄氏刀法匹敌果园，信非虚誉。杨氏注中如"要文饰全不异本器，则须印模后熟视而施色。如雕镂识款，则蜡墨干打之，依纸背而印模，俱不失毫厘"诸语，于引申黄说，薪尽火传之意，指示可谓详明。近世作家，去古益远，于果园尚不经见，遑论唐宋？盖研求刀法，非亲见本器不为功。图谱已苦隔膜，况图谱不传，仅就文字以求刀法乎？今高丽乐浪出土汉器，其中铜扣、铜辟、铜耳诸制，即为黄氏所未经见，而未载之斯录者。又清宫秘藏历代古器，近亦陈列纵览，均可实证古法，辅翼图模，足资仿效。他日裒集古今本器，模印绘图，附列取证，即填嵌、描饰、铦划、斒斓等等名色，亦拟依类搜求，按图作谱。其与墨法可通者，并取诸家墨谱，附丽斯篇，以为佐验。

墨髹朱里，导源虞夏。日本至今，尚供日用。彼中治漆，悉依我法，墨守精进，通国风行。据《辍耕录》诸书所纪，知元代民间日用漆器，多于近世。数千年特产名工，日就闉塞，横览东邻，瞠乎其后。即此名著，硕果仅存。日儒抱残守阙，奉为楷模。大村西崖氏珍如枕秘，赞美不置。迻书求索，幸得寓目。惜辗转传抄，讹夺过甚。赖有寿碌堂主人，博引群书，加以疏证，推绎数四，方得卒读。顷者斠校既竟，先复录注旧观，即付剞氏。杀青甫就，又闻大村氏遽归道山，未共欣赏，戚然久之。摘录大村氏原函，以志来历。更属阚君铎，就寿碌堂主人笺注各条，引申厘订，别为《笺证》，附刻录后，以诒读者。

民国十六年丁卯二月紫江朱启钤识

节录大村西崖氏述流传及体例原函

《髹饰录》一书，初木村孔恭（字世肃，堂号蒹葭，以博识多藏闻于世。享和九年，即清嘉庆二年卒），藏钞本一部。文化元年（嘉庆九年）昌平坂学问所（德川幕府所置儒教大学）购得之。维新之时，入浅草文库，后转归帝室博物馆藏，并有印识可征。我美术学校帝国图书馆及尔余两三家所藏本，皆出于蒹葭堂本，未曾有板本及别本。但转写之际，往往生异同而已。眉批及夹注，并寿碌堂主人所笔，如⊖、⊜、○、△、圊、圏等皆是。寿碌堂主人为何许人，遍加探索，迄未能详，意者昌平坂学问所之一笃学者欤？至黄氏正文与杨注之区别，例如："天运，即旋床。有余不足，损之补之"是正文。"其状"云云以下双行是杨注。"坤集"大字，悉是正文，双行亦是杨注。请准此以校理。异日得见尊刊印本，何快如之？

杨明《髹饰录》原序

漆之为用也，始于书竹简。而舜作食器，黑漆之。禹作祭器，黑漆其外，朱画其内，于此有其贡。周制于车，漆饰愈多焉。于弓之六材，亦不可阙，皆取其坚牢于质，取其光彩于文也。后王作祭器，尚之以着色涂金之文，雕镂玉瑶之饰，所以增敬盛礼，而非如其漆城、其漆头也。然复用诸乐器，或用诸燕器，或用诸兵仗，或用诸文具，或用诸宫室，或用诸寿器，皆取其坚牢于质，取其光彩于文。呜呼，漆之为用也其大哉！又液叶共疗疴，其益不少。唯漆身为癞状者，其毒耳。盖古无漆工，令百工各随其用，使之治漆，固有益于器而盛于世。别有漆工，汉代其时也。后汉申屠蟠，假其名也。然而今之工法，以唐为古格，以宋元为通法。又出国朝厂工之始，制者殊多，是为新式。于此千文万华，纷然不可胜识矣。新安黄平沙称一时名匠，复精明古今之髹法，曾著《髹饰录》二卷，而文质不适者，阴阳失位者，各色不应者，都不载焉，足以为法。今每条赘一言，传诸后进，为工巧之一助云。

天启乙丑春三月西塘杨明撰

〔髹饰〕用漆来漆东西的意思。髹，音休，本作髤，今通作髹，或作髤。髹饰两字，最早见于《周礼·春官·巾车》："驖车、藻蔽，然禩髹饰。"《汉书·外戚传》第六十七下："其中庭彤朱，而殿上髹漆。"颜师古注："以漆漆物谓之髹。"

〔漆之为用也，始于书竹简〕指古代用漆在竹简上写字。《后汉书·儒林列传》第六十九上："亦有私行金货，定兰台漆（襄按：漆同漆）书经字，以合其私文。"《晋书束皙传》："太康二年，汲郡人不准盗发魏襄王墓，或言安厘王冢，得竹书数十车……简书折坏，不识名题……漆书皆科斗字。"元吾衍《学古编》："科斗为字之祖，像虾蟆子形也。……上古无笔墨，以竹梃点漆书竹简上。竹硬漆腻，划不能行，故头粗尾细，似其形耳。"元陶宗仪《辍耕录》："上古无墨，以梃点漆而书。"以上是古代文献关于漆书竹简的一些记载。据考古发掘，漆的最早使用并不始于书写。商代用漆，但当时的甲骨文是契刻而成的。漆应当最早用在劳动工具上，"始于书竹简"只是一种古代传说，是不可信的。

漆之始用，应当远在原始社会时期，在今后的考古发掘中，将会发现越来越多的证据。1978年余姚县河姆渡村遗址，发掘到大量木器。据报道：在"第三文化层有一件木碗，造型美观，腹部瓜棱形，有圈足，内外都有朱红色涂料，色泽鲜艳，它的物理性能和漆相同"（《余姚县河姆渡村发现距今七千年的原始社会遗址》，《光明日报》1978年5月19日第三版）。1960年前后在江苏吴江梅堰新石器时代遗址中发现棕色彩绘陶器，经初步试验，认为棕色物体是漆（江苏省文物工作队：《江苏吴江梅堰新石器时代遗址》，《考古》1963年六期）。

1977年中国科学院考古研究所在辽宁敖汉旗大甸子古墓葬中发现的两件近似瓢形的薄胎朱漆器，具体用途尚待研究，据碳十四测定，距今约为3400—3600年。墓葬属于夏家店下层文化。据考古所同志的分析研究，此文化层的部分遗物，与黄河流域青铜时代较早遗址的出土器物，面貌相似，而另一部分，则有龙山文化的特征，因而视为中原地区晚期龙山文化的变种（夏鼐：《我国近五年来的考古新收获》，《考古》1964年十期）。这样早的墓葬，又远处北方，而竟发现漆器，有可能是从中原或南方运去的。

较上例稍晚的是1973年在河北藁城台西村商代遗址发现的漆器残片。从尚能辨认的形状来看，有盘有盒，朱地黑纹，绘有饕餮纹、夔纹、雷纹、蕉叶纹等，有的还嵌着方、圆、三角等不同形状的绿松石（河北省博物馆、河北省文管处台西发掘小组：《河北藁城县台西村商代遗址1973年的重要发现》，《文物》1974年八期）。台西村的发现，可见商代的漆工艺不仅已有漆画，就连镶嵌的技法也已经有了。以上是现知较早的漆器实物材料。

〔而舜作食器，黑漆之。禹作祭器，黑漆其外，朱画其内〕《韩非子·十过》："……由余对曰：'臣闻昔者尧有天下；饭于土簋，饮于土铏，其地南至交趾，北至幽都，东西至日月之所出入者，莫不宾服。尧禅天下，虞舜受之，作为食器，斩山木而财之，削锯修之迹，流漆墨其上，输之于宫，以为食器，诸侯以为益侈，国之不服者十三。舜禅天下，而传之于禹，禹作为祭器，黑漆其外，而朱画其内，缦帛为茵，蒋席颇缘，觞酌有采，而樽俎有饰，此弥侈矣，而国之不服者三十三。……'"汉刘向《说苑》卷二十与上文大体相同。

据前面的引文似可得出以下的看法：由尧到殷朝正是我国社会由原始公社制走向奴隶制的阶段，古史中的尧、舜、禹都是部落联盟的首领。在尧的时代，生产力低下，贫富分化尚不明显，大家都用陶器。到了舜时，由于生产力的发展而使贫富悬殊，舜使用了当时新出现的极为珍贵的漆器，说明他在生活上的特殊化，阶级矛盾也因而尖锐起来，致使"国之不服者十三"。到禹时已是原始社会末期，朱黑两色漆器的出现和其他器用的增华，标志着生产力的提高和阶级的进一步分化，致使"国之不服者三十三"。这段传说所反映的漆器最早使用和初期发展的社会条件，基本上是合乎历史情况的。

〔周制于车，漆饰愈多焉〕从《周礼》原文及郑玄的注，可以知道周代制造车乘，广泛用漆。《周礼·春官·巾车》："王之五路……革路。"郑注："挽之以革而漆之。""木路"，郑注："不挽以革，漆之而已。"又"王后之五路……辇车。"郑注："辇车不言饰，后居宫中，从容所乘，但漆之而已。"又"骓车、藿蔽、然禩髹饰"。郑注："骓车，边侧有漆饰也。"又"漆车、藩蔽、豻禩雀饰"。郑注："漆车，黑车也。藩，今时小车。藩，漆席以为之。"又"士乘栈车"，郑注："栈车，不革挽而漆之。"又《周礼·冬官·考工记》："轮人为轮……参分其牙围而漆其二，椁其漆内而中诎之，以为之毂长，以其长为之围。"郑注："不漆其践地者也。漆者七寸三分寸之一，不漆者三寸三分寸之二。今牙厚一寸三分寸之二，则内外面不漆者各一寸也。"又"椁者，度两漆之内相距之尺寸也"。

〔于弓之六材，亦不可阙〕《周礼·冬官·考工记》："弓人为弓，取六材必以其时。六材既聚，巧者和之。"（襄按：六材为干、角、筋、胶、丝、漆。）证以战国中期的实物，长沙扫把塘一三八号墓出土的竹弓，中部以竹材两层合成，用绸绢包缠后，再用丝线缠紧，然后髹黑漆。弓两端也上漆（见高至喜：《记长沙常德出土弩机的战国墓——兼谈有关弩机、弓矢的几个问题》，《文物》1966年六期）。

〔玉珧〕一种小蚌的名称。《尔雅·释鱼》："蜃小者珧。"注："珧，玉珧，即小蚌也。"它是制造螺钿漆器所用的材料。见14、103。

〔漆城〕《史记·滑稽列传》："（秦）二世立，又欲漆其城。优旃曰：'善。主上虽无言，臣固将请之。漆城虽于百姓愁费，然佳哉！漆城荡荡，寇来不能上。即欲就之，易为漆耳，顾难为荫室。'于是二世笑之，以其故止。"

〔漆头〕《史记·刺客列传》："豫让者，晋人也……事智伯，智伯甚宠之。及智伯伐赵襄子，赵襄子与韩、魏合谋灭智伯，灭智伯之后而三分其地。赵襄子最怨智伯，漆其头以为饮器。"

〔然复用诸乐器〕古代的瑟、鼓等乐器皆施髹饰，编钟及鼓的簨簴也上彩漆。信阳长台关楚墓出土的瑟、鼓、编钟木架等是很好的实例。

〔或用诸燕器〕杨明指的是上了漆的杖、笠和扇。《仪礼·既夕礼》："燕器，杖、笠、翣。"《疏》："杖者所以扶身，笠者所以御暑，翣者所以招凉。"

〔或用诸兵仗〕古代制弓用漆已见前。战国时的箭及箭箙皆上漆，剑鞘也施漆，长沙楚墓有实物发现（湖南省文物管理委员会：《长沙左家公山的战国木椁墓》，《文物参考资料》1954年十二期）。春秋时制甲用漆。《左传》襄公三年："使邓廖帅组甲三千，被练三千。"注："组甲，漆甲成组文。"用皮革制的盾也用漆。漆甲、漆盾参阅176。

〔或用诸文具〕漆书竹简见前。左家公山战国木椁墓发现毛笔，是用丝线将笔毛缠扎在笔杆上，外面涂漆制成的（湖南省文物管理委员会：《长沙左家公山的战国木椁墓》，《文物参考资料》1954年十二期）。寿县东汉墓发现夹纻胎的朱漆砚（图一）（安徽省文化局文物工作队等：《安徽寿县茶庵马家古堆东汉墓》，《考古》1966年三期）。

〔或用诸宫室〕《春秋穀梁传》庄公

图一　寿县茶庵马家古堆东汉墓出土朱漆砚

二十三年："秋，丹桓宫楹。礼，天子诸侯黝垩，大夫仓，士黈。丹楹非礼也。"是古代关于宫室施漆的记载。

〔或用诸寿器〕寿器指棺椁。施漆的棺椁考古发掘发现甚多，不胜列举。

〔液叶共疗疴，其益不少〕明李时珍《本草纲目》木部漆条大明曰："干漆入药，须捣碎炒熟。不尔损人肠胃。若是湿漆煎干更好。亦有烧存性者。"又主治："绝伤补中，续筋骨，填髓脑，安五脏，五缓六急，风寒湿痹。生漆去长虫，久服轻身耐老。干漆，疗咳嗽，消淤血，痞结腰痛，女子疝瘕，利小肠，去蛕虫。杀三虫，主女人经脉不通。治传尸劳，除风。削年深坚结之积滞，破日久凝结之淤血。"《三国志·华佗传》："广陵吴普、彭城樊阿皆从佗学……阿从佗求可服食益于人者，佗授以漆叶青粘散……言久服去三虫，利五脏，轻体，使人头不白。阿从其言，寿百余岁。"

〔唯漆身为癞状者，其毒耳〕漆有毒，对它过敏的人，接触或呼吸就会身上红肿，发奇痒，如生疮疥，俗称被漆咬。《本草纲目》木部漆条陶宏景曰："生漆毒烈……畏漆人乃致死者。外气亦能使身肉疮肿。自有疗法。"

❶《考工记》中的梓、画、髹、上，都应是漆工。

〔别有漆工，汉代其时也〕20世纪30年代的几次考古发掘，获得许多汉代漆器，铭文记载西汉始元二年（公元前85年）至东汉永平十四年（公元71年）广汉蜀西诸郡督造漆器的官名和漆工分职的名称，计有：髹工、洀工、画工、上工、素工、漆工、铜扣黄涂工、铜辟黄涂工、铜耳黄涂工、黄耳工、清工、造工、供工等等，可知当时做漆器已有严格的分工。贵州清镇平坝出土的西汉末年耳杯，有数件都有铭文，其一是："元始三年，广汉郡工官造乘舆髹洀画木黄耳桮。容一升十六龠。素工昌、休工立、上工阶、铜耳黄涂工常、画工方、洀工平、清工匡、造工忠造。护工卒史恽、守长音、丞冯、椽林、守令史谭主。"计七十字。另两件铭文与此大体相似（贵州省博物馆：《贵州清镇平坝汉墓发掘报告》，《考古学报》1959年一期）。又同一地区发现的饭盘，铭文是："元始四年，广汉郡工官造乘舆髹洀画纻黄扣饭盘，容一升。髹工则、上工良、铜扣纻黄涂工伟、画工谊、洀工平、清工郎造。护工卒史恽、长亲、丞冯、椽忠、守令史万主。"计六十一字（贵州省博物馆：《贵州清镇平坝汉至宋墓发掘简报》，《考古》1961年四期）。值得注意的是，工种是按漆工的制造程序排列的，各器是相同的，即由素工（制胎）、髹工（垸、糙等）开始，然后上金属附件，再转入装饰画工等。从漆工有规律的排列也足以说明当时有严格的分工。至于漆工的专业化，自更当在汉代之前。《考工记》中讲到百工，其中应当包括漆工。❶

〔申屠蟠〕《后汉书·申屠蟠传》："蟠家贫，佣为漆工。郭林宗见而奇之。同郡蔡邕深重蟠，及被州辟，乃辞让之曰：

'申屠蟠禀气元妙，性敏心通，丧亲尽礼，几于毁灭。至行美义，人所鲜能。安贫乐潜，味道守真，不为燥湿轻重，不为穷达易节。方之于邕，以齿则长，以德则贤。'后郡召为主簿，不行。"

〔国朝厂工〕明代为宫廷制造漆器的地方在果园厂。明高濂《燕闲清赏笺》论雕红漆器称："若我朝永乐年果园厂制，漆朱三十六遍为足，时用锡胎、木胎，雕以细锦者多。然底用黑漆，针刻'大明永乐年制'款文，似过宋元。宣德时制同永乐。"明末刘侗、于奕正合著《帝京景物略》城隍庙市条论漆器一段，与上文相似而略有损益，也讲到永乐、宣德两朝的果园厂。清高士奇《金鳌退食笔记》论剔红器，完全因袭以上两书，但写明果园厂在棂星门西，而棂星门又在金鳌玉蝀桥的西边。

据明刘若愚《明宫史金集·宫殿规制》条，玉河桥（襄按：即今北海石桥）玉熙宫迤西曰棂星门。棂星门迤西曰西酒房、曰西花房、曰大藏经厂。又西曰洗帛厂、曰果园厂、曰西安里门、曰甲字等十库。街南曰惜薪司，正西则是西安门。可知果园厂在现在的西什库的东边，今北京医学院一带。

关于果园厂漆工姓氏，尚未查到文献记载。康熙二十四年《嘉兴府志》有如下一条："张德刚（光绪本此下有'西塘人'三字），父成，与同里杨茂俱善髹漆剔红器。永乐中日本、琉球购得以献于朝，成祖闻而召之，时二人已殁。德刚能继其父业，随召至京面试，称旨，即授营缮所副，复其家。有时包亮，亦与德刚争巧，宣德时亦召为营缮所副。"据《明史·职官志》，营缮所属工部。"洪

武二十五年置营缮所。改将作司为营缮所，秩正七品，设所正、所副、所丞各二人，以诸匠之精艺者为之。"故果园厂应当是永乐时设置在营缮所之下的一个官家漆工作坊，张德刚、包亮等以精艺而担任了营缮所的职务。

〔黄平沙〕即本书的作者黄成，号大成，16世纪中叶时人。明高濂《燕闲清赏笺》："穆宗（隆庆，1567—1572年）时，新安黄平沙造剔红，可比园厂，花果人物之妙，刀法圆活清朗。"清吴骞《尖阳丛笔》："元时攻漆器者有张成、杨茂二家，擅名一时。明隆庆时，新安黄平沙造剔红，一合三千文。"平沙可能是安徽新安的一个乡镇。关于黄成的生平事迹及传世髹漆实物，待考。

〔西塘杨明〕杨明，字清仲，天启间（17世纪初叶）名漆工，西塘人。西塘一名斜塘。《格古要论》讲到元初戗金匠彭君宝就是西塘人。元末陶宗仪《辍耕录》嘉兴斜塘杨汇铇金铇银一条，记载的还是同一地方的漆工技法。万历《嘉兴府志》："张德刚，嘉兴西塘人。父成，善髹漆剔红器。"光绪《嘉兴府志》卷五十一，嘉兴艺术门："张成、杨茂，嘉兴府西塘杨汇人，剔红最得名。"足证西塘是元明之际漆工汇萃的地方。杨明晚于杨茂二百多年，可能是杨茂的后代而继承了前辈的漆工技艺。西塘亦名平川，在今浙江嘉善县北二十里。地志称："西北之水，皆汇于此。明正统时，徙陶庄税课局于此，水乡贸易者萃焉。"可见西塘在明代是一个工商业相当发达的乡镇。

髹饰录序，杨明作于天启五年乙丑，即公元1625年。

髹饰录

平沙黄　成大成著

西塘杨　明清仲注

王世襄解说

髹飾錄

平沙黃　成大成著

西塘楊　明清仲註

乾集

凡工人之作爲器物猶天地之造化所以有聖者有神者
皆以功以法故良工利其器然而利器如四時美材如五
行四時行五行全而物生焉四善合五采備而工巧成焉
今命名附贊而示於此以爲乾集乾所以始生萬物而髹
具工則乃工巧之元氣也乾德大哉

利用第一　非利器美材則巧工
　　　　　難爲良器故列於首

天運　即旋牀

乾　集

1 凡工人之作为器物，犹天地之造化。所以有圣者有神者，皆以功以法，故良工利其器。然而利器如四时，美材如五行。四时行、五行全而物生焉。四善合、五采备而工巧成焉。今命名附赞而示于此，以为"乾集"。乾所以始生万物，而髹具工则，乃工巧之元气也。乾德大哉！

　　这是《髹饰录·乾集》开宗明义的第一段，目的在概括说明本集的内容。黄氏认为天地能生万物，工人能做漆器，所以便用天地造化来比喻工人。工人做漆器，全仗利器和美材。所谓利器美材，就是适用的工具和精美的原料。"乾集"共两章。

　　首章《利用第一》所讲的完全是漆工的工具和原料，亦即上文所谓的"髹具"。次章《楷法第二》专讲漆工容易犯的过失，亦即上文所谓的"工则"。

2 利用第一

非利器美材，则巧工难为良器，故列于首。

　　具备利器和美材，是做漆工最基本的条件。在讲述各种不同的方法和制作之前，有先说一说工具和原料的必要。所以本书将它放在开端。

3 天运，即旋床。有余不足，损之补之。

其状圜而循环不辍，令碗、盒、盆、盂，正圆无苦窳，故以天名焉。

　　〔镟床〕《辍耕录》："于旋床上胶粘　　而成，名椀榛。"（寿1）

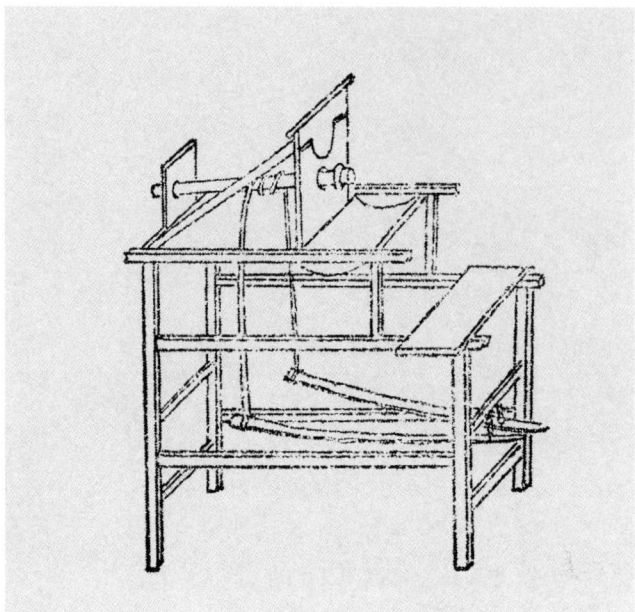
图三 近代高镞床

圈粘而成的外，都是用镞床来镞制的。176 说到圆器"有屈木者，车旋者"，即指此。镞制的胎骨往往是用一块木头做成的。但如器物太大，一块木头尺寸不够，也可以把几块木头粘牢在一起，放到镞床上去镞。按近代民间镞床有所谓高矮两种。矮床子主要是镞杆棒状物体用的。漆器的胎骨当用高床子镞制。方法是将木材用一种粘蜡胶着在镞床轴棍一端的圆盘上，轴棍上绕皮革的带条，两脚蹬踏与革条相连的木板，轴棍牵转，木材也随之旋转，镞刀迎上去，便可将木材镞削成不同形体的圆状胎骨。近代高床子（图三），虽未必与明代所用的完全相同，当相去不远。

〔苦窳〕《史记·五帝本纪》注："苦，音古，粗也。窳，音痩，病也。"（寿2）

正圆形的漆器，如碗、盒、盆、盂等，它们的木质胎骨，除了是用薄木条

4 曰辉，即金。有泥、屑、麸、薄、片、线之等。人君有和，魑魅无犯。

太阳明于天，人君德于地，则魑魅不干，邪诡不害。诸器施之，则生辉光，鬼魅不敢干也。

〔泥金〕近代对"泥金"一词有三种解释：（一）研得极细的金粉，是绘画和漆工所用的一种材料（见82注）。（二）泥金的研制，也叫泥金，将"泥"当作动词用（见82注）。（三）器物上全面敷金，就像现在纸店所卖的全金扇面，统称曰"泥金扇面"。这个名称实际上是"浑金"的同义语。本条泥金宜用第三种解释。泥金的第三种解释，不同时代含义也不同，明代似只限于器物全体用研制极细的真金粉来上，才叫泥金。清代晚期工料日趋简陋，泥金的范围无形中扩大，即不管用何等材料，只要全体上成金色，便都叫泥金了。

〔屑金〕器物上有小块碎屑的金，叫屑金。这是用金箔放在筒罗（见18）中弄碎了粘上去的。描金漆器往往用屑金（见109、114）。❶

〔麸金〕又称麸片。60"刺起，麸片不压定之过"。92"麸片有细粗"。可见麸金比屑金面积大，指约如麦皮麸片大小的金片而言，也是由金箔放在筒罗中弄碎了粘到器物上去的。不过既称有细粗，大小自可能略有出入。

〔薄金〕薄通箔，薄金就是金箔。清连朗《绘事琐言》称："尝闻打金之法：首熔金，次凿碎如米，捶扁成片，夹以乌金纸，取其滑而不滞也。护以炉

中炭灰，取其燥而不润也。百层为一束，束以绳，捶以木椎，勿太重，亦勿太轻，轻重不均，则厚薄不称。捶至寸许大，谓之开荒。停一日，俟其冷也，层层揭开，易乌金纸，添炉灰，仍以绳缚，捶至四寸余宽则成矣。捶初停，中热如火，不可立解，解即化为珠，须一二日冷定，乃可开也。开时见风，则金皆飞去。必密室中，四壁纸粘，一人以木尺许竖于下，方板五六寸，横于上，涂板以粉，上铺狗皮，炭火一盆，时熏其板，防湿气粘金，虽六月不废也。皮上置金薄，竹刀切方为八块或四，大者三寸三分，小者一寸一分，夹以白纸，十张为一帖，千帖为一箱，是名金薄，俗呼为飞金，凡漆饰绘画多用之。"

（襄按：据清代工部则例及圆明园则例，金箔有"红金"、"黄金"之别。）晚清以来，又有"库金箔"、"苏大赤"、"田赤金"诸称。"库金箔"，颜色发红，

金的成色最好，张子也最大，约木尺三寸三分见方。"苏大赤"，颜色正黄，成色较差，张子约二寸八分见方。颜色浅而发白的叫"田赤金"，颜色如金而实际上是用银来熏成的叫"选金箔"。与94所谓"泥薄金色有黄、青、赤"符合。北京颜料店出售金箔以十张为一帖，十帖为一把，十把为一具。漆工用金，凡屑金、片金或泥金，都是用金箔弄碎而成的。由92"近有用金银薄飞片者甚多"，和131"其文陷以金薄或泥金"，可知此法由来已久。

〔片金〕器物上一片一片比麸金面积更大的叫片金。❷

〔线金〕器物上粘着一条一条的金线叫线金。❸

〔鬼魅不敢干〕《汉书》："使绝域者，皆受金泥玺封。"注："以金为泥封函，鬼魅不敢干也。"（寿3）

❶ 屑是锉粉，是一种丸粉，不是箔粉，常用作沙嵌。日本莳绘即沙嵌。

❷ 片即金薄片，比金箔厚，作平脱用。

❸ 金线常用于薄螺钿漆器。

5 月照，即银。有泥、屑、麸、薄、片、线之等。宝臣惟佐，如烛精光。

其光皎如月。又有烛银。凡宝货以金为主，以银为佐，饰物亦然，故为臣。

〔泥银 屑银 麸银 薄银 片银 线银〕和4泥金、屑金、麸金等相同，不过不是金质而是银质罢了。薄银即银箔，也是将银捶击得极薄之后，用纸衬隔起来的。

〔如烛精光〕《尔雅》注："银有精光，如烛也。"（寿4）

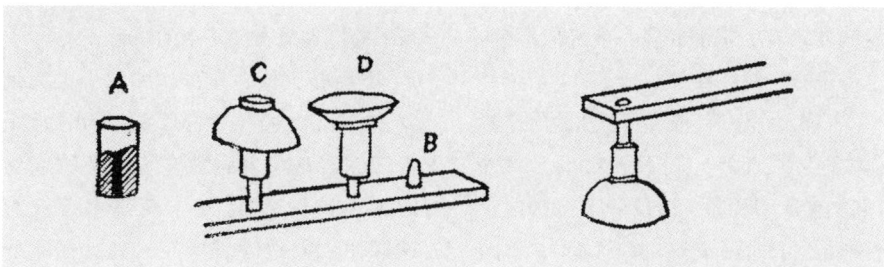

6 宿光，即蒂。有木、有竹。明静不动，百事自安。

木蒂接牝梁，竹蒂接牡梁。其状如宿列也。动则不吉，亦如宿光也。

〔牝梁 牡梁〕户钥曰牡。《汉书》："长安章城门门牡自亡。"锁孔曰牝（襄按：系牝之误）。《礼记》："修键闭。"注："键牡闭牝也。"案：牡梁、牝梁，即今匠语公母榫也。（寿5）

〔木蒂 竹蒂〕明代实物未见，但知是魏漆一道工序中的用具。日本石井吉次郎、一户清合著的《实用漆工术》中有所谓"突子"及"突子立"，当即竹蒂和木蒂。原书有附图（图四）。

突子如图中之 A。是长约三寸的圆棒，一端有深孔。无孔一端用粘蜡（松香及蜡配成，与我国镟床粘物所用的粘蜡同）与待漆的器物相粘着，漆时用左手持握突子，作为柄把。漆完将突子有孔一端套接在 B 所谓"突子立"木柄上，如图中之 C 或 D，然后放在荫室的架子上。

本条所谓的竹蒂，是用一截一截的竹管来做的，相当于上述的"突子"。因其中空有孔，故曰牝梁。木蒂相当于"突子立"，因与竹蒂相套接，故曰牡梁。木蒂、竹蒂套接必须牢固，不然在荫室中反转置放（见7）的过程中会松脱落地，所以说"动则不吉"。

7 星缠，即活架。牝梁为阴道，牡梁为阳道。次行连影，陵乘有期。

牝梁有窍，故为阴道。牡梁有榫，故为阳道。魏数器而接架，其状如列星次行。反转失候，则淫泆冰解，故曰有期。又案：曰宿、曰星，皆指器物，比百物之气，皆成星也。

〔活架〕荫室中有活架，可装可卸，看漆器的多少而多搭少搭，不用时还可以全部拆下来。这种活架也用公母榫相套接，故曰阴道、阳道。

〔陵乘〕《登坛必究》："星在下而上曰陵，在上而下曰乘。"（寿7）

（襄按："陵乘有期"是用星宿来比喻漆器。）漆器在上魏漆之后，反转的时间要求有一定的间隔，就好像星宿的上下也有定时一样。

〔榫〕一作笋，依《营造法式》作榫。《集韵》："音笋，剡木入窍也。"周垿《名义考》引程颢《语录》曰："枘凿者，榫卯也。"榫卯（襄按：系卯之误，下同）员则员（襄按：员，即圆），榫卯方则方。"（寿6）

〔魏〕漆器的制造过程可以分为四个大阶段，即30所谓的"底、垸、糙、魏"。魏是最后一个阶段所上的漆（见48、181）。魏漆上了之后，一件一件地放在荫室（见8）的架子上去让它干固，而"次行连影"等词句是作者借用星宿来形容漆器放在架子上的情形。

〔反转失候，则淫泆冰解〕上完魏漆，放到荫室里去的时候，须时常正着、倒着地反复置放它，以免漆向低的地方流聚。"冰解"就是由于没有这样做，以致漆流聚在一处，像冰开了化,不肯干了。"冰解"是髹漆"六过" 之一（详见48）。

8 津横，即荫室中之栈。众星攒聚，为章于空。

天河，小星所攒聚也。以栈横架荫室中之空处，以列众器，其状相似也。

〔荫室〕器物上漆之后，须放在潮湿而温暖的空气中，才容易干。又切忌有灰尘，以免粘着漆面，所以荫室是具备上述条件的一种设备。荫室的体积，要看器物的大小多少而定。北方的匠师漆大件的器物用芦席在室内搭棚子（如漆大柜便用此法）。小的器物多半用木箱，里面的顶、底和四周，都用木条压钉芦席或麻包，或较厚而能含水分的布（术语称荫布）。室内或箱内均用木头或竹竿搭架子，以便置放器物。入荫之前，先用水将芦席或荫布喷湿。要它含水，但又不要多得向下垂滴，然后将器物放入。《实用漆工术》称："荫室又称浴室，为漆工最重要设备之一。旧制大约九尺见方，四围用板围，而以板铺地，严防尘埃。"

沈福文氏《漆器工艺技术资料简要》

《文物参考资料》1957年七期，以下简称《漆工资料》），称荫室为温湿室：

"漆器髹涂以后，应放入温湿室内，使它在一定的时间干燥，因此温湿室需要很严密，不能开窗户，才可以由人控制，在室内经常保持25℃—30℃，湿度75%—80%。室内应设备有电灯，室的周围应设备有木架，木架上放置髹涂后的漆器用。最好是地下温湿室，因为更容易控制温湿度，使漆器干燥。"

〔栈〕《说文》："棚也。"《广韵》："阁也。"（寿8）

（襄按：《通俗文》："板阁曰栈，连阁曰棚。"《战国策·齐策》："为栈道木阁以迎王与后于城阳山中。"从杨注"以栈横架荫室中之空处，以列众器"一语，也可以看出栈是荫室内架子上横放的竹竿或木条。它是由于像栈道而得名的。）

9 风吹，即揩光石并桴炭。轻为长养，怒为拔拆。

此物其用与风相似也。其磨轻则平面光滑无抓痕，怒则棱角显，灰有玷瑕也。

〔揩光石〕《辍耕录》："用揩光石磨去漆中颣点。揩，上声，即鸡肝石也。"（寿9）

（襄按：《辍耕录》原文下尚有"出杭州上拍三桥埠牛头岭"一语。）

揩光石就是磨漆器用的石头，主要用它来磨漆灰。颣见15、48、52、169。沈氏《漆工资料》称："红砂石，

打磨漆灰用，系黏土质砂岩石，选用较细密的，打磨漆灰面较为平滑。"

北京匠师磨漆器用磨石，相当于揩光石。磨石，即普通的磨刀石，其中也有粗细的区别。但只用它来磨漆灰，而不宜于磨退光。因不问石质细到什么程度，其中总难免有稍粗的颗粒，会将退光漆面擦出道子来❶。北京匠师还用灰

❶ 福建过去用一种名曰江石的磨刀石磨退光。

7

条，即用人工做成的磨石，专用它来磨退光的。灰条的制法是用血料店所卖的砖灰，入水漂过，将极细的随水漂出，质粗的不要，凡三四过，至将粗质的完全去尽为止。晒干后，用刀从盆内铲下，碾碎过细箩，然后用它来调和预先打成的"鳗水"（见180）。鳗水也须用细夏布滤一次，以免中间有杂质。调和的稠度，约如做饺子的面状，揉成直径约三分粗的长条，用刀切成段，每段约二寸长，用湿布裹着，搓圆，然后拍扁。自布中取出后，放在木板上吹干。磨退光时蘸水使用。用这种方法制成的灰条，可以不至于在器物上磨出道子来。《髹饰录》虽未提到灰条，因对漆工有参考

价值，故附带述及。

〔桴炭〕《琴经》："退光出光法，水杨木烧为桴炭。又用砂杉木。"（寿10）

（襄按：桴炭是磨漆器用的炭〔参阅75〕。）沈氏《漆工资料》称："磨炭亦系打磨漆面的一种，要选质较软的木炭，如山棒炭❶才可作磨漆器面和花纹用。"

〔抓痕〕指漆器上磨起的道子，像指爪抓出来的痕迹似的。它是"揩磨五过"之一（见55）。

〔棱角〕这是揩磨太过的毛病，见55"露垸"一过的杨注。

上条黄氏本文及杨注，都强调磨漆面宁可轻一些，而不可太重。

10 雷同，即砖石，有粗细之等。碾声发时，百物应出。

髹器无不用磋磨而成者。其声如雷，其用亦如雷也。

〔砖石〕《辍耕录》："砖石车磨，去灰髹法。"（寿11）

磨漆器要用砖石粉末。现在北京漆工用的砖灰，都是向血料铺买的。古时的漆工可能自己碾制砖灰，所以会有"碾声发时"之说。用砖石粉末磋磨漆器，与用灰条的方法原则上是一样的。不过一个是直截了当地将粉末放在漆器上磨，而一个是用一种油灰来调和粉末，将它粘着成条，然后使用罢了。《与古斋琴谱》讲到用砖灰磨退光的方法："用

飞过的（襄按：即水漂过）砖灰，或磁灰，以老羊皮蘸芝麻油沾灰，按光擦之。初令去其外面浮光，再则推出内蕴之精光也。"（参阅75）

杨注说到用砖石磋磨漆器，"其声如雷"。鬎漆的磋磨用力要小，所以9说宜轻不宜怒，磨时的声音是不会太大的，因而也很难用雷声来形容它。不过在胎骨上垸漆之后，磨时不妨用力，雷声或指此而言。

11 电掣，即锉。有剑面、茅叶、方条之等。施鞭吐火，与雷同气。

施鞭言其所用之状，吐火言落屑霏霏❷。其用似磨石，故曰与雷同气。

本条是说漆工所用不同形式的锉刀。"剑面"如剑状，两边薄，中间厚。

"茅叶"是细长尖头的锉刀。"方条"是齐头长条的锉刀。不过据北方的匠师称，漆工用锉，主要在打磨木胎，用它来磨漆灰的时候是比较少的。除非是狭小的转角，磨石难施的地方。因为漆灰性黏，锉不了几下，便会将锉牙腻塞磨钝，不复快利了。至于磨退光漆则更不能用锉，因一锉便会将漆面擦起很显著的道子来。

12 云彩，即各色料。有银朱、丹砂、绛矾、赭石、雄黄、雌黄、靛华、漆绿、石青、石绿、韶粉、烟煤之等。瑞气鲜明，聚成花叶。

五色鲜明，如瑞云聚成花叶者。黄帝华盖之事，言为物之饰也。

本条是说漆工所用的各种颜料。

〔银朱〕即银朱。《本草纲目》金石部银朱条："银朱乃硫黄同汞升炼而成。"又释名"猩红、紫粉霜"。宋应星《天工开物》："凡将水银再升朱用。故名曰银朱。其法或用磬口泥罐，或用上下釜。每水银一斤，入石亭脂（即硫黄制造者）二斤同研，不见星，炒作青砂头，装于罐内，上用铁盏盖定，盏上压一铁尺，铁线兜底捆缚，盐泥固济口缝，下用三钉插地，鼎足盛罐。打火三炷香久，频以废笔蘸水擦盏，则银自成粉，贴于罐上。其贴口者，朱更鲜华。冷定揭出，刮扫取用。"

（襄按：银朱化学名一硫化汞（Mercuric Sulphide HgS）。中国银朱多产自广东，必须成色好的银朱才能入漆，成色不佳的，入漆便会变黑。）

〔丹砂〕即朱砂，是汞与硫黄的天然化合物，与银朱实在是一种东西。丹砂以湖南辰州出的为佳，所以又叫辰砂。大者成块，小者成六角形的结晶体。状如箭镞的俗称箭头砂，最为珍贵。

〔绛矾〕天然矾石，亦称明矾石，六角系结晶体，有白、黄、赤等色。绛矾指其赤色者而言。漆工所用的红色颜料，以此为最劣。见 76 "又有矾红漆，甚不贵"，"如用绛矾，颜色愈暗矣"。

〔赭石〕是自然产生的赤铁矿，石如土，易碎，产自山西代县。紫漆中的"土朱漆"，就是用赭石调配的。见 79 "又有土朱漆"，"又土朱者，赭石也"。

〔雄黄　雌黄〕《本草纲目》金石部雄黄条释名，"雄黄又名石黄"。苏恭《唐本草》称："出石门者名石黄，亦是雄黄。"雌黄，《本草纲目》称："生山之阴，故曰雌黄。"又称："石气未足者为雌，已足者为雄。"李诫《营造法式》只讲到雌黄而未及雄黄。（卷十四彩画作制度条："雌黄先捣次研，皆要极细，用热汤淘细华于别器中，澄去清水，方入胶水用之。"）

据化学分析，雄黄、雌黄都是三硫化砷。因成分纯杂不同，颜色也有深浅的差别。大约古人称颜色发红而结晶的为雄黄，色正黄而不甚结晶的为雌黄。

（襄按：漆工调配黄色，主要用石黄。根据《本草纲目》，雄黄和石黄是一样东西。但经几次向颜料店及漆工匠师请教，都认为雄黄、石黄是两种东西，不可混为一物。）现在所使用的石黄，与雄黄在成分上究竟有何区别，尚待分析化验。

沈氏《漆工资料》讲到石黄的研制方法："一般用入漆的黄色，都采用天然产的石黄，我国云南、广东、甘肃等地都有出产。含有杂质，很坚硬，要经过煅烧除去杂质，碾细，才能调漆。制造方法：将石黄放入陶罐内加高热煅烧，取出后再碾成极细的粉末，盛入细白布袋内，放在清水缸中洗滤。待其沉淀后，倒去上层之水。如是洗涤七八次，最后晒干，即可作为入漆用的黄色。入漆分量：石黄粉50%，加半透明漆50%混合调匀，即成黄色漆。"

〔靛华〕即靛花，是从蓝靛中提炼出来的。《本草纲目》草部蓝靛条："以蓝草浸水一宿，入石灰搅至千下……其搅起浮沫，掠出阴干，谓之靛花，即青黛。"绘画常用的花青，就是用靛花研漂而成的，《绘事琐言》中有详细的叙述。

明代用靛花入漆调配蓝色，清代也是如此，见《漆作则例》，但近几十年已不使用。据多宝臣先生称，他听前辈漆工说过，用花青调漆。但从他学漆工时起，已改用进口的毛蓝调蓝漆。

〔漆绿〕唐张彦远《历代名画记·论画工用拓写》："漆姑汁炼煎，并为重采，郁而用之。"注曰："古画皆用漆姑汁，若炼煎谓之郁色，于绿色上重用之。"漆绿可能由此而得名，指漆姑草（一种植物）的汁，或指绿色又经漆姑草罩染过的深绿色。

陶宗仪《辍耕录》卷十一录王思善《采绘法》中也讲到漆绿，列为绿色之一（所列绿色有："二绿、三绿、花叶绿、枝条绿、南绿、油绿、漆绿"）。关于颜色调配法，也有几处提到它："柏枝绿，用枝条绿入漆绿合"，"黑绿，用漆绿入螺青合"，"鸭头绿，用枝条绿入高漆绿合"，"茶褐，用土黄为主，入漆绿、烟墨、槐花合"，"鸵色，用粉、漆绿标、墨，少入土黄合"。文中既称高漆绿和漆绿标，显然漆绿是一种颜料的名称。从颜色调配法来看，还可以知道它是一种较深的绿色。绘画所用的漆绿可能与漆工所用的为同一色料。

〔石青〕又名扁青，或名大青。《本草纲目》金石部扁青条："扁青……今之石青是矣。绘画家用之，其色青翠不渝，俗呼为大青，楚、蜀诸处亦有之……《本草》所载扁青、层青、碧青、白青，皆其类耳。"（襄按：石青为铜的化合物。）

〔石绿〕又名绿青，或名大绿。《本草纲目》金石部绿青条："石绿，阴石也，生铜坑中，乃铜之祖气也。铜得紫阳之气而生绿，绿久则成石，谓之石绿，而铜生于中，与空青、曾青同一根源也，今人呼为大绿。"范成大《桂海虞衡志》云："石绿，铜之苗也，出广西右江有铜处。生石中，质如石者名石绿。"（襄按：石绿也是铜的一种化合物。）

〔韶粉〕即铅粉，因广东韶州出产铅粉，故名韶粉。铅粉一般只用它来调油，不用它调漆。

〔烟煤〕迮朗《绘事琐言》称之为："百草霜，又名灶突烟，又名灶额墨。"俗称锅烟子，或黑烟子，颜料店中可以买到。用它调漆或调油均可。

〔黄帝华盖〕《三才图会》："黄帝与蚩尤战于涿鹿之野，常有五色云气，金枝玉叶，止于帝上，成花蒻之象，因作华盖。"（寿12）

13 虹见，即五格揸笔砚。灿映山川，人衣楚楚。

每格泻合色漆，其状如蝃蝀。又砚笔描饰器物，如物影文相映，而暗有画山水人物之意。

〔五格揸笔砚〕高濂《遵生八笺》："笔砚，有以玉碾片叶为之者。古用水晶浅碟亦可为此，惟定窑最多。匾坦小碟，宜作此用，更有奇者。"上文所说的笔砚，是写字时揸笔用的。漆工用的五格揸笔砚则为调色漆用的分格子的笔砚，目的在使一格的色漆，不致与另一格相混，与绘画用的分格色碟差不多。

由于笔砚上五色纷陈，所以用彩虹来形容它。北京的匠工，有时用一块竹板，或用硬木挖成竹板的形状，在凹洼的一面，调和色漆，称之为"画板"。因竹板约有一尺半长，所以它有足够的地方调四五种不同的颜色。

〔蝃蝀〕即蝃蝀，虹也。

14 霞锦，即钿螺、老蚌、车螯、玉珧之类。有片有沙。天机织贝，冰蚕失文。

天真光彩，如霞如锦；以之饰器则华妍，而"康老子所卖"，亦不及也。

本条是说填嵌漆器用的各种贝壳嵌的原料。由于贝壳有闪光，所以用霞锦来形容它。

〔钿螺〕漆器上用贝壳嵌花纹，贝壳种类不同，有大有小，有厚有薄，色泽也有差别，而统称为嵌螺钿，或简称曰螺钿（参阅103）。此处曰钿螺，亦为贝壳之总称。152百宝嵌条中列数饰物原料，其中也有钿螺。

〔老蚌〕即老蚌的壳。《本草纲目》介部蚌条："蚌与蛤同类而异形，长者通曰蚌，圆者通曰蛤，……后世混称蛤蚌者非也。"

〔车螯〕一种蚌的名称。《本草纲目》介部车螯条："车螯……其壳色紫，璀璨如玉，斑点如花，……壳可饰器物。"

〔有片有沙〕漆器填嵌螺钿，或用壳片，或用碎沙似的壳屑，视图案及画面的需要而定。103"又有片嵌者，界郭理䶎皆以划文。近有加沙者，沙有粗细"。又"沙者壳屑，分粗、中、细。或为树下苔藓，或为石面皴文，或为山头云气，或为汀上细沙"。

〔冰蚕〕《拾遗记》："员峤山有冰蚕，长七寸，黑色，有角有鳞，霜雪覆之，然后作茧。长一尺，其色五彩。织为文锦，入水不濡。以之投火，经宿不燎。唐尧之世，海人献之，尧以为黼黻。"（寿13）

〔康老子所卖〕《乐府杂录》："长安富家子名康老子，落魄不事生计，常与国乐游，家荡尽。偶得一旧锦褥，波斯胡识是冰蚕所织，酬之千万。还与国乐追欢，不经年复尽，寻卒。乐人嗟惜之，遂制此曲，亦名《得至宝》。又康老子遇老妪，持锦褥货鬻，乃以半千获之。波斯人见曰：'此冰蚕所织也。暑月置于座，满室清凉。'"（寿14）

15 雨灌，即髤刷。有大小数等，及蟹足、疏鬣、马尾、猪鬃。又有灰刷、染刷。沛然不偏，绝尘膏泽。

以漆喻水，故蘸刷拂器，比雨。貌面无颗，如雨下尘埃，不起为佳。又漆偏则作病，故曰不偏。

本条是说漆工所用的各种刷子。其中除蟹足是依刷子的形状来命名的外，疏鬣、马尾、猪鬃等都是依其所用的材料而得名的。灰刷、染刷的分别，则由于它们用途的不同。灰刷是刷漆灰用的，染刷是打透明罩漆下面的色地用的。一般说来，灰刷的毛较硬，染刷的毛较软。

据北京的匠师称，做刷子的一种主要材料——西牛尾，本书没有提到。西牛因产在西藏而得名，故西牛尾实即牦牛尾，一般将西牛写作犀牛，实误。由于西牛尾刚柔适中，一般较好的刷子是用它来做的。要求比它软的可以用头发，比它硬的可以用猪鬃。猪鬃刷多半用以刷漆灰。刷子有大有小。大者阔约三寸，小者才二三分。刷子有齐口的，有斜口的（图五）。刷平面的地方用齐口刷，转角棱缝处用斜口刷。刷子的做法是用血料将牛尾或猪鬃粘在一起，用木梳将它梳顺了，压扁，待血料干固，上面刮漆灰（用土子入生漆），糊夏布，干后

图五 近代漆工用的漆刷

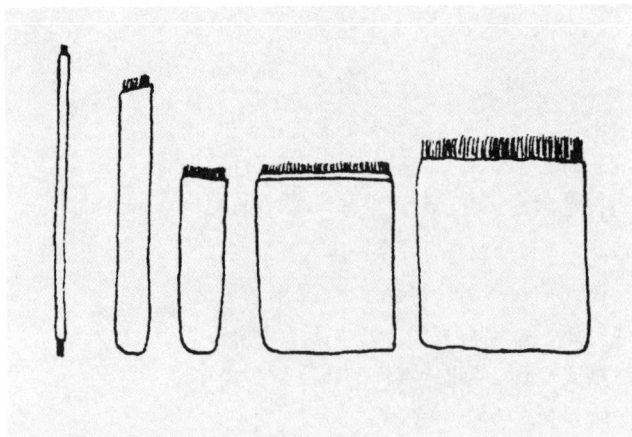

再上漆灰两三道，磨光后上退光漆，最后用刀子刮去漆灰，开出刷口。北京家具中有一种很常见的做法叫榆木揸漆，即在榆木做的木器上打红黄色的地子，然后上面再罩漆。上这种色地的刷子叫染刷。

《与古斋琴谱》中讲到猪鬃刷的做法，与北京匠师所用的方法略有不同。"漆刷，取猪颈脊背上鬃毛，洗净，晒干，齐平，须用牛胶水粘接长四五寸。另取薄竹木片二，长四五寸，阔一二寸，厚半分余，即以鬃用胶水匀铺其上，约厚一分。将竹木片夹紧，外缠以绸，用漆调面灰粘固，或用线密扎紧。外加漆，待干，然后以利刀于夹片头上刮去夹片数分，毋刮损鬃毛，以露出之鬃，即为刷也。热水泡去鬃内胶水，则柔软便用。"

沈氏《漆工资料》中也讲到做漆刷的方法："第一步，用女孩的长发（因为较柔软），经过草灰汁洗涤，然后用生漆15，煤油1调匀。把头发浸湿梳顺，又用漆刮刮去多余的漆，压成厚一厘米，宽、长随需要而定，粘在平滑的玻璃板上。第二步，经过四十八小时略成干硬，即用薄片刀子把它取起来，用细麻绳把它绕绑在薄木板上，再经过数日，完全干燥后，麻绳取出，四面用薄木板（木质用泡松的）粘上漆糊，拼夹起来，再用麻绳绕绑，待漆糊干固后，取去麻绳。第三步，合并后的木板，加以铇削齐整。第四步，用时将一端的四周在磨石斜磨为尖形，如一条细线，尖端要齐，再用

肥皂揉洗干净，即作涂刷漆用。"

〔额〕额是丝上所形成的结节。《淮南子》注："丝之结额。"本书拿它来形容漆面极小的点粒。"麫面无额"是使漆面光滑的意思。起额的原因是：漆面沾上了灰尘细毛，便会起额。48"额点，髹时不防风尘及不挑去飞丝之过"。器

物胎骨上贴纸来代替布或皮，有时纸起毛，不够光滑，也会起额。167"纸上毛茨为额者"。

〔漆偏〕指运刷不匀所产生的毛病。48"泪痕。漆慢而刷布不均之过"，52"浓淡。刷之往来，有浮沉之过"。都与漆偏有关。

16 露清，即罂子桐油。色随百花，滴沥后素。

油清如露，调颜料则如露在百花上，各色无所不应也。后素言露从花上坠时，见正色，而却呈绘事也。

〔罂子桐油〕罂子桐，大戟科，落叶乔木，干高二丈余，叶似梧桐而互生，初夏开淡紫花，结球状的果实，中含油甚多，即俗称桐油。用桐油调色，可以在漆器上画花纹。81"油饰，即桐油调色也。各色鲜明，复髹饰中之一奇也"。

桐油是我国不可缺少的油漆材料。但油桐之称及桐油之使用，据已知材料似乎出现得比我们意料的要晚。据清吴其浚《植物名实图考》的考证，唐陈藏器《本草拾遗》始著录。宋崇宁二年（1103年）经李诫重修的《营造法式》讲到熟桐油和煎合桐油所用的物料，政和中医官寇宗奭撰《本草衍义》称："有荏桐早春开淡红花，状如鼓子花，花开成实，子可作桐油。"都要算是比较早的记载。李时珍《本草纲目》罂子桐条列举虎子桐、荏桐、油桐三个名称，释曰："罂子因实状似罂也。虎子以其毒也。荏者言其油似荏也。"可见荏桐之名不仅比油桐早，而且桐油的应用，也比荏油要晚。正因为桐油后来被发现可以代替荏油，所以才把结桐实的桐树称为荏桐。南宋程大昌《演繁露》还有如

下几句话："桐子之可为油者，一名荏油。予在浙东，漆工称当用荏油。予问荏油何种，工不能知。取油视之，乃桐油也。"推其原因，很可能由于多年来漆工惯用荏油，后来虽改用桐油，而仍称之为荏油。证以修造古琴的文献，北宋时配熟漆用的是清麻油，到南宋景定时的杨祖云才用桐油。把上面几个材料综合起来看，桐油被广泛使用，并取代了荏油，可能就在宋代。

所谓荏油，就是苏子油。桂荏，见《尔雅·释草》，南北处处生长，荏油当是我国较早使用的一种涂料原料，早于麻油和核桃油。因为芝麻、核桃，自西域传来，故有胡麻、胡桃之称。贾思勰《齐民要术》称："荏油性浮，涂帛胜麻油。"是北魏时荏油、麻油并用之证。《北齐书·祖珽传》："珽善为胡桃油以涂画。"颜之推《颜氏家训·省事篇》也有关于煎胡桃油的记载，说明核桃油作涂料流行于此时。吴其浚《植物名实图考长编》引梁陶弘景曰："荏状如苏，高大白色……笮（榨）其子作油，日煎之，即今油帛及和漆所用者。"唐陈藏器《本

草拾遗》："江东以荏子为油，北土以大麻为油，此二油俱堪油物。若其和漆，荏者为强尔。"都是宋代以前用荏油入漆的记载。至于桐油，却均未提到。如果以上所引文献在一定程度上反映了历史情况的话，那么商、周、战国时期调油色很可能用的是荏油，而魏晋南北朝以后，麻油核桃油也逐渐被使用，自宋代起则主要用桐油了。当然以上只是根据极为有限的史料试作一些推测，有可能是完全错误的。今后从各代的彩绘漆器上取样，经过精密的科学化验和分析，弄清楚不同时期所用的油漆原料，将是研究我国油漆史一项应该做的工作。

〔各色无所不应也〕据书中杨注，白色和几种淡而鲜的颜色入漆是调制不出来的。但桐油因它本身明透色淡，所以都能调出，故曰"各色无所不应"。81"而白唯非油，则无应矣"。97"如天蓝、雪白、桃红，则漆不相应也。古人画饰多用油"。

在漆工艺的长期发展中，用漆来调制白色的方法，比明代有了一些进展，现在附带在此提到，以供参考。

北京匠师能用轻粉调制一种近似白色的色漆，但不能十分洁净。此法在清代早已使用。《圆明园漆作价值则例》中有南轻粉一项，价值每斤银一两三钱，可知在当时相当昂贵。轻粉是一种中药，用水银、白矾、食盐炼制成，必须细研，经过多次水漂飞澄，才能入漆使用。

沈福文氏用氯氧化铋调配白漆，其法载《漆工资料》，曰：

"白色制造方法：原料次硝酸铋和纯强盐酸。分量：次硝酸铋100，纯强盐酸150—200（化学分析用的盐酸）。

"处理方法：将纯强盐酸盛入陶器烧钵内（注意不能接触金属品），逐渐加热，投入次硝酸铋，使它完全溶解混合于盐酸中。其变化过程如下：

$$BiCNO_3 + 3HCl \rightarrow BiCl_3 + H_2O + HNO_3$$

"冷却后，注入大量清水（最好是蒸馏水或河水），则发生如下的变化：

$$BiCl_3 + H_2O \rightarrow BiOCl\downarrow + 2HCl$$

"次硝酸铋和纯强盐酸，加热溶解后变三氧化铋和水及硝酸等的混合液体，然后将大量清水注入，即变为纯白色的液汁，逐渐沉淀，即氯氧化铋，然后倒去上层含有盐酸之水，再注入大量清水，用玻璃棒拌搅后再使它沉淀，如是换水洗涤十次，将酸性除净，最后除水，取出烘干后即入漆。

"入漆的分量：氯氧化铋100，半透明漆100混合，充分调拌则成白色漆（带牙色，不是纯白，因半透明漆本身带棕色）。"

17 霜挫，即削刀并卷凿。极阴杀木，初阳斯生。

霜杀木乃生萌之初，而刀削朴，乃髹漆之初也。

〔削刀 卷凿〕即镟床上用以镟制漆器木胎用的刀子。小器作镟床所用的刀子，一般有以下两种：

（一）圭角形，作∧状。

（二）圆头形，作∩状。

刀刃一面是平的，一面有斜坡，断面作∩状。这样使刀口既锋利适用，又不致因太薄而容易崩损。

〔霜杀木〕《春秋元命苞》："霜以杀木。"（寿15）

做漆器，先从木胎做起，所以杨注说："刀削朴，乃髹漆之初也。"

❶ 蘸子亦可用缯、绢包棉花或丝绵做成，有如拓工用以蘸墨的"扑子"。急紧是说漆干得太快，无法将漆面打起蓓蕾来。

18 雪下，即筒罗。片片霏霏，疏疏密密。

筒有大小，罗有疏密，皆随麸片之细粗、器面之狭阔而用之。其状如雪之下而布于地也。

〔筒罗〕向漆面上筛洒金片或银片所用的工具。它是用罗蒙在一截竹筒上做成的。筒的大小。视漆面的广狭而定。罗的稀密，视所需要金片或银片的大小而定。北京匠师所用的方法是在金箔或银箔放入筒罗后，里面还放一些豆子在内。豆子一滚，便将金箔碾碎，顺着罗孔漏洒到漆面上去了。

《实用漆工术》称筒罗曰"粉筒"。通常用细竹截成三四寸长，斜削两端，一端贴绢，另端装金粉。粉有粗细多种，故此筒大小也有数种。最小者由翎毛管做成。所贴绢片粗细也不一致。

沈氏《漆工资料》也讲到用鹅毛管洒金银粉："粗鹅毛管约三寸长，将两端削成斜口，一端包上一张细绢，另一端盛入金银细丸粉，金银粉可通过绢的细孔漏出，洒在花纹上。这样，需要洒上多少粉子，易于控制均匀。"

19 霰布，即蘸子。用缯、绢、麻布。蓓蕾下零，雨冻先集。❶

成花者为雪，未成花者为霰，故曰蓓蕾，漆面为文相似也。其漆稠黏，故曰雨冻。又曰下零，曰先集，用蘸子打起漆面也。

〔霰〕雨点降下时，遇下层空气温度在冰点以下，便凝结成颗粒。它与雪本是一物，不过形状不是六角的冰花，而是圆形的小珠，所以俗称雪珠。

〔蓓蕾〕南方俗语称小疙瘩为蓓蕾头，《张氏医通》："伤寒舌上生红点名红蓓蕾。"因之漆面上故意使其起小颗粒，不似一般的漆器有光滑的平面，叫做蓓蕾漆（见87、寿47），所谓"漆面为文相似也"。霰的颗粒与蓓蕾漆的漆面相似，所以用它来象征形容蓓蕾漆，而"雨冻"、"下零"等等，都是跟着霰联想出来的。"先集"也指霰而言。《诗经》："如彼雨雪，先集维霰。"

〔蘸子〕黄氏本文说蘸子是用缯、绢、麻布等织品做成的。54"蓓蕾之二过"，杨注称："漆有薄厚，蘸起有轻重之过"，"漆不黏稠，急紧之过"。此处杨注又称："其漆稠黏，故曰雨冻……用蘸子打起漆面也。"可知漆器在上漆之后，上面粘蘸子（即缯或绢等织品）。等到漆黏稠快要干的时候，将蘸子揭起，漆面就会被织品粘带起小疙瘩来而成为蓓蕾漆了。至于用缯、用绢或用麻布，要看所希望得到颗粒的大小而定。87称："蓓蕾漆有细粗，细者如饭糁，粗者如粒米。"缯和绢的纹理细，所以可以用它来做细蓓蕾漆。粗蓓蕾漆用麻布来做。

蓓蕾漆，日本漆工列入所谓"变涂"一类之内，名曰"布目涂"。《实用漆工术》称："布目涂以加贺之鹤田和三郎氏最为著名。他的方法是用胶和漆，将粗布粘着在漆器上。布揭去后，或干磨漆面，或上其他色漆。"

沈福文氏调制厚漆用 65% 的生漆加 35% 的生鸡蛋清。涂在漆器上，用麻布绞转成花纹。见《漆工资料》。

20 雹堕，即引起料。实粒中虚，迹痕如炮。

引起料有数等，多禾壳之类，故曰"实粒中虚"，即雹之状。又雹，炮也，中物有迹也。引起料之痕迹为文以比之也。

〔雹堕 实粒中虚 迹痕如炮〕《埤雅》："阴包阳为雹，形似半珠，其粒三出。雪六出成花，雹三出成实。"《五杂俎》："雹中虚，以其激结之骤，包气于中也。"《本草纲目》："雹者，炮也，中物如炮也。"（寿16）

〔引起料〕杨注说，引起料多半是禾谷的壳，它的作用是："中物有迹"，即在漆面上印陷出许多痕迹来。在这种高低不平的漆面上，再上不同颜色的漆层，研磨之后，便会显露出天然的纹理。102 彰髹和 106 犀皮，正是采用同一原理的方法做成的。日本将这一类做法列入"变涂"之内。《实用漆工术》有一种"意地意地涂"，是用米壳烧成炭，撒布到漆面上去，然后用砥石研洗，上面再上色漆，干后磨出文彩来。

21 雺笼，即粉笔并粉盏。阳起阴起，百状朦胧。

雺起于朝，起于暮。朱髹黑髹，即阴阳之色，而器上之粉道百般，文图轻疏，而如山水草木，被笼于雺中而朦胧也。

〔雺起于朝，起于暮〕《尔雅》："天气下，地不应曰雺。"（寿17）（襄按：雺为雾的古体字。）

〔粉盏〕放粉的器具。

漆器上的图案花纹，用笔蘸粉先打稿子，然后再用漆画。粉笔打稿子，不容易打得很清楚，所以说"百状朦胧"，如被笼在雾中。

据多宝臣先生称，漆器上打稿子，多半用粉。没有纸样的，直接用笔画在漆上；有纸样的，依纸样正面的花纹，在纸背面勾一次，然后将纸铺在漆器上，用布在纸上按擦，花纹便过到漆器上了。打稿除了用粉，还可以用石黄或银朱来代替。不过用石黄打稿，只限于真金的画漆。倘若在石黄的草稿上用假金描画，留在漆面上的石黄，会与假金起化学作用，金色便变黑了。❶

22 时行，即挑子。有木、有竹、有骨、有角。百物斯生，水
为凝泽。❷

漆工审天时而用漆，莫不依挑子，如四时行焉，百物生焉。漆或为垸，或为当，或为糙，或为魏，如水有时以凝，有时以泽也。

〔挑子〕这个名称，本书除此条外，还提到两次：（一）37"曝漆挑子"，"鲥鱼反转，打挑子之貌，波涛去来，挑翻漆之貌。"这是指将生漆晒成熟漆时所用搅漆的工具。近代漆店晒漆，一般都用一根木棍来翻搅。（二）180"起线缘……有以起线挑堆起者"。这是指在漆器上堆起灰漆线条所用的工具。《辍耕录·铷金银法》也讲到挑子："先用黑漆为地，以针刻划。……然后用新罗漆，若铷金则调雌黄，若铷银则调韶粉。日晒后，角挑挑嵌所刻缝隙"。这是指挑色漆嵌入铷划缝隙所用的工具。归纳起来，古时对大自搅晒生漆的工具，小至嵌漆用的尖细角簪，都叫挑子。

〔水为凝泽〕《考工记》："水有时以凝，有时以泽。"（寿18）

〔垸当糙魏〕见7，68至71，177至181。

23 春媚，即漆画笔。有写象、细钩、游丝、打界、排头之等。化工装点，日悬彩云。

以笔为文彩，其明媚如画工之装点于物，如春日映彩云也。日言金，云言颜料也。

〔写象（笔）〕象就是物体形象的意思。本书中常常说到螺象、金象或色象。螺象是用螺钿做成的物象，金象是用漆画后上面贴金的物象，色象是用色漆画成的物象。可知写象笔即画物象的漆画笔。

相当于明代的写象笔，北京匠师称之曰"抹彩笔"，过去多用吴文魁笔店的"大金章"。画更大面积用的叫"涂笔"，可以用羊毫。

〔细钩（笔）〕勾勒用的漆画笔，相当于绘画用的勾筋笔。

据多宝臣先生称，清代北京漆工描金用的细画笔，制法秘不告人。近数十年始渐为人知，笔店中也间或有人做来发售。这种笔必须用大老鼠（严冬时捉到的尤佳）背脊上的毛来做，才瘦挺适用。笔的做法是先用香油将毛尖浸润，使其舒直，用纸裹压，将油吸去。然后取一细撮（相当于一支笔所用的数量）放入一截比鼠毛还要短的细笔管内。另取瓷碟一个，内撒滑石粉，使其光滑，笔管内也放滑石粉少许，毛尖向下，将笔管放在碟内，轻轻敲碟，使其震动。待毛尖慢慢顿齐后，用头发将毛根束住，自笔管中取出。再用胶水将毛尖粘牢，然后用线捆扎毛根，至此笔头之形已具。画时仅用笔尖，所以笔根尚须用血料将它粘固，并用纸粘封。这种细画笔，笔尖是活的，用时笔管上临时安装笔头，

❶ 假金中含铁质，漆遇铁会变黑。

❷ 挑子即刮子，亦称刮板，书中图八：近代漆工用的刮板，应移至此处。起线挑子一端有凹，略如 ⌐⌐ 状，用它刮漆灰，可以刮出高起的漆灰线，其形制和木工用的起线刨的刨刃相似。

❶ 山西平遥漆器厂的排
笔用四支鼠须笔排在
一起制成，画点叶可
以一笔画出四片点叶。

❷ 色粉实为擦敷到未干
的漆上，而不是撒扑
上去的。山西称此法
曰"擦色"（参看第
64页❷）。金粉则是
扫拂上去的。

不用时便将笔尖取下，倒过来套入笔管之内，以防触损毫尖。

〔游丝（笔）〕比细钩笔还要细，相当于绘画用的红毛笔。

〔打界（笔）〕画直线用的笔。北京匠师叫打线笔，纯狼毫制，用前须将笔头压扁，并以血料粘固（图六）。❶

〔排头（笔）〕几支笔连缀成一排，刷大面积用的笔，相当于绘画用的排笔。

沈氏《漆工资料》讲到画笔的选用及保护方法：

"描绘漆笔：描漆线用的笔，是要选用好狼毫来做。每根描笔，笔毛（狼毫）要少，尖端齐整，不能参差不齐，不然描绘时毛端分岔不好使用。

"彩色用漆笔：国画所用须眉笔，即可作彩色漆笔。

"漆笔保护方法：每次蘸漆描绘后，应将笔上余漆除尽，用种子油洗涤干净保存，免得硬化不能用。重新用前，又应用汽油加以洗涤，把种子油洗干净。"

24 夏养，即雕刀。有圆头、平头、藏锋、圭首、蒲叶、尖针、剞劂之等。万物假大，凸凹斯成。

千文万华，雕镂者比描饰，则大似也。凸凹即识款也。雕刀之功，如夏日生育长养万物矣。

〔圆头（刀）〕刀头作⌒形。

〔平头（刀）〕刀头作⊓形。

〔藏锋（刀）〕一种锋刃较钝厚的刀。

〔圭首（刀）〕刀头作⋀形，言其像玉圭的形状。

〔蒲叶（刀）〕薄扁而长，像蒲叶形的刀。

〔尖针（刀）〕细而尖的刀。

〔剞劂（刀）〕剞劂，一作剞劂。《说文》："剞，剞劂，曲刀也。"段注："高注《倓真训》曰：'剞，巧工钩刀；劂，规度刺墨边笺也，所以刻镂之具。'"应劭注《甘泉赋》曰："剞，曲刀也；劂，曲凿也。"所以剞劂是头带钩形的刀。

以上所说的各种刀，做雕漆的工匠，用得最多，现在北京雕漆业所用的刀，

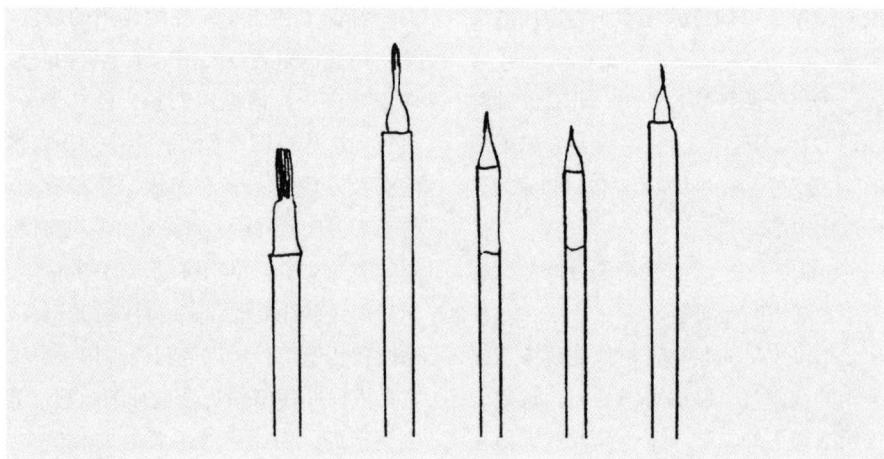

图六　近代漆工用的漆画笔

样式还不止这些。至于做彩漆雕填，需要在漆面上勾出沟纹来，然后将漆填进去，所用的刀子正是刀头上带钩的。明代的剞劂刀似与此相类（图七）。

〔假大〕《释名》："夏，假也。宽假万物，使长大也。"（寿 19）

〔识款〕见 107、129。

25 秋气，即帚笔并茧球。丹青施枫，金银著菊。

描写以帚笔干傅各色，以茧球施金银，如秋至而草木为锦。曰"丹青"、曰"金银"、曰"枫"、曰"菊"，都言各色百华也。

〔干傅〕干傅就是干设色，而帚笔和茧球是干设色所用的工具。漆画有湿设色和干设色两种。湿设色是用画笔蘸调好了的色漆画上去的；干设色是用不调色的漆画好之后，趁未干透，将色粉❷撒扑到漆上去，使其粘着在上面。见 95"又有各色干着者不浮光"。100"即填漆也，磨显其文，有干色，有湿色"。115"隐起描漆，设色有干湿二种"。

漆器上的金和银也都是用干设色的方法来上的（见 82）。

漆工做匾，有"扫青"、"扫绿"之法。这种匾额，以青色或绿色做地子，它们的做法是在地子上先上油，然后将颜色干扫上去。这也是干傅的做法。

〔帚笔〕干扫颜色用的笔叫做帚笔。

〔茧球〕上金或上银用的丝绵球叫做茧球（见 82）。

26 冬藏，即湿漆桶并湿漆瓮。玄冥玄英，终藏闭塞。

玄冥玄英，犹言冬水。以漆喻水，玄言其色。凡湿漆贮器者皆盖藏，令不濑凝，更宜闭塞也。

〔湿漆桶并湿漆瓮〕桶和瓮都是贮放漆的器具。桶和瓮的盖须牢牢盖紧，

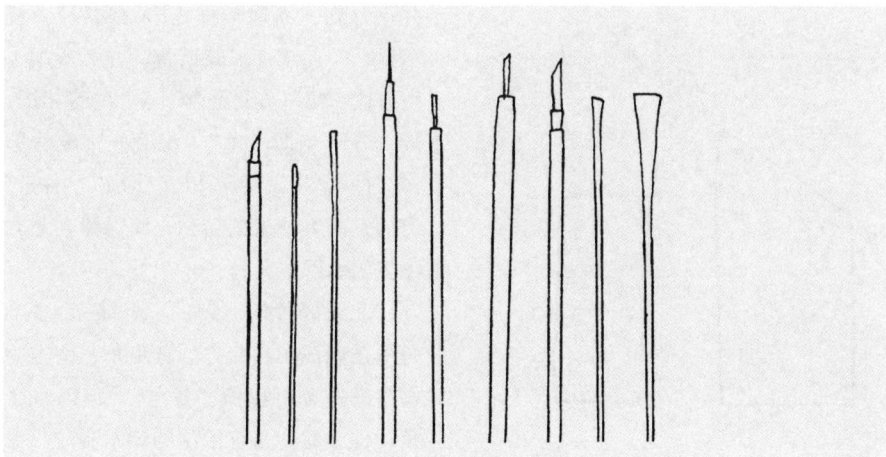

图七 近代漆工用的雕刀

漆面还需用油纸封严，以防干固。现在的漆店仍用桶或瓮来贮放它。

〔玄冥玄英〕《月令》："冬，其神玄冥。"《尔雅》："冬为玄英。"（寿20）

〔溓〕《周礼·考工记》注："溓，读为粘，谓泥不粘着辐也。"《正韵》："一曰薄冰。"潘岳《寡妇赋》："水溓溓以微凝。"《集韵》："沉物水中使冷。"（寿21）❶

27 暑溽，即荫室。大雨时行，湿热郁蒸。

荫室中以水湿则气熏蒸，不然则漆难干，故曰："大雨时行。"盖以季夏之候者，取湿热之气甚矣。

〔荫室〕《史记·滑稽列传》："二世又欲漆其城。优旃曰：'顾难为荫室。'"（寿22）。（见8）

28 寒来，即圬。有竹、有骨、有铜。已冰已冻，令水土坚。

言法絮漆、法灰漆、冻子等，皆以圬粘着而干固之。如三冬气令水土冰冻结坚也。

〔圬〕《尔雅·释宫》："圬镘谓之圬。"《方言》："秦谓之圬，关东谓之镘。"《说文》："圬，所以涂也。"（寿23）

《尔雅》、《方言》、《说文》所说的圬，就是现在瓦工所用的抹子。本书所说的圬，是漆工刮抹漆灰腻子所用的工具❷（图八）。亦即《与古斋琴谱》所谓

图八　近代漆工用的刮板

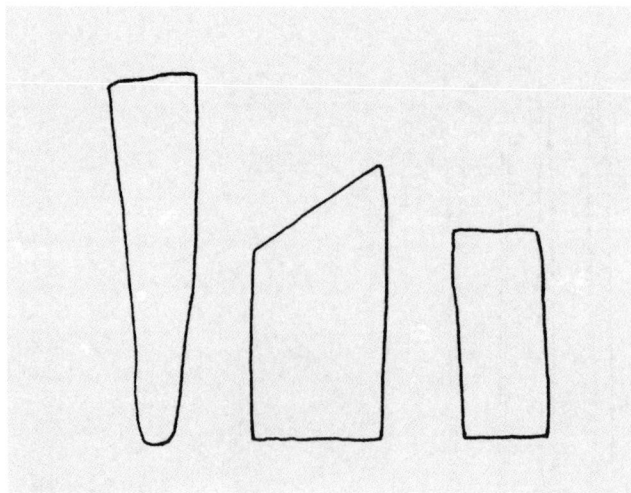

的牛角篦："长三、五寸，阔二、三寸，上窄而厚二分，下阔而薄如刀。"小于一般的牛角篦，形似小刀，可以将漆灰印划出花纹来的工具，前人也称之曰圬。如129杨注："今有饰黑质，以各色冻子隐起团堆，圬头印划，不加一刀之雕镂者。"圬头可以代替刀刻，可见是相当灵巧的工具。

圬这个名称，在北京匠师的术语中，并不存在，而通常称之曰"刮板"，或"各敲"（此二字取其谐音，并无所本）。南方读"角"与北方读"各"的音相近，故"各"当即"角"。江浙方言称羹匙曰"抄"、"敲"两音相近，所以"各敲"可能是南方传来的名称，而保留在北方漆工的术语中。

北京匠师们所谓的"各敲"，多半是牛角做成的。北方的黄牛角，南方的水牛角，都可以做"各敲"，但以水牛角为佳；此外也有铜制的和木制的。在

上退光漆时，往往用木制"各敲"将稠厚的漆摊开布匀，然后再用刷子刷。这一工序又叫"开漆"。

〔法絮漆〕它是黏合胎骨用或填补缝子及不平地方用的漆灰腻子。腻子中有时掺木屑及斩断了的丝棉，为的是干了不至于陷塌，并加强连结的力量。177"合缝，两板相合或面旁底足合为全器，皆用法漆而加捎当"。178"捎当，凡器物先剗刬缝会之处，而法漆嵌之"。"器面窊缺节眼等深者，法漆中加木屑断絮嵌之。"

〔法灰漆〕漆灰的一种，可以用它

来做器物边棱上凸起的线条。180"蜔窗边棱为线缘，或界缘者，于细灰磨了后，有以法灰漆为缕黏络者。"

〔冻子〕可能是一种胶质的透明体，干了很坚硬。可以用它来做胎骨，或代替漆或漆灰在器物上做出花纹来。但它的成分及配制方法尚待考。❸ 冻子并见本书以下各条：114"隐起描金……漆冻模脱者，似巧无活意"。125"堆红有漆冻脱印者"。126"堆彩有饰黑质以各色冻子隐起堆团，圬头印划，不加一刀之雕镂者"。117"捲榡有篾胎、藤胎……冻子胎"。

---

29 昼动，即洗盆并帉。作事不移，日新去垢。

宜日日动作，勉其事不移异物，而去懒惰之垢，是工人之德也，示之以汤之盘铭意。凡造漆器，用力莫甚于磋磨矣。

〔帉〕《玉篇》："帉，拭物巾也。"《说文》："楚谓大巾曰帉。"（寿24）

〔洗盆并帉〕洗盆指磨漆器用的水盆和洗脸盆。帉指磨漆器用的揩布和手巾。漆器在制造过程中，磨漆灰及退光漆，磨石须蘸水使用，所以需用贮水的盆和揩布。杨注称"凡造漆器，用力莫甚于磋磨矣"，指此。做漆工要常常洗手，

所以又需用洗脸盆和手巾。杨注称"去懒惰之垢，是工人之德也，示以汤之盘铭意"，指此。当然这是双关语，在洗涤垢秽之外，还有坚持劳动的意思。

〔汤盘铭〕《礼记·大学》："汤之盘铭曰：'苟日新，日日新，又日新。'"即自强不息之意。

---

30 夜静，即窨。列宿兹见，每工兹安。❹

底、垸、糙、䰍，皆纳于窨而连宿，令内外干固，故曰每工也。列宿指成器，兼示工人昼勉事，夜安身矣。

〔窨〕地下的荫室，叫地窨。朱桂辛先生《漆书》福建漆器条："每漆一次，即入地窨。地窨以湿润为主。闽中地窨，尚须泼水，故大暑及晴燥，不宜

施漆。入窨阴干，约一昼夜，取出以石磨之，磨好再漆。"（参阅8、27）。

〔列宿〕见6、7。

〔底，垸，糙，䰍〕见7、68至71，

❶ 荫室即温湿柜、温湿箱及地下室。小件器物用柜或箱即可。大件入地下室。生漆髹涂不须荫室，精制熟漆髹涂必须入荫。温度在25°C—30°C，湿度在80%—85%为宜。

❷ 将圬解释为刮板有误。圬为不同形状的雕塑刀，是用以做堆漆、隐起的工具。北京、扬州骨石镶嵌的花木枝梗；福建脱胎像的五官、衣褶等均用此工具。

❸ 福州用的印锦料，北京、扬州用的堆梗料，山西用的堆鼓料，均属冻子类的材料。

❹ 书中27条暑溽与30条夜静，讲的都是荫室，不知何以同一设备两次出现。可能暑溽讲的是温湿柜和温湿箱，而夜静讲的是地下室。

117 至 119。

31 地载，即几。维重维静，陈列山河。

此物重静，都承诸器，如地之载物也。山指捎盘，河指模凿。

〔几〕做漆工用的桌子，漆器和工具都放在上面，所以说"都承诸器"。

〔捎盘〕做漆工用的托盘，由"捎当"而得名。"捎当"见 178。

日本称"捎盘"曰"定盘"。《实用漆工术》："所谓定盘，就是调漆时所使用的台板。其面平滑，以便篦头调理漆液。木盘大小，约二尺见方。它的尺寸，本可随意而定，然必须选纹理细密平直的木头来做。上等的用桧木制造，因其平坦，故有此名。"

〔模凿〕凿刻蚌壳片所用的工具（见 38）。

32 土厚，即灰。有角、骨、蛤、石、砖及坯屑、瓷屑、炭末之等。大化之元，不耗之质。❶

黄者厚也，土色也。灰漆以厚为佳。凡物烧之则皆归土。土能生百物，而永不灭。灰漆之体，总如率土然矣。

〔灰〕调和漆用的各种物品的粉末，用来做漆器胎子用的，通称曰灰。180 "垸漆一名灰漆。用角灰、瓷灰为上，骨灰、蛤灰次之，砖灰、坯屑、砥灰为下。"

〔角灰〕《周礼·司徒·角人职》注："骨入漆浣者。"案：骨即骨灰。浣恐即垸。《琴经》："鹿角灰为上，牛角灰次之。或杂铜锡等屑，尤妙。"（寿 83）

《与古斋琴谱》："灰乃鹿角霜（鹿角已经熬过膏者）研细飞澄如面粉，调入滤净真生漆，掺水拌匀如糨糊。"（襄按：鹿角霜为修理古琴常用的材料，国药店可买到。颜色洁白，体质很轻，即所谓已经"熬过膏"者〔据药店称系经过烧煅所致。〕将它研细后入生漆，并不用再掺水，即可使用。粉末粗细可按需要来研制。质粗的待漆灰干后，用石磨出，露出显著的颗粒，有时修琴故意用它，称之为鹿角砂。质细的磨出作细密的白点，要仔细看才能看出来。

前代漆工有时用角屑灰制漆器，在器物胎骨上敷着掺有角质砂屑的漆灰，所以在褐黑色的漆地中，呈现黄白色的碎点，灿烂若繁星。但细察其角质，似较鹿角霜为坚实，可能是用未经烧煅过的鹿角或象牙捣碎而成。实物如故宫博物院所藏的洗象图百宝嵌长方盒。卢葵生制锡胎漆壶，有时也用此入漆（王世襄、袁荃猷：《扬州名漆工卢葵生和他的一些作品》，《文物参考资料》1957 年七期）。

〔骨灰〕将兽骨研碎调漆做漆灰。如古琴合缝即用牛胫骨灰调胶、漆（见 177）。

〔蛤灰〕将蛤蜊壳捣碎研细，调漆

做漆灰。

〔石灰〕用某种石质研碎调漆做漆灰。现在颜料店可以买到的土子，就是石质研成的。用它来调漆，很容易干固。日本调制漆灰最主要的一种材料——砥粉，也是用一种石质研磨成粉末的，见《实用漆工术》。

〔砖灰〕将砖头研成粉末来调漆做漆灰。

乾隆十四年《工部则例》卷二十五《漆作用料则例》讲到用砖灰调漆："凡严生漆所用土子面，除钻生漆、糙漆不加外，其余用严生漆俱加土子面。内务府无定例。都水司每漆一百斤，加砖面八十斤。今拟每严生漆一百斤，加土子面六十四斤。"（襄按：砖灰价值最便宜，但不及土子调漆坚实，因而有时不用砖面，用土子代替。）

现在油漆工还广泛使用砖面。

〔坏屑〕陶瓦未烧曰坏。《后汉书·崔骃传》："坏（襄按：坏，音读坯）冶一陶，群生得理。"（寿 25）

〔瓷屑〕将残破的瓷器捣碎调漆做漆灰。这是过去漆棺木常用的一种材料。

〔炭末〕❷将木头烧成炭，研成粉末，调漆做漆灰。它的特点是体质轻。日本漆工也用此材料调漆灰。《实用漆工术》讲到用朴树烧成炭。又有所谓"蜡色炭"，是用百日红、山椿等树木烧制的。又日本所谓高莳绘（即108识文描金），是用炭粉调漆来堆出花纹的。

沈氏《漆工资料》称："用烧过的木炭研成细粉，作为上底胎的炭粉，或作堆漆中间层用的炭粉，增加其厚度和结实性。"

❶ 做日用器皿实际上用砖灰、坏屑、砥灰做漆灰底最坚固。如做揩光漆器或做古琴，自然以鹿角灰为上。

❷ 炭末一般用作堆漆，不用作地底。

---

33 柱括，即布并斮絮、麻筋。土下轴连，为之不陷。

二句言布筋包裹，椿榛在灰下，而漆不陷，如地下有八柱也。

〔布〕做漆器的一般步骤是在器物胎骨上先用漆灰糊布，然后上面再上漆灰和漆。糊布为的是使胎骨坚固，不走动，不脱裂。179"捎当后用法漆衣麻布"。参阅70。

〔斮絮〕《说文》："斮，斩也。"《尚书·泰誓》："斮朝涉之胫。"注："斩而视之。"疏："斮，斫也。"《楚辞》注："斮，断也。"《史记·张释之传》："以北山石为椁，用纻絮斮陈絮漆其间。"注："斮絮以漆着其间。"（寿 26）

见28法絮漆注。

〔麻筋〕布的代用品。179杨注："近俗有以麻筋及厚纸代布，制度渐失矣。"

---

34 山生，即捎盘并檡几。喷泉起云，积土产物。

泉指滤漆，云指色料，土指灰漆。共用之于其上，而作为诸器，如山之产生万物也。

〔捎盘 檡几〕见31。

〔滤漆〕见40。

35 水积，即湿漆。生漆有稠淳之二等❶，熟漆有揩光、浓、淡、明膏、光明、黄明之六制。其质兮坎，其力负舟。

漆之为体，其色黑，故以喻水。复积不厚则无力，如水之积不厚，则负大舟无力也。工者造作，无吝漆矣。

❶ [生漆有稠淳之二等]，现在生漆分大木、小木两大类。大木漆取自高山地区野生的漆树，小木漆取自低山地区人工栽培的漆树。现在某些学者认为大木漆稠，小木漆淳。

❷ 精制熟漆分两大类：无油熟漆和有油熟漆。无油熟漆中又有无油透明漆和无油黑漆。透明漆中也有一种是有油的。

❸ 铁锈水的制法，可用醋泡锈铁。

❹ 冰片、胆汁看来是古代使用的稀释剂。

❺ 此种文火炖制的漆，有干性，是一种先进的、科学的方法。现在漆工用武火熬的漆，无干性，必须加生漆才有干性，不可取。

❻ 认为"推光"即"退光"，误。推光即揩光，与退光有区别。

❼ "揩光"应是用好生漆过滤后，搅拌一两天才制成的一种快干漆。福州称之为"提庄漆"，日本称之为"生正味漆"。

❽ 浓漆即无油黑漆，淡漆即无油红推光漆。

❾ 明膏是一种无干性的透明漆，是用武火熬制的，要加生漆才能使用。

❿ 无名异即土子，二氧化锰。

〔湿漆〕生漆和熟漆的总称。以漆喻水，故有此名。

〔生漆有稠淳之二等〕未经炼制过（即曝晒或煎熬）的漆为生漆，稠是厚而浊的意思，淳是稀而清的意思，言生漆有稠与稀两种。

〔熟漆〕凡经炼制过的漆通称曰熟漆。❷炼制的方法是曝晒或煎熬，或加入桐油或其他植物油等。

熟漆中退光漆是常用的一种，在古琴文献中很早就有关于煎制退光漆的记载，但当时或称之曰"琴光"，或称之曰"光漆"。因此漆必须拭退而后生光，故有"退光"之名。约在北宋时成书已收入《琴苑要录·琴书》，讲到煎"鬖光"法，然后再用"鬖光"加生漆来配制"琴光"。《煎鬖光法》："好生漆一斤，清麻油六两，皂角二寸，油烟煤六钱，铅粉一钱，诃子一个。右用炭火同熬煎，候见鹧鸪眼上，用铁刀子上试牵得成丝为度，绵滤过为鬖光也。"《合琴光法》："煎成鬖光一斤，鸡子清二个，铅粉一钱，研，清生漆六两。右用同调和合匀，亦须看天时气，并漆紧慢。如冬天用，加生漆八两至十两。如夏天用，即减五两。春（襄按：此处似脱"秋"字）二时增减随时，并须临时相度，上简试之。如见干迟即更入些生漆，如或干速即更入些黑光，少点些麻油，和好绵滤过然用之。"

南宋人所记而经收入袁均哲辑的《太音大全集·合光法》，讲到合"光漆"的方法凡四种："合光须择良时，宜于三伏内，用生漆一斤，文武火煎至十两，乘热滤过，此为光漆。又用好生漆白油各二两同调，诃子肉、秦皮、黄丹、定粉各一钱入在内，文武火煎如稀饧，乘热滤过，入于瓦器内。又用好生漆四两，滤过。定粉一钱半，轻粉一钱，中指煞令极细，以乌鸡子两个，取清搅碎，调粉，同入瓦器，拌和令匀，绵滤过。又法，用上等生面漆，入秦皮、铁粉、油烟煤，同煎滤过，临时入鸡子清拌匀。大凡煎光，须留经日久用之乃佳，贵其老也。"

明代蒋克谦辑的《琴书大全》卷四记载了南宋景定时人杨祖云的《合光法》，与前述各方又有不同："用真桐油半斤，煎令微黑，色将退，以好漆半斤，以绵滤去其渣令净，入灰坯半两，干漆等分，光粉半两，泥矾二钱，重和杂，并煎，取其色光黑新鲜为度。候冷，以藤纸遮盖，候天色晴明上光，再用绵滤过用，诚可造妙矣。"

清代祝凤喈《与古斋琴谱》（咸丰年间成书）关于制退光的方法是："晒光漆法：先滤净好生漆，置盘中，日晒，少顷，以竹片搅翻至盘底，色白，有水汽，时时晒搅，至数日，则漆中水汽晒尽，其色如酱而发光亮。入冰片或猪胆汁少许，调匀，则漆化清利而不滞，其光如鉴。欲其色黑，以铁锈水❸酽调入漆中，色转灰白，拌匀，刷器上，待干，其黑尤胜。有用墨烟入漆者，不若锈水之无渣滓也。如不用冰片、胆汁和调❹，其漆浓滞而不化开，每有刷痕。调好光漆，再以夏布铺绵，绞滤数次，则无蓓蕾，洁净为佳。"又法："光漆不置日晒，以火炖之。用瓷盘，盛净生漆，放文火上，时时搅之。一经漆热，即离火，随搅随扇❺。风冷，又复炖热，搅扇，如是数次，则其漆色如金，其光亮尤胜于晒者。晒难而炖易成也。惟炖必须时刻留意，搅不停手，以防底焦。一热，即须离火，搅扇风冷。过热，则漆熟不干，至于无用矣。此法芝城陈子六仪，受于许笛溪，尝试验，颇佳。"

用上列不同方法制成的退光漆有何不同，以何者为佳，尚待科学实验来分析判断。但《与古斋琴谱》的方法现在苏州漆工还在使用，见《苏州油漆》一书（1963年苏州建设局编印本）第一章第二节："退光漆系退光生漆加工而成，分为无色退光和有色退光两种。其制造方法将生漆放在烈日下曝晒，不断搅拌，这样连续三天，达到不稠不黏，流动性大，水分少等要求（目前改用蒸汽、电热与红外线等干燥法，结合人工生产）。退光漆制成后，须加'色坯'和'猪苦胆汁'。黑坯用铁屑与醋浸若干时即为黑汁。配合成分，退光漆98.5%，黑坯1.5%（或注入其他配制而成的色素），不断搅拌，直至漆表面水分溢出，再将水分吸净。以前配制中，为何要用猪苦胆汁，尚待进一步分析研究。"

沈福文氏称退光漆为半透明漆，在《漆工资料》中也讲到晒或炖的炼制法：

"半透明漆的制造方法，将生漆滤干净后，盛入木盆内在太阳下晒，同时由人用木棒在漆内拌搅，缓缓使其所含水分蒸发，约须除去所含水分的30%。

水分去后，生漆由灰乳色逐渐变为半透明的棕色。因经拌搅关系，它的分子更加稠密起来。如把它薄涂在木料上，可以看出木纹，但木料也变为淡棕色。如大量生产可用电热来蒸发水分及拌搅。但热度最高不能超过35°C。如加热太高，以致漆内水分蒸发过快过多，则影响漆的干燥性。另一制造方法是把生漆用火煮，这样水分蒸发过度，就失去了漆的干燥性能，但冷却后可以加入十分之二三的生漆，来恢复它的干燥作用，但推光（襄按：即退光）的效果就较差了。"❻

〔揩光〕揩光是漆工的一种做法（见75）。在此则是一种熟漆的名称，❼由于这种熟漆适合做揩光之用而得名，其性质近于明膏。

〔浓（漆）淡（漆）〕都是熟漆的名称，体质有浓淡之别。成分及制法待考。❽

〔明膏〕熟漆的一种，主要用它来调配色漆用的❾。76杨注："又其明暗，在膏漆银朱调和之增减也。"78杨注："明漆不美则色暗。"所谓膏漆及明漆，都是指明膏而言。这种漆相当于近代漆工常用的笼罩漆。北京匠师调色漆，一律用笼罩漆（仿古例外。仿古求其速坚，多用生漆调色）。

沈周《石田杂记·笼罩漆方》："用广德好真桐油，入密陀僧、无名异❿，煎老。每熟油一两，和入京山漆生者一两，要绞十分净，漆在器物上，于日色中晒干。须是四月至七月日色方好，其余不宜。要漆两遭，初遭略以沙叶轻打过，使漆。"

笼罩漆，相当于沈福文氏所谓的油光漆。据《漆工资料》，油光漆是用快干漆和明油调制而成的。快干漆的制法是："将生漆盛入木盆内，约一寸厚，即成油光漆。"

〔光明 黄明〕《本草纲目》："广浙一种漆物，黄泽如金。《唐书》所谓黄漆者也。"（寿27）

光明、黄明❶都是体质明透的熟漆，成分及制法待考。苏州漆工有所谓"明光漆"，用熟漆加生漆调成，色泽呈半透明褐黑色，疑与光明相近（见苏州建设局编印的《苏州油漆》）。

❶ "光明"是加油的透明漆，"黄明"是加藤黄的无油透明漆。

❷ 曝漆将生漆放入晒漆盘，用挑子（见图八）或木扒（木柄一端安木片与柄90°相交）不停地搅拌，使漆分子与氧接触，起氧化聚合作用。佳期者脱水至最佳程度之谓，光亮而有干性。

❸ 点、钩、条的形状均不难想象，抹作何状，费思考。古有"远山一抹"之说，看来还是有一定宽度的片。

❹ 洛现与13条虹见均是搨笔砚。其分别可能在虹见为五格笔砚，洛现为九格笔砚。

❺ 标点杨注首句有误，应作"四方四隅之数皆相对得十，而五乃中央之数"。这里杨明是用洛书九宫来象征九格的笔砚。北周甄鸾注《数术记遗九宫算》云："九宫即二四为肩，六八为足，左三右七，戴九履一，五居中央。"如下图：

四	九	二
三	五	七
八	一	六

36 海大，即曝漆盘并煎漆锅。其为器也，众水归焉。

此器甚大，而以制熟诸漆者，故比诸海之大，而百川归之矣。

〔曝漆盘 煎漆锅〕见35。

37 潮期，即曝漆挑子。鳛尾反转，波涛去来。❷

鳛尾反转，打挑子之貌。波涛去来，挑翻漆之貌。凡漆之曝熟有佳期，亦如潮水有期也。

〔鳛尾〕《水经注》："鳛鱼长数十里，穴居海底。鱼入穴则潮上，出则潮退。鱼入有节，故潮水有期。"（寿28）（襄按：鳛亦作鰍。鰍尾常反转不停。）

〔曝漆挑子〕见22。

《圆明园内工现行则例》有关于折晒盘漆的条款："漆匠每百工外加折晒盘漆、收管放风拌料漆匠六工。"（襄按：折晒盘漆即曝漆。"鳛尾反转，波涛去来"就是描写用挑子翻转折晒生漆时的样子。）

38 河出，即模凿并斜头刀、锉刀。五十有五，生成千图。

五十有五，天一至地十之总数，言甸片之点、抹、钩、条，总五十有五式，皆刀凿刻成之，以比之河出图也。

〔模凿〕制造镶嵌螺钿的漆器（尤其是薄螺钿，俗称软螺钿，见103），要用许多同一形状及大小的钿片。譬如漆器花边的几何图案，往往是用许多三角形及菱形的钿片嵌成的；钱纹或球纹，往往是用许多橄榄形的钿片嵌成的。为

了使钿片整齐一律，并免去每一块都要量着裁切的麻烦，所以漆工准备了若干种类似模子的凿刀，用来切钿片。

〔斜头刀〕裁切钿片的斜头刀子。

〔剞刀〕《六书故》："剞，斩截也。"剞刀当为斩截螺钿的刀子。

〔点、抹、钩、条〕钿片的各种不同式样，共有五十五种。点、抹、钩、条，举几个大的类型来概括各种形式，是当时的术语。103 也说到点、抹、钩、条❸，但没有说明它们到底是什么样式，现在已很难知五十五式的究竟，而只能从实物知其大概，参阅 146 螺钿加金银片所举各例。

39 洛现，即笔觇并揲笔觇。对十中五，定位支书。❹

四方四隅之数皆相对。得十而五，乃中央之数。言描饰十五体，皆出于笔觇中，以比之龟书出于洛也❺。

〔笔觇〕《遵生八笺》："笔觇有以玉碾片叶为之者。古用水晶，浅碟亦可为此，惟定窑最多。匾坦小碟，宜作此用，更有奇者。"（寿 29）

〔笔觇 揲笔觇〕见 13。

〔描饰十五体〕根据《髹饰录·坤集》描饰第六所讲到的各种做法有：朱地描金，黑地描金，彩金象描金，彩金象混金漆描金，黑漆细钩敛理描漆，划理描漆，彤质描漆，各色干着描漆，纯色漆画，没骨漆画，朱质朱文漆画，黑质黑文漆画，黑理描油，金理描油，断理描油，黑糙描金罩漆，赤糙描金罩漆，黄糙描金罩漆等近二十种。所谓十五体，当包括在上述各种之内（见 93、94、95、96、97、98 和附表四）。

40 泉涌，即滤车并幦。高原混混，回流涓涓。

漆滤过时，其状如泉之涌而混混下流也。滤车转轴回紧，则漆出于布面，故曰回流也。

〔滤车〕即《与古斋琴谱》所谓的"绞漆架"。据称："用硬木为之。座板厚二寸，阔八寸，长一尺六寸。两头离二寸，各竖扁柱一，厚一寸余，阔六寸，高一尺。柱头离一寸，各开圆孔，径大五六分。另用好麻制绳二，各长一尺，粗如中指。绳头交并，圈转如环，扎紧不脱。将绳圈入柱孔内各半，外另以硬木棍，长一尺，粗如大指者一对，各入柱孔外之绳圈。柱孔内之绳圈，以夏布裹漆，其布头再复缠入绳圈内（布头初穿入绳圈内又折转，复缠入绳圈内，则牢不脱矣），即以木棍转旋，逐渐而紧绞之，其漆流出矣。须二人各理一头为便。先是用夏布长二尺，阔尺余者，清水浸湿，展放大碗面上，再以漆倾盛布内，然后裹之，使漆不旁泄。裹布两头，各上架柱绳圈。二人随手以棍转旋，渐渐绞紧。其漆滤下，初次用粗夏布先绞去渣，二次用细夏布，加铺薄绵，或铺丝绵，再绞，则漆清净。退光之漆，尤宜绞滤数次，则洁而无蓓蕾细粒之痕。"谱中附有图（图九）。

1956 年秋曾在歙县棺材店中，看见绞漆架一具，与上面所描述的极相似。

〔幦〕《礼记·玉藻》："君羔幦虎犆。"注："幦，覆苓也。"又与幭通。《周礼·春官》："木车蒲蔽犬幭。"注："犬幭，以

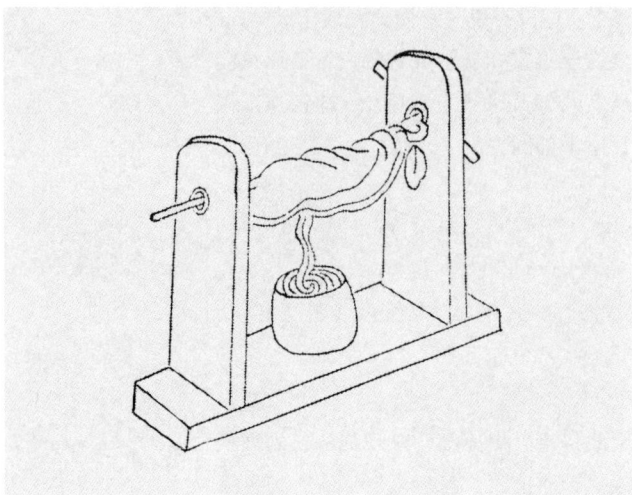

图九 近代漆工用的绞漆架

犬皮为覆苓。"（寿30）

本书所谓的幦，当即滤漆用的夏布。按，幦是覆车的布，因绞漆的工具名曰滤车，所以便称滤车上的夏布为幦了。

乾隆十四年《工部则例》卷二十五《漆作用料则例》讲到用丝绵及绢滤漆❶："凡退光漆所用丝绵，内务府无定例。都水司每漆一百斤用丝绵八两。今拟每退光漆一百斤用丝绵八两。凡拧光漆所用绵绢，内务府无定例，都水司每漆一百斤，用绢五尺，丝绵八两。今拟每拧光漆一百斤用山西绢五尺，丝绵四两。"

41 冰合，即胶。有牛皮，有鹿角，有鱼脬。两岸相连，凝坚可渡。

两岸相连，言二物缝合凝坚。可渡，言胶汁如冰之凝泽，而干则有力也。

〔牛皮（胶）鹿角（胶）鱼脬〕都是黏合漆器胎骨用的胶质。现在为一般木工所常用的，并在颜料店可以买到的为猪皮胶和鱼脬。猪皮胶用猪皮熬炼而成，其性质与牛皮胶相近。鱼脬，或写作鱼鳔，以鱼脬制成，用以粘合木材，坚牢耐久，胜于猪皮胶。鹿角胶未见过。

〔缝合〕粘合漆器胎骨，叫做缝合（见177）。

42 楷法第二

法者，制作之理也。知圣人之意而巧者述之，以传之后世者列示焉。

这一章所讲的都是漆工所容易犯的各种毛病，及所以发生各种毛病的原因。

43 三法：

巧法造化：天地和同万物生，手心应得百工就。

质则人身：骨肉皮筋巧作神，瘦肥美丑文为眼。

文象阴阳：定位自然成凸凹，生成天质见玄黄。法造化者，百工之通法也。文质者，髹工之要道也。

❶ 滤漆在绢内须铺丝绵才能滤得干净。

〔三法〕用天、地、人来附会漆工。

〔手心应得百工就〕《庄子·轮扁》

曰："斫轮徐则甘而不固，疾则苦而不入。不徐不疾，得之于手，应之于心。口不能言，有数存焉。"（寿31）

〔骨肉〕骨指漆器的胎骨，178"胎骨始固"。肉指胎骨上面的布、漆灰和

漆。181 所谓"今造器皿者一次用生漆糙，二次用曜糙而止。又有赤糙黄糙。又细灰后以生漆擦之，代一次糙者，肉愈薄也"。

〔阴阳〕见 73。

44 二戒：

淫巧荡心：过奇擅艳，失真亡实。

行滥夺目：其百工之通戒，而漆匠尤须严矣。

〔淫巧荡心〕过分偏重装饰而失掉了实用的价值。

〔行滥〕《唐律》："诸造器用之物及绢布之属，有行滥短狭而卖者，各杖六十。"本注："不牢谓之行，不真谓之滥。"（寿32）

《通鉴》卷二百六则天后圣历元年，默啜移书数朝廷曰："金银器皆行滥，非真物。"胡注曰："市列为行，市列造

金银器贩卖，率淆他物以求赢，俗谓之行作。滥，恶也。开元八年，颁租庸调法于天下，好不过精，恶不过滥。滥者，恶之极者也。"

现在江浙一带称精美耐用的货物曰"自货"，粗劣不耐用的货物曰"行货"，因留着自己用的东西总是比较好的缘故。"夺目"两字，也有外表好看而质量却不佳的意思。

45 四失：

制度不中：不鬻市。

工过不改：是谓过。

器成不省：不忠乎？

倦懒不力：不可雕。

〔制度不中〕做出一件器物来，不合制度，不适合实用，不能满足社会的需要，所以卖不出去。

〔工过不改〕指工料不合乎规格，制造技法有错误，应返工而不返工，听

任缺陷存在，不加改正。

〔器成不省〕器物完成之后不加检查，对消费者不负责任的毛病。

〔倦懒不力〕指漆器的胎骨，过于偷工减料，因此不值得再去加工雕饰的意思。

46 三病：

独巧不传：国工守累世，俗匠擅一时。

巧趣不贯：如巧拙造车，似男女同席。

文彩不适：貂狗何相续，紫朱岂共宜？

〔独巧不传〕《尹文子》："为巧使人不能得从，此独巧也。"（寿33）

黄大成将"独巧不传"列为"三病"之一。本书杨序称："新安黄平沙……曾著《髹饰录》二卷……今每条赘一言，传诸后进。"二家都有将漆工发扬光大的意思。所以他们对秘不传人的漆工，认为是不好的。

〔巧趣不贯〕一件器物各部分的趣味不一致，缺乏统一和完整。

〔文彩不适〕花纹和色彩不谐调的毛病。

47 六十四过：

〔六十四过〕从48"䰀漆之六过"起至72"补缀之二过"止，共计六十四过。它们都是具体技法操作中的缺点。

48 䰀漆之六过：

《说文》曰："䰀漆，垸已，复漆之也。"

冰解：漆稀而仰俯失候，旁上侧下，淫泆之过。

泪痕：漆慢而刷布不均之过。

皱皵：漆紧而荫室过热之过。

连珠：隧棱，凹棱也。山棱，凸棱也。内壁，下底际也。龈际，齿根也。漆潦之过。

颣点：髹时不防风尘，及不挑去飞丝之过。

刷痕：漆过稠而用硬毛刷之过。

〔䰀〕见7、181。

〔垸〕见69、180。

〔冰解　仰俯　淫泆〕刚上了䰀漆的漆器，放到荫室里去，在未干固之前，必须时常正着倒着地反复置放它，以免漆流到器物的边际棱缝的地方，厚积起来，既不平匀，又不肯干。所谓"仰俯失候，旁上侧下，淫泆之过"，就是这个意思。这种反复置放的动作，在日本称之曰"返"。《实用漆工术》称："漆器在温湿的空气中，大约三四小时可以固定，所以'返'通常每五分钟一次，而继续到一小时之久，漆液的流动可以大体上停止。不过冬天'返'往往要继续到三小时。"（参阅7）

〔泪痕〕《遵生八笺》："定窑俱白骨，加以釉水，有如泪痕者。"（寿34）

〔漆慢而刷布不均之过〕《辍耕录》："胶漆调和，令稀稠得所。又若紧，再晒。若慢，加生漆。"（寿37）

漆稀而刷得不均，便会出一条条像泪痕的毛病。

〔慢〕漆稠曰"紧"，漆稀曰"慢"。

53 杨注："漆不稠紧，刷毫软之过。" ❶

稠紧两字连用，可知紧就是稠。

〔皴皵〕《广韵》："皮皴也。"又木皮甲错也。邹浩《四柏赋》："皮皴皵以龙驾。"（寿35）

《与古斋琴谱》调漆灰法："不稀不浓为妙。如漆多于角灰，而水少则干必皴皮。"他所说虽非䰍漆而系调漆灰，但从此也可以知道皴皵是漆太稠了的毛病。

〔连珠〕隧棱、山棱、内壁、龈际，是指器物上的各个部位而言，都是漆容易流集的地方。漆如果太多了，即所谓"漆淛"，在上述的各部位，便会皴缩成一连串的小泡，实际上也是皴皵的一种，而连珠是因其形状而得名的。

〔颣点〕见15。

〔刷痕〕《辍耕录》："漆器物上不要见刷痕。"（寿36）

刷子的毛太硬，刷漆时便容易有痕迹。再加上漆太稠，刷过之后，漆不会自行匀开，消泯痕迹，于是就有了刷痕（参阅53）。

49 色漆之二过：

灰脆❷：漆制和油多之过。

黯暗：漆不透明，而用颜料少之过。

〔灰脆〕一般调色用的熟漆，如35所讲到的明膏、光明、黄明等，都是漆中加桐油炼制成的。朱桂辛先生《漆书》关于福建的明漆的记载称："熟漆，以生漆入大盘，晒烈日中，以挑和之。每盘晒六七晴天，每斤晒成五六两。再和已经熟炼之桐油，乃为明漆，亦名退光漆。然后加以颜料，置一二年，俟火气退尽，再用。"所谓灰脆，当指明漆在炼制的时候，桐油加得太多的缘故。

〔黯暗〕明漆本身必须透明，调颜色后漆色才鲜明。所以色漆黯暗，是由于漆不透明和颜料放得太少的缘故。

50 彩油之二过：

柔粘：油不辨真伪之过。

带黄：煎熟过焦之过。

〔彩油〕见81、97、116。

〔柔粘〕桐油有真有假，假的不容易干。所谓假是掺入了其他油料，一直到解放前尚有此情况。

〔带黄〕桐油须经火炼熟才能用（见35）。过焦是炼得太过，颜色便发黄了。

51 贴金之二过：

癜斑：粘贴轻忽漫缀之过。

❶ 漆质好，含漆酚多，就稀而难干，故曰"慢"。制漆时脱水过了佳期，把漆中的水分全部脱出，漆也难干，须加生漆调和。"紧"是漆液干得太快，制漆时未到佳期，脱水不够之故。须继续晒，使再脱去一些水，否则䰍漆后易起皴。

❷ 灰脆似可如此理解：器上所涂黑漆是纯漆，较坚牢。其上髹涂加油较多的色漆，干固后会起冰裂，有如灰地起断一样，故曰"灰脆"。

粉黄：衬漆厚而浸润之过。

〔贴金〕见 82。

〔癜斑〕贴金的时候没有注意，有许多地方没有贴上，"帚金"（见 82）的时候虽能将他处扫下来的金补在没有贴到的地方，但终不如贴到的地方金色来得饱满匀整，于是便发生癜斑的毛病了。❶

〔粉黄 浸润〕见 82。

52 罩漆之二过：

点晕：滤绢不密及刷后不挑去额之过。
浓淡：刷之往来，有浮沉之过。

〔罩漆〕见 88。

〔点晕〕即额点之病（见 15、 48）。这是由于漆中杂质未滤净，或漆后有尘埃飞粘在上面，使漆面不能达到光洁净滑的要求。

〔滤绢〕见 40。

〔浓淡〕指运刷有轻有重，由于漆分布得不匀而产生的毛病。

53 刷迹之二过：

节缩：用刷滞，虾行之过。
模糊：漆不稠紧，刷毫软之过。

〔刷迹〕此处的"刷迹"，必须与 48 的"刷痕"分辨清楚，是两回事。48 的刷痕是髹漆的一种过失，由于漆面有刷子痕迹，失去了光滑匀洁的效果。此处的刷迹是指 83 纹髹一类漆器表面上的刷子痕迹而言。这一类漆器的花纹，全仗刷迹做成，是一种故意人为的效果。所以前者希望不要有刷痕而后者却希望它有刷迹，二者的要求恰恰是相反的。

〔节缩〕虾是孑孓，即蚊子的幼虫，俗称跟头虫，在水中游起来翻上翻下，不是走直线的。《广雅·释诂》称："孑孓，短也。"所以"虾行"是运刷滞涩，不够灵活，因而刷出来的刷迹，短短的一拐一拐，毫无流畅圆活的意趣。再看 85 绮纹刷丝中的几个名称，如流水、涧漾、波叠、云波相接等等，都是象征云水。刷出纹迹，一定要有行云流水之致才算好，倘若像虾行似的，自然是不合乎要求了。

〔模糊〕在 48"刷痕"一过的杨注中讲到用漆过稠和刷子毛太硬，会产生刷痕的毛病。而此处故意要它有刷迹，自然是要用稠漆和硬毛刷子，方能成功。否则就会刷迹模糊，不能如 84 刷丝条中所谓"纤细分明为妙"了。

54 蓓蕾之二过：

不齐：漆有厚薄，蘸起有轻重之过。

溃瘘：漆不黏稠，急紧之过。

〔蓓蕾〕见19。

〔不齐〕19讲到蓓蕾漆面上的小颗粒，是用缯或绢等织品做的蘸子，在漆面上粘起小颗粒来。所谓"不齐"，便是颗粒不匀的意思。不齐这个过失的产生，一则由于器物上的漆上得厚薄不匀，二则由于揭起蘸子的时候，用力轻重不匀。

〔溃瘘〕漆向四旁流散，不能成为颗粒为溃瘘。这个毛病与刷迹的模糊是相近的，由于所用的漆不够稠厚，或在制造过程中，性子太急，没有等待漆干到合适的程度，便将蘸子揭了起来，以致漆面成不了蓓蕾❷。此处的紧字，应作紧急讲。倘作稠紧的紧，便不可解了。

55 揩磨之五过❸：

露垸：觚棱、方角及平棱、圆棱，过磨之过。

抓痕：平面车磨用力及磨石有砂之过。

毛孔❹：漆有水气及浮沤不拂之过。

不明：揩光油摩，泽漆未足之过。

霉點：退光不精，漆制失所之过。

〔揩磨〕指"揩光"和"退光"两种做法而言（见75）。"退光"北京漆工又称"磨退"。

〔露垸〕垸漆是布漆之后、糙漆之前的一个制造过程。据180，垸漆要经过粗、中、细灰漆等五道手续。垸漆完后再上糙漆，糙漆完后，又须磨光，才能上麭漆。倘若磨的时候，用力太过，将糙漆的漆灰都磨掉了，自然就要露出下面的垸漆来。所以说"露垸"是"过磨之过"。这种毛病在器物的棱角高起之处，尤其容易发生，所以杨注特别提到了觚棱、方角、平棱、圆棱等地方。

〔抓痕〕退光在磨的时候，切忌用力太猛和磨石有沙粒，致将漆面擦伤。《与古斋琴谱·退光明洁》一节中说："砖瓷灰中与所擦之羊皮，二者不可稍沾微细沙粒，一有便擦成划痕，切宜慎之。指甲划者，亦致痕路，推擦时须去指甲为妙。"

〔毛孔〕❺漆中含水分太多，它会在漆面上形成许多水点子，类似漂在水面的水泡，即所谓浮沤。这种水点子如果不去掉，漆干后便像皮肤上的毛孔眼似的，表面不平。

〔不明〕75杨注："近来揩光有泽漆之法。"❻173杨注："有一髹而成者，数泽而成者。"据以上两语，"不明"当是由于"泽漆未足"，即揩光上漆的次数不够，以致不能产生光明润滑的效果。

〔霉點〕退光漆是由生漆曝晒或火煎而成的（见22、35、36、37）。倘若

❶ 金底漆（即打金胶）如打得不匀，贴金后，在漆厚处会有黄色侵出箔外。因金底漆中加有黄色颜料之故。

❷ 做蓓蕾、刷丝的漆要求稠紧，否则是起不了花纹的。如何使其稠紧，一般是在漆中加鸡蛋清作调和剂。蓓蕾漆可用蘸子（见【8】38）打起点纹。

❸ 揩磨五过，指做揩光（即推光）和磨光（即退光）过程中出现的过失。"露垸"、"抓痕"指磨退的过失，"毛孔"、"不明"、"霉點"指推光的过失。

❹ "毛孔"、"霉點"下的杨注失解。黄大成的本意："毛孔"乃因推光时用力过大，涂膜发热所致。"霉點"乃因漆没有推净所致。

❺ 解说引申杨注，故有去掉浮沤语。杨注恐有失解，漆面起气泡，须用刷拂去，乃是麭漆过程中出现的过失。

❻ 揩光即推光。揩光是在黑髹或色髹上面退光后，再揩生漆。所揩漆极薄，揩上后基本上看不见有生漆。干后第二天又把它擦推掉，然后再揩，再推，如此揩漆三次，即所谓有"数泽而成者"。至于退光是不揩生漆的。

炼制得不好，上在器物上会有霉暗斑点 ... 的毛病。

56 磨显之三过：

磋迹：磨磋急匆之过。

蔽隐：磨显不及之过。

渐灭：磨显太过之过。

〔磨显〕这种做法与99"填嵌"一类的各种漆工有关系。方法是先将色漆或螺钿嵌到刊刻了花纹的漆地中，然后再将表面磨光，显露出齐整的花纹来。花纹由于磨而显露，所以叫做"磨显"。100 杨注称"磨显填漆，磨前设文"，便是说在上磨漆之前，先用稠漆堆起花纹轮廓，以备后来填入色漆，再行磨平。103 螺钿，105 嵌金银，也讲到这种做法。

〔磋迹〕与 55 抓痕一过相近，是磨显时过于性急，或疏忽大意，或磨石有沙粒，擦成痕迹，伤了花纹的毛病。

〔蔽隐〕螺钿或金银片的花纹嵌入漆器之后，花纹的背面及其边际，都须上漆，方能粘嵌牢固。有时花纹上面也须上漆，才能使嵌入的花纹与刻划的槽框严密地吻合。漆完之后，又须将花纹表面的漆磨去，这样花纹才显露出来，并与漆面平滑一致。蔽隐之过是指磨得不够，花纹尚隐盖在漆下的毛病。1950年曾见有源甫款的嵌薄螺钿山水纹小圆盒，柳树钓艇，有宋人画意。其中坡石旁的苔藓，用壳沙嵌成，部分很明显，部分隐约含在漆下。这种处理方法，使苔藓有虚有实，比完全显露的却多一种变化，别有趣味。可能当时作者故意将壳沙埋嵌得深浅不同，而使它有明显与隐约的差别。以这件盒子来说，是一种别具匠心的做法，自然不是毛病。但如果花纹图案，本应当显露的部分，却由于嵌得太深，蔽隐在漆下，磨显不出，那就成为毛病了。

〔渐灭〕磨得太过，将嵌入的螺钿、金银片或色漆磨了下去，花纹图案自然就要泯灭不清了。

57 描写之四过：

断续：笔头漆少之过。

淫侵：笔头漆多之过。

忽脱：荫而过候之过。

粉枯：息气未翳，先施金之过。

〔描写〕用漆在器物上画出花纹来叫"描写"。它往往与"描饰"通用。如73："描饰为阳，描写以漆。漆，木 ... 汁也。木所生者火，而其象凸，故为阳。"93"描饰第六"杨注称："稠漆写起，于文为阳者。"又先用漆画花纹，以后

干上颜色，也叫描写。如25杨注："描写以帚笔干傅各色。"❶

〔断续〕画笔蘸的漆太少，画出来的笔道便会忽断忽续，不能连贯。

〔淫侵〕这是"淫泆"、"侵界"两个名词合起来的简称，111有"漆淫泆不起立，延引而侵界者"。淫是多的意思，泆通溢，满的意思。漆多到堆起来并要流溢时叫"淫泆"。7和48讲到漆后入荫室，仰俯失候，以致漆在器物的边际棱缝上堆积起来，便曾用过这个名词。描写花纹时如果笔蘸漆太多以致"淫溢"，那么漆一定会越过笔道，向四外流开来，于是便叫做"侵界"了。"侵界"

是由于"淫泆"所致的，二者有因果的关系，所以不妨合起来，形成一个名词。

〔忽脱〕漆器上的金色花纹的画法是先用金胶漆（即51所谓的衬漆）画出花纹（参阅82），入荫，待干得恰到好处，然后往上贴金箔。如果荫得太过，金胶漆干透，往上贴金，便粘不住了。所以说忽脱是荫而过候之过。

〔粉枯〕它与51的"粉黄"有相同之处。"粉黄"是金胶漆太厚，干得不够便贴金，以致衬漆透过金面。"粉枯"是漆画的花纹，干得不够，便贴金上去，于是湿漆也透过金面上来了。

❶ "干傅各色"不可误解为漆干后再傅色。图像用漆画成后，必须立即傅色粉，漆干后是粘不上的。山西平遥称此曰"擦色"（见第18页❷）。

58 识文之二过：

狭阔：写起轻忽之过。

高低：稠漆失所之过。

〔识文〕即凸起的阳文花纹。《坤集》中所提到的几种识文的做法，如：识文、识文描金、识文描漆等等，都经列入107阳识一类。再参阅107、112的注，知道识文的花纹是用漆或漆灰堆写而成，高出于漆地之上的。

〔狭阔〕写起是用笔来画高出在地子之上的花纹。如109："其着色或合漆写起。"112杨注："堆漆以漆写起。"狭阔是由于画时轻忽大意，所以笔道会狭阔不匀了。

〔高低〕稠漆即厚漆，干后收缩较少。所谓"稠漆失所"，就是说不该用稠漆的地方用了它，而该用稠漆的地方却用了稀漆，于是花纹该高的地方却低了，该低的地方却高了，不合乎设计的要求了。多宝臣先生做堆漆，所用厚漆是用退光加生漆，再加锭儿粉调配而成的。漆的稀稠，视锭儿粉的加减而定。平常总是配好稀稠两种，以备不同的地方使用。沈福文氏及日本漆工则用木炭粉来做堆漆，以增加它的厚度（参阅32）。

59 隐起之二过：

齐平：堆起无心计之过。

相反：物象不用意之过。

〔隐起〕隐起的几种做法，都包括在113堆起一类之内。据杨注，知道它的做法是在漆地上再用漆灰堆起花纹。它与识文的不同是：识文多半用漆描写，隐起则用漆灰堆起；识文不加雕琢，而隐起加雕琢。

60 洒金之二过：

偏累：下布不均之过。

刺起：麸片不压定之过。

〔洒金〕见18、92。

〔偏累〕下布形容金片从筒罗落下的情形，见18。下布不均，指金片洒得不匀，落到漆地上一处稀一处密的毛病。

61 缀甸之二过：

麤细：裁断不比视之过。

厚薄：琢磨有过不及之过。

〔缀甸〕就是镶嵌螺钿的意思。103"分截壳色，随彩而施缀者"，即用缀字。

〔麤细〕麤即粗。杨注："截断不比视之过。"所谓"截"，指镂锉壳片。所谓断，指在壳片上刻花纹（见97"其理

62 款刻之三过：

浅深：剔法无度之过。

绦缕：运刀失路之过。

龃龉：纵横文不贯之过。

〔款刻〕《汉书·郊祀志》："鼎细小，又有款识。"注："师古曰：'款，刻也。'"

〔齐平〕在用漆灰堆花纹时，不用心去设计经营，于是花纹图案便分不出高低阴阳，形成齐平板刻的毛病。

〔相反〕花纹应当高的地方不高，应当低的地方不低，背悖相反，与物理自然相违谬的毛病。

〔刺起〕麸片洒到漆地上，要它服服帖帖地粘牢。麸片没有粘贴着实，便会产生向上刺起的毛病。

或黑、或金、或断"）。不比视是说截切钿片有粗有细不一致，及花纹的粗细与壳片的大小失去了比例的毛病。

〔厚薄〕指钿片磨锉得太厚或太薄，或厚薄不一致的毛病。

《游宦纪闻》："款谓阴字，是凹入者，刻划成之。"可见款即是刻。《坤集》中

时常铣款两字并用（见154、159），都是指凹下去的花纹而言。不过铣近乎划，纹路浅；款近乎刻，纹路深。129款彩即用这种技法。

〔浅深〕款刻纹路深浅不一致的毛病。

〔绦缕〕"运刀失路"便是走了刀，刻痕出了斜岔的毛病。绦缕是形容刀路不整齐，像绦缕线头纷然杂出的情形。

〔龃龉〕牙齿不齐叫"龃龉"。两人意见不合，吵起嘴来，也叫"龃龉"。杨注"纵横文不贯"。即指花纹交叉相接的地方，连贯得不利落，交代得不清楚的毛病。

63 铣划之二过：

见锋：手进刀走之过。

结节：意滞刀涩之过。

〔铣划〕在漆器表面划出细浅的花纹，里面再填金填银或其他各种色彩叫做铣划（见130、131、132）。

〔见锋〕手控制不住刀子，一下子走了手，刀锋滑出画稿笔划之外的毛病。

〔结节〕用刀的技巧不够纯熟，受了刀的拘束，不能灵活自如，以致刻出来的花纹，毫无生动流畅的意趣。这是板刻滞涩一类的毛病。

64 剔犀之二过：

缺脱：漆过紧，枯燥之过。

丝绖：层絫失数之过。

〔剔犀〕见本条丝绖注，并参阅127。

〔缺脱〕做剔犀如果用漆过紧❶，日久便容易脱落残缺。这里所谓的漆紧，是指做胎子时漆灰加得太多，漆的成分太少而言。漆灰多，漆少，则调和起来自然稠紧（见53）。也正因漆少，所以做成器物后，不够坚固，有松脆脱落之病（见69）。明曹昭《格古要论》也讲到剔犀浮脱的毛病："元朝嘉兴府西塘杨汇新作者虽重数多，剔得深峻者，其膏子少有坚者，但黄地子者最易浮脱。"

〔丝绖〕剔犀是雕漆的一种，现在北京文物业通称曰"云雕"，由其花纹多数为卷云纹而得名。日本称之为"屈轮"。它的做法是在器物的漆灰胎子上刷若干层次不同颜色的漆，积累到相当的厚度，然后雕刻图案花纹（以卷云纹为最多，其次为卷草纹），使刀口现出不同颜色的漆层来。据127有乌间朱线、红间黑带、雕黟等复、三色更叠等名称。每一品种，色漆间隔的层次，都有一定的规律（见127），不得错乱失序。"丝绖"是指上漆的时候，各道色漆的次序及层数弄乱了，违反了规律。于是剔刻之后，花纹刀口所呈现的色漆漆层，自然也与原来所期望的不同了。

❶ "漆过紧"似宜理解为漆干得太快，而不是"做胎子时的漆灰加得太多"。漆干得太快，上第二层漆时，第一层漆膜已牢固，由于附着力不强，导致脱落。

65 雕漆之四过：

骨瘦：暴刻无肉之过。

玷缺：刀不快利之过。

锋痕：运刀轻忽之过。

角棱：磨熟不精之过。

〔雕漆〕在器物的漆灰胎子上面上许多道漆（有同色的，有不同色的，以纯红色的为最常见），待积累到一个相当厚度，然后用刀刻剔出花纹来。凡属于这一类做法的统称曰雕漆（见117至123及127等条）。

〔骨瘦〕杨注："暴刻无肉之过。"从本书其他各条知道骨是器物的胎骨（176："棬榡，一名胚胎，一名器骨"），肉是胎骨上面的漆灰和漆（181杨注："又细灰后以生漆擦之，代一次糙者，肉愈薄也"）。所以"骨瘦"和"暴刻无肉"是说雕漆刻得太苦了，胎骨上面所积累的漆层都被刻了去，剩下的不多，好像瘦人似的，只见骨头而没有多少肉了。

〔玷缺〕杨注："刀不快利之过。"雕漆在刻剔的时候，漆尚未干透，在感觉上，有点像在豆腐干上面刻花。如果

刀不快利，刻出花纹来，笔划不可能利落，铲平面的地子也不可能光滑。玷缺即指上述的毛病。

〔锋痕〕与62"绦缕"，63"见锋"两过相似。指用刀不留意，花纹上不应当见刀痕的地方有了刀痕的毛病。

〔角棱〕杨注："磨熟不精之过。"现在北京制雕漆，刻成之后，经火烘烤使干（旧法须经过很长的时日，待其自干），然后用灰条及砖灰两次光磨，将刀痕棱角都磨去，使其光滑。所以说雕漆有角棱，是磨熟不精之过。明代早期的雕漆，如永乐、宣德两朝的制品，光滑圆润是它的特殊风格，磨工更为重要（见118）。据匠师称，现在如要仿制明代的雕漆，磨工要比一般的制品加好几倍。于此更可以知道当时磨工的繁重了。

66 裹之二过：

错缝：器衣不相度之过。

浮脱：粘着有紧缓之过。

〔裹〕166"裹衣第十五"杨注称："以物衣器而为质，不用灰漆者，列在于此。"此后列皮衣、罗衣、纸衣三种。可知凡器物胎骨上裹皮、或罗、或纸等物，上面不再粘贴麻布并上灰漆的叫"裹衣"。裹就是指此种制造过程而言。

〔错缝〕在器物的胎骨上裹衣，主要的目的是使成器后坚固不裂。与179"布漆"所谓"用法漆衣麻布……棱角缝合之处，不易解脱"，正是同一道理。因此，裹衣不论用皮或用纸，相接的地方是交搭的，如此方能加强牵扯的

力量。从 167 "用薄羊皮者，棱角接合处，如无缝绒"一语，再证以残破脱落的实物，和向匠师访问所得，知道裹衣的接口，除圆形的器物外，总是在边棱转角的地方。这样做也为的是加强它的拉力。"错缝"是指裹衣的接口没有搭上而言，漆器当然不可能牢固。这是由于裁剪器衣的时候，没有量好尺寸，所以说是"不相度之过"。

〔浮脱〕在器物的胎骨上裹衣，松紧必须一致，才能服贴耐久。如果裹衣有松有紧，松的地方，日久就会脱离胎骨，向上浮凸起来。

67 单漆之二过：

燥暴：衬底未足之过。

多颣：朴素不滑之过。

〔单漆〕底、垸、糙、䰄，是制造漆器的四个过程。而单漆是器物于底漆做好之后，不再经过垸、糙等过程，在底漆上面上漆便算完成的做法。170 杨注："椠器一髹而成者。"171 "单漆，有合色漆及髹色，皆漆饰中尤简易而便急也"，都是指单漆而言的。

〔燥暴〕杨注："衬底未足之过。"171 又称："底法不全者，漆燥暴也，今固柱梁多用之。"底是指底、垸、糙、䰄的底，底法是指底漆的做法，根本就是一回事。单漆的器物，如果底漆没有做好，上面便上漆，一定会显得燥暴而不滋润，得不到好的效果。

〔多颣〕颣见 15、48、52、169 等节。杨注"朴素不滑"，这是说漆器的胎骨打磨得不光滑，以致上漆之后，表面上有许多小颣点。

68 糙漆之三过：

滑软：制熟用油之过。

无肉：制熟过稀之过。

刷痕：制熟过稠之过。

〔糙漆〕垸漆之后，䰄漆之前的一道工序（详见 181）。

〔滑软 无肉 刷痕〕这三个毛病，根据杨注都是与制熟有关的。181 讲到糙漆，一共要上三次：第一次灰糙，第二次生漆糙，第三次煎糙。按，灰糙，是用生漆调灰的，一般漆工做法都是如此。《琴经》也说："第一次糙用生漆。"第二次生漆糙，用的是生漆，更不待言。所以用熟漆，只是指第三次的煎糙而言。煎制熟漆，如果油加得不合适（尤其是太多了），便会滑软，经久不干。熟漆如果煎制得太稀，漆层一定很薄，所以便有"无肉"之病。亦即 75 所谓"熟漆不良，糙漆不厚"。熟漆如果煎得太稠了，糙漆便要起刷痕，与 43 䰄漆因漆过稠而起刷痕，正是同一原因。

69 丸漆之二过：

松脆：灰多漆少之过。
高低：刷有厚薄之过。

〔丸漆〕即垸漆，有下述三点可以证明：（一）《集韵》："垸，或通作丸。"丸与垸同音，在当时工匠中两字是通用的。丸字较通俗，可能用得更普遍一些。（二）丸漆松脆一过是灰多漆少的毛病，而垸漆正是以灰调漆（见180）。《说文》亦谓："垸，以漆和灰而髹也。"（三）漆器的制造过程如：捎当、布漆、糙、麴等等，六十四过中都有说到，但独没有垸漆。可见丸漆即垸漆。

〔松脆〕灰多漆少，干后松脆不坚（参阅64缺脱一过）。

〔高低〕垸漆上漆灰，可以用刷子刷到器物上去（见15）。《与古斋琴谱》也讲到此法："用猪鬃扁刷，毫长四五分者，蘸漆灰，涂遍琴面底上。"杨注"刷有厚薄"。是说刷子一下子漆灰蘸得多，一下子漆灰蘸得少，器物上的漆灰便有高低不平之病了。

70 布漆之二过：

邪宪：贴布有急缓之过。
浮起：黏贴不均之过。

〔布漆〕漆器胎骨在腻缝补平之后（即捎当），下一步骤就是在上面用漆黏贴一层麻布（或用夏布），即179布漆所谓"捎当后用法漆衣麻布"。它的做法与166"裹衣"用皮、或罗、或纸黏着胎骨是一样的。

〔邪宪〕"宪"是将瓦砌在房上。宋李诫《营造法式》中常用这个名称。现在北京泥水工人也通用，称铺瓦曰"宪瓦"。漆器胎骨上贴布，与房上宪瓦有类似之处，所以黄大成将土木工程中的

名词，借用到漆工中来。"邪"是不好的意思，又与斜通。漆器贴布，松紧不均，便是宪得不好，同时布纹也会歪斜，故称之曰"邪宪"。

〔浮起〕杨注"黏贴不均"，也是指贴布有松有紧。有松有紧，日后自然布要浮起。这与66的"浮脱"正是同一毛病。北京匠师在器物贴布之后，要用马蹄形的木制压子（图一〇），将周身的布按压着实，目的也在使布完全贴紧，以防日后浮脱。

71 捎当之二过：

䀈恶：质料多，漆少之过。

瘦陷：未干固辄坑之过。

〔捎当〕指用漆灰和麻等填嵌胎骨缝隙的一道工序（详见178）。

〔䀈恶〕䀈，音古。器物不坚固叫"䀈恶"。《汉书》："器用䀈恶。"178捎当一条称："凡器物先剟刻缝会之处而法漆嵌之。"可知凡是漆器胎骨有裂缝及节眼的地方，都用法漆来腻平它，使其坚牢不坏。法漆的配制是用漆调灰制成的。如果用灰太多，即杨注所谓质料多，漆太少，那么干后便不坚固，将来成器之后，也不能耐用。

〔瘦陷〕捎当之后，必须待法漆干透，看所腻塞的裂缝和节眼是否填平，并且确保以后也不致再缩陷。这样，才能进行下一步工作。不然的话，将来成器之后，裂缝及节眼等处，继续缩陷，那么连上面的漆灰，也会一齐塌陷下去，器物便出了毛病。

72 补缀之二过：

愈毁：无尚古之意之过。

不当：不试看其色之过。

〔补缀〕指修补古漆器而言（见185）。

〔愈毁〕修整古漆器，必须使新补之处，有古趣盎然的味道，使人不容易发觉原来的毛病才好。185杨注"补缀古器，令缝痕不觉者"，即指此。

〔不当〕185："补古器之缺……漆之新古，色之明暗，相当为妙。"所以"不

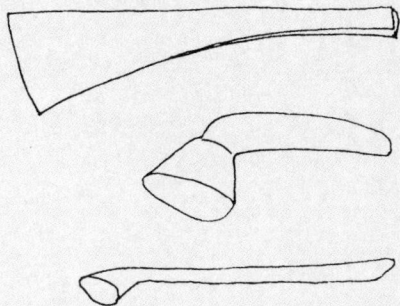

图一〇　近代漆工用的压子

当"就是修补之处，漆皮的新旧，色泽的明暗，与原器配合不上，使人一看便发现经过修补的毛病。

修补古琴，调色很难（黑色的琴较简单）。因色漆经时越久则越鲜。调漆时看来与原器颜色相近，待干透后便与原器不同了。修补有彩饰的漆器，比古琴更难。

髹饰录"乾集"终

坤　集

73 凡髹器，质为阴，文为阳。文亦有阴阳：描饰为阳。描写以漆。漆，木汁也。木所生者火而其象凸，故为阳。雕饰为阴。雕镂以刀。刀，黑金也。金所生者水而其象凹，故为阴。此以各饰众文皆然矣。今分类举事而列于此，以为《坤集》。坤所以化生万物，而质体文饰，乃工巧之育长也。坤德至哉！

《髹饰录·坤集》共十六章，分门别类叙述漆器中的各色各样形态（末两章除外）。在分类的方法中，"阴"、"阳"是具有关键性的两个字。黄大成对于这两字的概念是：

（一）凡漆器光素无花纹的为阴，即所谓"质为阴"，亦即 74 杨注所谓："纯素无文者，属阴以为质者。"有花纹的为阳，即所谓"文为阳"，亦即 83 杨注所谓："麹面为细纹，属阳者列在于此。"

（二）漆器上的文饰也有阳阴之分。在漆器上刻花，刻后花纹凹下去的为阴；在漆器上画花或堆花，画后、堆后花纹在漆面上凸起来的为阳。

黄大成按照以上的含义，定出了漆器的分类法来。例如：素黑漆、素朱漆及罩漆等都是光素的，属阴。纹麹类中的刷丝、蓓蕾漆等在漆面上微微高起的，属阳。填嵌类中的填漆、绮纹填漆、彰髹、螺钿等都是做出了花纹再填，属阴。描饰类中的描金、描漆、漆画、描油等都是在漆器上画花，属阳。在 43 一条中，杨氏为"文象阴阳"四字作注解道："定位自然成凸凹。"等于是为"阴阳"下了一个简要的定义。我们注意"坤集"中同类各器的共同之点，并随时参照杨氏的注解，则"阴阳"二字的意义，就更加明显了。

纯素无文者，属阴以为质者，列在于此。

〔质色〕质是漆器的本身，亦即地子的意思。如94"描金"："即纯金花文也，朱地、黑质共宜焉。"110揸花漆："其文俨如缋绣为妙，其质诸色皆宜焉。"

以上都是与花纹相对而言的。所以质色就是质地的颜色。这一门类中的器物都是通体光素一色，别无其他的文饰。关于这一类漆器的各种名称见附表一。

75 黑髹，一名乌漆，一名玄漆。即黑漆也。正黑光泽为佳。揩光要黑玉，退光要乌木。

熟漆不良，糙漆不厚，细灰不用黑料则紫黑，若古器以透明紫色为美。揩光欲黔滑光莹，退光欲敦朴古色。近来揩光有泽漆之法，其光滑殊为可爱矣。

〔黑髹〕《汉书·外戚传》注："髹，或作髤。今关西俗云'黑髹盘、朱髹盘'。"（寿 38）

纯黑色的漆器是漆工中最基本的做法，许多文饰都是在黑漆做成之后加添上去的。它也是漆器中最常见的一种，故古有"凡漆不言色者皆黑"（见《周礼》贾注）的说法。因此本书将它列在各种漆器之首。

〔乌漆　玄漆〕《南史·蔡道恭传》："用四石乌漆大弓。"《燕翼贻谋》："未仕者乌漆素鞍。"《元史·祭祀志》："匮跌并用玄漆。"（寿 39）

〔正黑光泽为佳　退光要乌木〕《事林广记》："画匣外漆以黑光。"《琴经》："有出光之法。"《清秘藏》："琴光退尽，黯黯如海舶所货乌木者为古。"（寿 40）

〔黔〕《说文》："黔，黑色也。卢、旅同。"《书》："卢弓一，卢矢百。"《左传》："旅弓矢千。"杜注："黑弓也。"《扬子》："彤弓黔矢。"（寿 41）

关于黑漆，本条讲到两种做法：

（一）揩光黑漆。（二）退光黑漆。揩光要如黑玉，要"黔滑光莹"，所以它是发亮的。退光要如乌木，要"敦朴古色"，所以它是发黯的，光彩内含的。揩光与退光的做法究竟有何不同呢？据89"罩朱髹"："即赤糙罩漆也，明彻紫滑为良，揩光者绝佳。"可见揩光是罩漆的一种。证以173"黄明单漆"的杨注："又有揩光者，其面润滑，木理灿然，宜花堂之瓶卓（襄按：即桌也）。"揩光之后，木质的纹理历历分明，更可见是透明的罩漆（襄按：现在南方用红木做的文玩座子，多用此法）。当然在这种透明漆中，也可以加入色料而使它成为色漆。至于退光则指上黑色的退光漆，再经过磋磨而成（参阅9）。总的说来，揩光用透明漆，其中加色或不加色，漆后不再磋磨。[1]退光用退光漆，漆后再磋磨。这是它们主要的不同。

古代琴书在讲到煎制退光漆之后（参阅35），多接着谈搓擦退光的方法。北宋人著《琴书》中的退光出光法（见《琴

[1] 揩光"漆后不再磋磨"一语，易导致误解，使人认为漆后便告完成。按，揩光虽不像退光那样漆后还要磋磨，但还要几次上生漆，几次将它推擦掉，以期达到光莹润泽的效果（见【42】57）。

苑要录》）："以水杨木皮不拘多少，烧为枰炭，入瓶器罨杀，勿令成灰，捣罗为末，细为妙，此为退光药。右用退光先于窨中取琴出看，如见可退，即用黄腻石浇水轻手磨去琴上蓓蕾，然后用细熟布帛蘸药末以手来去揩擦，候见光莹即住。后用净水洗拭令干，以手少点些油揩其光黑，转更莹澈，此为出光法也。"南宋人退光出光法（见《太音大全集》）："垂柳木断如鸡子大，湿烧旋取枰炭罨杀。次用砂杉木准前烧枰炭等分为末，以手点油遍涂琴上，却糁炭末以手掌或软布揩擦，候光采即止。以皂角揉水洗拭令干，再用手揩擦。又法：皂角刺炭、桑木炭、青石末各等分，以水调涂琴上，用手力磨去其黳，自然光焰发也。"清祝凤喈《与古斋琴谱·退光明洁》："所谓退光者，非徒以光漆刷上候干，而有光亮已也。乃于干透后，用飞过砖灰或瓷灰，以老羊皮蘸芝麻油，蘸灰，按光擦之。初令去其外面浮光，再则推出内蕴之精光也。以愈推愈妙，致令须眉可鉴。惟砖瓷灰中与所擦之羊皮，二者不可稍沾微细沙粒。一有擦成划痕，切宜慎之。指甲划着，亦致痕路。推擦时，须去指甲为妙。"（襄按：正因为外面之浮光推去，所以会有"敦朴古色"而如乌木。）

〔熟漆不良，糙漆不厚〕见68。

〔细灰不用黑料则紫黑〕本书仅此一处说到黑料，并没有说明黑料以何物制成。《与古斋琴谱》讲到黑料，但是将它加入退光漆中而不是加入漆灰的："欲其色黑，以铁锈水酌调入漆中，色转灰白。拌匀，刷器上，待干，其黑尤胜。有用墨烟入漆者，不若锈水之无渣滓也。"加入细灰的黑料，当是墨烟一类的物品。

按细灰中加黑料，也为的是漆成之后，颜色深黑。因为细灰处在退光漆下，退光如有深黑色的细灰作衬托，自然就更显得黝黑如墨了。

沈福文先生在《漆工资料》中讲到调制黑漆用半透明漆（即退光漆，见35）加氢氧化铁法，在原理上和加铁锈水是一样的。方法如下：

"半透明漆为一百，氢氧化铁百分之五，混合拌搅均匀，经过二周后则变成黑色漆。如氢氧化铁分量过多则要发红。

"氢氧化铁的制作方法：硫酸亚铁100加碳酸氢钠100，盛入玻璃缸或瓷缸内，再徐徐注入500的清水，同时用木棒拌搅，使硫酸亚铁与碳酸氢钠溶解后变成氢氧化铁，沉淀于水底成为一层绿色的浆状。相隔一小时后，将上面的水倒除，然后再注入大量的清水，加以拌搅，待其沉淀后再倒去上层的水，如是者八九次的洗涤，最后将沉淀的氢氧化铁，沉淀在水底贮存。避免阳光与空气，不然起变化成为褐色，失去其效果。"

〔近来揩光有泽漆之法〕173 "黄明单漆"杨注称："有一髹而成者，数泽而成者。""数泽"是与"一髹"相对而言的。一髹是上一次漆便了，数泽是上若干次才算完成。再看55 "不明"一过，杨注称："泽漆未足之过。"就是漆上得不够的意思。可见泽漆是揩光的一种做法——上漆若干次而使器物有光滑润泽的表面。从杨注的"近来"二字，还可以推测到较早的揩光，大概多为一髹而成；数次的泽漆，是后来才发展出来的方法。

在考古发掘中，除宋墓出土黑漆器较多，其原因值得作进一步的探索外，其他时代、尤其是战国、秦、汉，素黑漆器反比朱黑两色或加彩绘的漆器少。这是因为统治阶级为了餍其奢欲，总是拿豪华讲究的器物来殉葬的缘故。至于社会中下层使用的漆器由于受制度和物价的限制，仍以素黑漆器为多。《周礼·巾车》贾氏注就有"凡漆不言色者皆黑"的说法。只是大量漆器得不到墓葬的保护，没能保存下来而已。

战国时期的黑漆漆器可以江陵拍马山楚墓出土的漆盒为例。木胎，无文饰，盝顶式，长十三厘米、宽八厘米、高九厘米。盖及盒身在侧面各长出一小段，以备缠扎封合（湖北省博物馆等：《湖北江陵拍马山楚墓发掘简报》，《考古》1973年三期）。西汉黑漆漆器可以马王堆三号墓出土盛帛书的漆奁为例（湖南省博物馆等：《长沙马王堆二、三号汉墓发掘简报》，《文物》1974年七期）。上述两件漆器的主要功能在贮放物器，当时并不作为一件精美的工艺品来制造的，所以都是朴质无文的。

北宋黑漆漆器，淮安杨庙镇北宋墓有大批发现。所出七十五件漆器，少数为木胎，多数为木胎糊织物，大部分是黑色的。据器上题记，为杭州、温州、江宁府等地所造。以花瓣式圈足盘为例，口径一六厘米、底径九厘米、高四厘米，上有"丁卯温州开元寺东黄上牢"朱色题记。制作精细，漆质完好（罗宗真：《淮安宋墓出土的漆器》，《文物》1963年五期）。南宋同类漆器以杭州老和山宋墓出土的漆碗为例。碗薄木胎，表里黑漆，大小三件成一套，口径一七点五至一八点五厘米，底径一一点五至一二厘米，高六点一至六点六厘米。碗外口有朱书一行"壬午临安府符家真实工牢"题记。壬午当为绍兴三十二年（1162年）（蒋赞初：《谈杭州老和山宋墓出土的漆器》，《文物参考资料》1957年七期）。实物曾见到。黑色精光内含，质地坚密。

清代的黑漆器如四足小几，几面长五〇厘米、宽三〇点五厘米、高一二厘米。从漆残缺处可看见木胎上糊有布衣，漆灰颜色灰黄，其中当有砖灰；束腰间的鱼门洞（透孔）及牙、腿的边缘，都起线棱。几表面全部黑漆退光，紫漆里。面上断纹疏而长，束腰、牙、腿部分较细较密，是一件清代早期的制品。

76 朱髹，一名朱红漆，一名丹漆。即朱漆也，鲜红明亮为佳。揩光者其色如珊瑚，退光者朴雅。又有矾红漆，甚不贵。

髹之春暖夏热，其色红亮，秋凉其色殷红，冬寒乃不可。又其明暗，在膏漆银朱调和之增减也。倭漆窃丹带黄。又用丹砂者，暗且带黄。如用绛矾，颜色愈暗矣。

朱漆也有两种做法：揩光朱漆和退光朱漆（参阅75）。

〔矾红漆〕用绛矾调配的红漆叫矾红漆，是红漆中最不好的一种。

〔髹之春暖夏热，其色红亮，秋凉其色殷红，冬寒乃不可〕这是说制造朱漆与季节气候有关。春夏两季做出来的朱漆，鲜艳明亮。秋季做出来的颜色深老。冬季不宜做朱漆。这并不是说制成了一件朱漆，因季节的更换而它的颜色也会有变化。

〔又其明暗，在膏漆银朱调和之

增减也〕明暗是指红得鲜与不鲜而言。118"剔红"一条也讲到"朱色之明暗"。银朱多漆少，颜色便红得鲜明。银朱少漆多，颜色便红得深暗。

〔倭漆窃丹带黄〕《续字汇补》："窃，古浅字。窃丹，浅赤也。"（寿42）

方以智《通雅》卷三十七："凡言窃、言盗，皆借色、浅色、间色也。"

〔丹砂〕即朱砂。修朱色琴，有人试用朱砂，效果不及银朱鲜洁。

〔绛矾〕见12。

我国漆器，自古即尚朱色，因而经籍中有不少丹漆、彤漆的记载。现知较早的漆器，辽宁大甸子发现的瓢形器，即为朱漆（见杨序）。其他早期的纯朱漆器虽发现不多，但有大量的战国及西汉漆器是先做成朱髹，上面再加描绘的。北宋天圣元年（1023年）有士庶不得以朱漆床榻的禁令，更足见朱漆的流行。明清以来，器物大自柜厨桌案，小至箱盒盘碗，都常用朱漆制造。

明代朱漆以脂砚斋砚盒为例，朱色淡晕，真如珊瑚，娇润可爱。盒底有楷书阴文填金"万历癸酉姑苏吴万有造"

款识。

夹纻胎的菊花瓣形盘、碟、盖碗等，故宫收藏很多，有的还刻有弘历的题诗，是清代朱漆的实例（见176）。

清代工匠朱漆的做法是在漆胎做好后上朱垫光漆及朱红漆各一道。乾隆十四年《工部则例》卷二十五《漆作用料则例》："凡使垫光漆一遍，内务府、都水司俱每折见方一尺，用漆五钱，漆朱三钱。今拟每折见方一尺，用白退光漆四钱，漆朱三钱。凡光朱红漆一遍，内务府每折见方一尺，用漆四钱八分，漆朱五钱。都水司每折见方一尺，用漆四钱五分，漆朱五钱五分，广熟漆一钱。今拟每折见方一尺，用笼罩漆五钱，漆朱五钱，广熟漆七分。"又卷二十六《漆作用工则例》："凡使垫光漆一遍，内务府每折见方尺八十尺一工。都水司每折见方尺二十五尺一工。今拟每折见方尺八十尺用漆匠一工。凡光朱红漆一遍，内务府每折见方尺六十尺一工。都水司每折见方尺二十二尺一工。今拟每折见方尺六十尺用漆匠一工。"（襄按：垫光漆即本书所谓的"煎糙"〔参阅181〕。）

77 黄髹，一名金漆。即黄漆也，鲜明光滑为佳。揩光亦好，不宜退光。其带红者美，带青者恶。

色如蒸栗为佳，带红者用鸡冠雄黄，故好。带青者用姜黄，故不可。

〔黄髹〕即黄色漆，北京匠师多用石黄调漆来制造，阴干后用灰条磨退。本条说"揩光亦好，不宜退光"，❶原因待考。

〔色如蒸栗〕指蒸熟了的栗子肉。

〔鸡冠雄黄〕见12、78。

〔姜黄〕多年生草，叶长椭圆形，背有软毛，夏初发芽，并抽花茎，高六七寸，有二小叶包之，茎上遍生鳞状苞，每苞开二花，瓣为漏斗形，色黄，根入药，亦为黄色染料，用以染纸。

又据清吴其浚《植物名实图考》："姜黄，今江西南城县里龟都种之成田，以贩他处染黄。其形状全似美人蕉而根如

❶ 黄髹宜揩光而不宜退光，是因为黄退光既不能像黑退光那样古朴高雅，只好以华美见长。而尚华美，则黄髹揩光可以莹亮见胜矣。

姜，色极黄，气亦微辛。"《辞海》：姜黄属"蘘荷科，多年生草本。叶长椭圆形，春夏间，发芽抽花茎，基部有二小叶；茎上遍生鳞状之苞，下部者淡绿色，上部者淡红色，每苞各生二花。花形如漏斗，色黄，根茎有香气如姜，其粉末为橙黄色，主要成分为姜黄精（Curcumin，$C_{21}H_2OO_6$），溶解于酒精、醇精及沸水，为黄色染料。化学中用染试纸，名姜黄纸"。

《圆明园漆作价值则例》中有姜黄一项，按，即姜黄，每斤银八分，只及石黄价值的一半。又承朱桂辛先生见告："封建时代色尚黄，所以姜黄用途很广，凡黄布、黄纸及其他染黄的物品，多数用它。往年在广东曾见多年老姜黄，坚硬如石，色泽浓而艳。姜黄入漆，效果虽不及石黄，但一般黄色的油饰，多用它来调配。"

据上所引可知姜黄虽可调漆，但它是从植物中提炼出来的，所以不是入漆的理想颜料，故杨注称："带青者用姜黄，故不可。"

据《圆明园漆活彩漆扬金定例》，可知清代宫廷制黄髹漆器用石黄调漆："平面搜生漆一道，使漆灰四道，糊绢一道、糙漆、垫光漆、光黄漆。每尺用严生漆五两六钱，土子面四两，二官绢五寸，退光漆四钱，笼罩漆四钱，石黄八钱。每一尺五寸用漆匠一工。"

黄髹漆器，以1950年多宝臣先生所制的长方盒为例。盒长一六点六厘米，宽二二点八厘米，高六点八厘米。通身光素，色正黄，真所谓如蒸栗者。所用的颜料为最好的石黄，所以效果很好。

78 绿髹，一名绿沉漆，即绿漆也。其色有浅深，绿欲沉。揩光者忌见金星，用合粉者甚卑。

明漆不美则色暗。揩光见金星者，料末不精细也。臭黄、韶粉相和则变为绿，谓之合粉绿，劣于漆绿太远矣。

〔绿沉漆〕《考工记》："弓人职，丝欲沉。"注："如在水中（襄按：此处脱'时'字）色。"绿沉，言光泽鲜明，又为画工设色之名。《邺中记》："石虎造象牙桃枝扇，或绿沉色。"《王羲之笔记》（襄按："记"当为"经"之误）："有人以绿沉漆管见遗。"《野客丛书》："物色之深者皆为绿沉。" **❶**（寿43）

绿沉之义，方以智《通雅》卷三十七条讲得比较明确："绿沉，深绿也。《说文》：'青黄为绿。'今以藤黄合靛青，即为苦绿……绿沉言其色深沉，正今之苦绿色。"

除寿碌堂主人所引外，古代文献中有不少条讲到绿漆。如《续齐谐记》："王敬伯夜见一女，命婢取酒，提一绿沉漆榼。"宋《元嘉起居注》："十六年，御史中丞刘桢奏：'风闻前广州刺史韦朗于广州作银涂漆屏风二十三床，又绿沉屏风一床。'"《皇宋事实类苑》引《春明退朝录》："绿髹器，始于王冀公家。祥符天禧中，每为会，即盛陈之。然制自江南，颇质朴。庆历后，浙中始造，盛行于时。"

❶ 战国、汉代彩绘漆器上的绿漆，是用它来画花纹的，其中有油，为的是使画笔流畅。绿沉漆是以绿漆作质地，其中不加油，色亦较深。

❷ 料末当为颜料末，石绿研成粉末。

❸ 福建脱胎漆器所用绿漆为透明绿，非矿物色，其中有银箔粉末。

至于古代实物，绿沉器虽待发现，但彩绘漆器用绿漆，战国已有不少实例，信阳长台关楚墓的小瑟，江陵望山一号墓的木雕小屏皆是（见95）。怀来北辛堡战国墓出土的漆箱，以墨绿色漆绘连续三角形纹饰，用绿漆所画的面积就更大了（河北省文化局文物工作队：《河北怀来北辛堡战国墓》，《考古》1966年五期）。

明清两代雕漆，有时用绿漆，本书即有剔绿（见121）一条。至于剔彩（见123），绿漆更为常用的色漆之一。

〔揩光者忌见金星〕据杨注，揩光见金星是料末不精细的缘故。❷所谓料末，包括漆灰的灰料和颜料。倘若它们研得不够精细，微小的颗粒，在日光下折映反光，便会如金星似的闪闪发亮。

〔用合粉者甚卑〕据杨注，用臭黄、韶粉调配的绿漆叫"合粉绿"。韶粉（见12）。臭黄是与雄黄一类的矿质物，但成色次劣，质地不纯。《本草纲目》金石部雄黄条："今人敲取石黄中精明者为雄黄，外黑者为熏黄。雄黄烧之不臭，熏黄烧之则臭，以此分别。"《本草纲目》金石部雄黄条引苏颂《图经本草》："雄黄，今阶州即古武都山中有之，形块如丹砂，明彻不夹石，其色如鸡冠者真。有青黑色而坚者名熏黄，有形色似真而

气臭者名臭黄。并不入服食，只可疗疮疥。"

据《圆明园漆活彩漆扬金定例》，可知清代宫廷制绿漆用广花及石黄调漆："平面搜生漆一道，使漆灰四道，糊绢一道，糙漆、垫光漆、光碌漆。每尺用严生漆五两六钱，土子面四两，二官绢五寸，退光漆四钱，笼罩漆四钱，广花五钱，石黄三钱。每一尺五寸用漆匠一工。"（襄按：广花即广靛花，见《圆明园漆作价值则例》。）

北京漆工约自清末就开始用毛蓝（一种外国颜料）和石黄来调配绿漆。

纯绿而光素的前代漆器，实物不多，一时举不出实例。但我们可以从明、清两代的描漆和剔彩漆器中看见绿漆的运用。又曾见清卢葵生制的刻人物铭文锡胎壶，高一三厘米。一面刻老人在树下曳杖而行，一鹤引颈相向。一面刻小石隶书铭文，下有"葵生"方印。漆呈灰绿色，暗而无光，与描漆、剔彩器物上的绿漆不同，是绿漆中的别格。

在现代的制品中，福建漆器广泛使用绿漆，❸除深绿色的外还有绿浅色鲜的。常见的器物有脱胎的荷叶形盘，通身上绿漆，只花瓣上红漆。另一种色绿而闪光的，是用绿漆加银箔调成的。

79 紫髹，一名紫漆，即赤黑漆也。有明、暗、浅、深，故有雀头、栗壳、铜紫、骍毛、殷红之数名。又有土朱漆。

此数色皆因丹、黑调和之法，银朱、绛矾异其色，宜看之试牌而得其所。又土朱者，赭石也。

〔雀头〕《周礼》："漆车、藩蔽、豻襫、雀饰。"注："雀，黑多赤少之色。"（寿44）

〔栗壳〕《清秘藏》："乌玉，琴名，

大中五年，处士金儒斫，其色赤如新栗壳。"（寿45）

〔雀头 栗壳 铜紫 骍毛 殷红〕以上是各种紫漆的名称。除殷红外，都

是看它的颜色像什么东西，便以之为名。雀头是指麻雀头部的毛色。骍是紫赤色的牲口。《礼记》："周人尚赤，牲用骍。"

〔此数色皆因丹、黑调和之法，银朱、绛矾异其色，宜看之试牌而得其所〕

雀头、栗壳等各色，因缺乏科学的标准，所以很难明确它们的具体颜色，亦难按其色调的深浅，为它们作出有次序的排列。但它们虽同为紫色，有的紫得鲜，有的紫得暗，是可以肯定的。其所以会如此，则在黑色颜料与红色颜料调和成分多少的不同，及所用红色质料的不同。银朱和绛矾虽都是红色颜料，但调出来的紫色是有差别的。因绛矾暗，不及银朱鲜明。

试牌就是样板。漆工一般取约二寸宽的一块长条木板，上面分段上各种色漆，干后看它们的颜色，作为调配色漆的样本和标准。

〔土朱漆〕用赭石代替红颜色调成的紫漆。

修琴或其他古器物，调紫漆可用银朱入生漆。因生漆较笼罩漆颜色深，所以不须再加黑色，调成自然成为紫色。生漆比笼罩漆容易干固坚实，所以用此法仿古，尤为相宜（笼罩漆需要较长的时间，才能坚实）。北京匠师做一般紫漆，有时也用此法。

紫漆实物，可以唐琴"大圣遗音"为例。琴伏羲式，长一二一厘米，额、肩均宽二〇厘米，尾宽一五厘米，鹿角砂胎（参阅32），正面蛇腹断，背面流水断，额上有冰裂纹（参阅184）。池内刻隶书"至德丙申"（唐肃宗元年即756年）四字。池上刻草书大字"大圣遗音"，两侧隶书铭文："峄阳之桐，空桑之材，凤鸣秋月，鹤舞瑶台。"池下有"困学"

及"玉振"两印。此琴的特点是通身紫漆，如栗壳色，除弦路间及棱角有数处经过修补外，绝大部分是当时的原漆，在唐琴中是少见的。

1959年淮安北宋墓出土的漆器，除黑色者外，有一部分是紫色的，它们的明暗深浅，也不一致。据罗宗真《淮安宋墓出土的漆器》一文报道，至少有酱色和酱红色两种。其中花瓣式平足大盘，口径达二六点五厘米，是紫色较深的一件（《文物》1963年五期）。武汉市十里铺北宋墓所出漆器，据湖北省文化局文物工作队的报道（《武汉市十里铺北宋墓出土漆器等文物》，《文物》1966年五期），为黑红色、深红色及暗红色，仍属紫漆一类。其中的花瓣式黑红色钵，有"己丑襄州邢家造真上牢"题记，是湖北襄阳的制品。唐宋时襄州以产漆器著名，李肇《国史补》有"襄州人善为漆器，天下取法，谓之襄样"的记载。两宋的质色漆器，从淮安、无锡、杭州等地所出实物的胎骨、器形、漆质、题记等方面来看，确多相似之处。它们是否由于取法"襄样"固待考，但至少说明它们具有共同的时代风格。

清卢葵生制的梅花纹锡胎壶，漆色完全摹仿紫砂器，论其颜色，当接近本条所谓的铜紫。它因有雕刻，与质色门所规定的"纯素无文"不合，但仍不妨作为一件紫漆的实例。壶形矮扁，底径一四点二厘米。从壶盖漆灰剥落处，可看出它的做法是在锡胎上先上黑色漆灰，以后再罩若干道紫漆，最后施雕刻。梅花笔划刻得比较深，刀法有钝拙趣味。铭文四言四句："竹叶浅斟，梅花细嚼。一夕清谈，几回小坐。"葵生款下有"栋"字小方印。

80 褐髹，有紫褐、黑褐、茶褐、荔枝色之等，揩光亦可也。

又有枯瓠、秋叶等，总依颜料调和之法为浅深，如紫漆之法。

〔紫褐　黑褐　茶褐　荔枝色〕〔枯瓠　秋叶〕以上是各种不同褐色的名称。元陶宗仪《辍耕录》载王思善的《采绘法》，文中讲到十七种褐色：砖褐、荆褐、艾褐、鹰背褐、银褐、珠子褐、藕丝褐、露褐、茶褐、麝香褐、檀褐、山谷褐、枯竹褐、湖水褐、葱白褐、棠梨褐、秋茶褐。查原书所载的配制方法，砖褐、藕丝褐、湖水褐、葱白褐四种，并不用黄色来调合。再由各种名称来推测它们的颜色，可知古人所谓褐色的范围是很宽泛的。从浅黄色的珠子，一直到深灰色的砖；从浅绿色的葱白，一直到深绿色的艾，都称之为褐。从这里也可以想象到各种褐色，都是依其相似的物品来命名的。黄、杨两氏所说的几种褐色，在颜色的差别上，不及王思善所说的那样相去悬殊，但仅凭名称，我们无法知道它们的具体色彩，所以也很难推断出它们调配的成分。据一般调色漆的知识来推测，紫褐近于紫漆，以红黑两色调配。黑褐，黑色多而红色少。茶褐，用黄、绿、黑三色来调配。荔枝色近于鲜红，以银朱为主。枯瓠以黄色为主，略加黑色。秋叶当指赭黄的叶色，配法近似枯瓠。因秋叶虽有红色的，但不会列入褐色范围之内。

在前代的实物中，纯褐色而不加文饰的不多。但是剔彩，尤其是雕填漆器，除常用褐色漆做地子外，也用它来作纹样。例如 149 铫金细钩填漆一条中所讲到的明代龙纹大柜残件，龙的双角和它面前火焰珠，就是用褐色漆填成的。

81 油饰，即桐油调色也。各色鲜明，复髹饰中之一奇也，然不宜黑。

此色漆则殊鲜妍。然黑唯宜漆色，而白唯非油则无应矣。

〔油饰〕指器物在漆灰地子打好之后，最后的糙漆不用漆，而用调了色的桐油来刷上去（参阅 16）。从"复髹饰中之一奇也"一语，可以意味出这是髹饰中的一格，它的特点是颜色鲜艳，但并不是正规的做法。黑色是漆的本色，颜色鲜艳是油饰的特点。如用油来调制黑色，那么等于放弃了油的特点，不如直接用漆，要比油饰来得坚实耐久。所以说油饰"不宜黑"。

〔而白唯非油则无应矣〕熟漆不问它的成色如何，煎制的方法如何，它本身总是有颜色的，但不及桐油来得透明似水。所以用漆调出来的颜色，不及用油调出来的颜色那样艳丽鲜明。白色以及几种色浅而妍绚的色彩如天蓝、桃红等（见 97），必须用油，根本不是漆所能调配得出的。

82 金髹，一名浑金漆，即贴金漆也。无癜斑为美。又有泥金漆，不浮光。又有贴银者，易霉黑也。黄糙宜于新，黑糙宜于古。

黄糙宜于新器者，养益金色故也。黑糙宜于古器者，其金处处摩残，成黑斑以为雅赏也。癜斑见于贴金二过之下。

〔金髹，一名浑金漆，即贴金漆也〕即在器物周身贴金箔的做法。浑字在此处作浑然一体讲（浑或作混，见94杨注"又加之混金漆"）。朱桂辛先生指出北京太庙及故宫奉先殿，都是明、清两代帝室祀奉祖先的地方。殿内梁柱，通身上金，名叫浑金，是古代建筑制度中最尊严的一种。多宝臣先生说，建筑物内贴金，因梁柱高大，无法入荫，所以用油打金胶，不用漆金胶（详后）。

〔泥金漆　不浮光〕泥金也是周身粘金，但粘金的方法与贴金不同（详后），要厚一些。不浮光是精光内含，不起"贼亮"的意思。

〔又有贴银者，易霉黑也〕有一种假金箔，是用银箔熏成金色的，北京称之曰"选金箔"。日久银质氧化，便变成黑色，像东西发了霉似的。

〔黄糙宜于新器者，养益金色故也。黑糙宜于古器者，其金处处摩残，成斑黑以为雅赏也〕用黄糙作地子，上面贴金的器物，在新的时候，比较好看。因为它的地子是黄的，把所贴的金衬托起来，显得金厚色足，格外富丽。养益二字有帮助衬托的意思。用黑糙作地子，上面贴金的器物，在用旧了的时候比较好看。因为日久之后，有的地方已经把所贴的金磨了去，露出下面的黑地，斑纹大小错落，不是人工故意去做成的，显得有天然之趣。

〔癜斑〕见51。

漆器上粘金，北京匠师术语中有"一贴三上九泥金"的说法。多宝臣先生称：金漆不问是贴金、上金或泥金，都必须先打金胶（用它来胶住金的意思）。胶读作"脚"，所以匠师们也有写作"金脚"的，含有漆在金下，如金之"脚"的意思。

器物在黑色退光做好之后，有了光滑的表面，然后打金胶（此法与本条所说略有不同。本条讲到黄糙、黑糙，似乎金的下面不是退光的鬃漆而是糙漆。金胶用漆店所卖的笼罩漆或金漆（所谓金漆，就是为打金胶用的漆，性质与笼罩漆很相似），内放一些石黄或银朱，使它的颜色略为发黄。目的有二：（一）为的是可以衬托以后所贴的金，即所谓"养益金色"。（二）为的是金胶漆略有颜色，与黑色的地子有了差别，容易看出是否器物周身都已上到，没有遗漏的地方。金胶不可打得太薄或太厚。太薄贴不住金，太厚将来会浸润到金面上来，金便发乌了，犯了51所谓"粉黄"之过。打金胶后入荫，要它干到恰到好处，似乎已经完全干了，但还略有黏性，方为合适。

金胶漆出荫后，便可将金粘着上去。所谓贴金、上金、泥金的方法是：

（甲）贴金　用竹夹子夹着金箔和所衬隔的纸片，粘贴到打了金胶的器物上去。金箔有纸片隔着，可以用手指略加拂按，使它粘贴着实而不致粘手破碎。待金箔黏着后，再将纸片撤去。器物周身贴金后，用丝绵（即 25 所谓"茧球"）拂扫一次，术语称为"帚金"。这为的是将金箔完全按贴着实，倘有不着实的地方，它会随丝绵拂扫下来，于是又可以补粘在金箔有残破或空缺的地方。这种贴金的做法，一张金箔在器物上所贴成的金，差不多可以得到与它本身相等的面积，所以叫做"一贴"。

（乙）上金　这是将若干张金箔从衬隔的纸中取出来，放入金筒子内揉碎，然后使用。金筒子是一个铜质（或用铁皮做亦可，但不如铜叶）的三截筒子，最下一截整底如杯状。中间一截，两端皆空；下端与最下一截套撞起来，中夹细绸（或细夏布）一层。上截顶端开一圆孔，下端是空的，又与中截的上端套撞起来（图一一）。金箔若干张，放在中截的细绸子上。用一支毛笔(或棕刷)，术语叫"金帚子"，从上截的圆孔中伸入，轻轻扰动，将金箔帚成粉末，通过绸子筛落到最下的一截中。上金的时候，将金粉从金筒子中倾出，用丝绵蘸裹，上在打好金胶的器物上，叫做"上金"。"上金"必须金粉充足，丝绵蘸得饱满。因用丝绵只可扫一次，如扫过之后，金色不够，重新再扫，便黏着不上了。"上金"的做法要比"贴金"费，三张金箔上在器物上才能上得到一张金箔那样大的面积，所以叫"三上"。

（丙）泥金　"泥金"是将若干张金箔放在瓷釉光滑的碟子里，内调广胶水，用手指在里面圆转研磨，直至胶水干凝，研不动了，用开水沏入，待胶质化开，金粉沉底，将水倒出，胶质也随水倒了出去。照上法一共要研三次，将金箔研成极细的粉末，最后一次才将瓷碟内的金粉晒干刮出，入细箩筛过，然后与"上金"的方法一样，用丝绵蘸裹着金粉，上在打好金胶的器物上。"泥金"因研制极细，在金胶上容易黏着；又因研制时和上时都不免有耗费，所以九张金箔的金，粘到器物上才能得到一张金箔那样大的面积，所以叫"九泥"。所谓"一贴三上九泥金"，是由于三种不同金漆

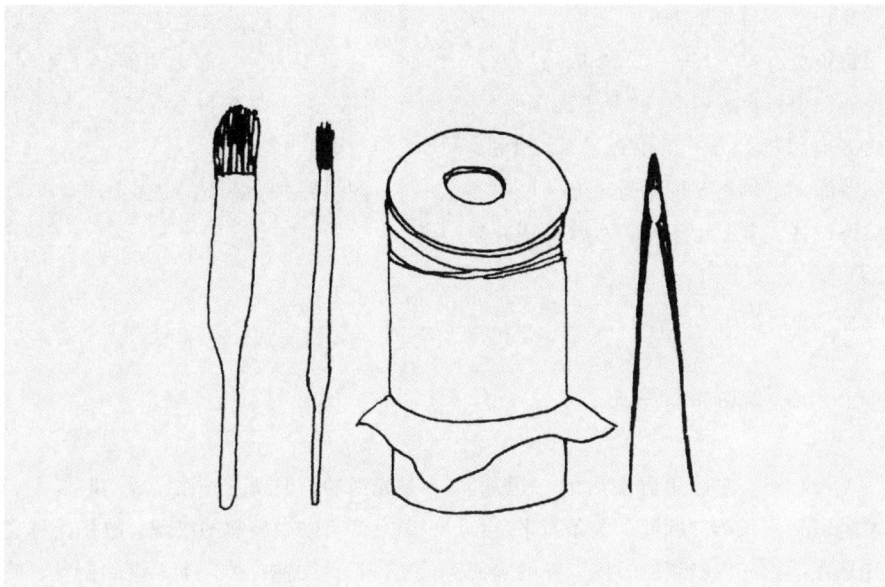

的做法所需用的金量而来的。至于它们的效果，自以"泥金"为最好，金色厚足而耐久。"上金"次之，"贴金"最差。但因"泥金"用料太多，据说清代宫廷的制品，只有最讲究的才用"泥金"。

贴金、上金、泥金，北京术语又统称之曰"明金"，是与金箔罩漆（见91）相对而言的。

上述关于"一贴三上九泥金"之说，证以乾隆十四年《工部则例》卷二十五至卷二十八漆作、泥金作中的条款，足见金髹的做法近二百年来基本上未变："凡平面使漆贴金，内务府、都水司俱无定例。今拟每折见方一尺，用漆朱二钱，罩漆三钱，红金一帖二张五分。""凡平面使漆贴金，内务府、都水司俱无定例。今拟每折见方尺十尺，用彩漆匠一工。""凡平面筛扫金，内务府每折见方一尺用漆五钱，漆朱五钱，红金三帖。都水司每折见方一尺，用漆三钱，漆朱三钱，红金三帖。今拟每折见方一尺，用笼罩漆三钱，漆朱二钱，红金三帖。""凡平面使漆筛扫金，内务府糙漆三遍扫金，每折见方尺三尺一工。都水司每折见方尺五尺一工。今拟每折见方尺五尺用彩漆匠一工。""凡平面满泥金，内务府每折见方一尺用金三百二十张。制造库无定例。今拟每折见方一尺用广熟漆一钱，金三十二帖，水胶一钱九分

二厘。""凡平面泥金，内务府、制造库俱无定例。今拟每折见方尺四尺用泥金匠一工。"筛扫金即上金，是为名称之异。泥金用金约等于贴金的二十五倍，上金的十一倍，在比例上与"一贴三上九泥金"有出入。

佛像装金除用罩金髹（见91）外，也有用金髹的。清卢葵生制的观音坐像，木胎，高约二一厘米，衣纹流动快利，背后腰际有"葵生"篆文长方印。此像原来除发髻涂石青外，通身贴金箔。但年久金色脱落，现在已成为一尊紫漆的观音像，只衣纹间隙及像底尚有金色痕迹。

浑金漆不仅用来髹饰器物的表面，也用来做盘、碗的里子。古代漆器本有用金做胎的（见119），浑金漆里便是用来摹仿金胎的做法。故宫博物院藏有明代云头纹乌间朱线的剔犀碗，直径约一一厘米，碗里完全贴金。现已残退，露出下面的黑糙，但在初做成时，却灿烂如金胎。

明、清两朝徽州所制的墨，也往往通体贴金。它的做法也是先上漆，然后将金粘着上去，与浑金漆器制法相同。故朱桂辛先生在本书《弁言》中指出墨工"与髹工相表里"。

潮州的木雕装饰，也多上浑金漆。

83 纹𩑺第四

𩑺面为细纹，属阳者列在于此。

〔纹𩑺〕𩑺是漆器最后的一道漆。顾名思义及从84"刷丝"等条看来，纹𩑺是在器物完成糙漆的时候，它的表面是光滑的，但到了𩑺漆做成的时候，表面上就有微微高起的纹理。故杨氏称它"属阳"。纹𩑺一类，本书讲到刷丝、绮

纹刷丝、刻丝花和蓓蕾漆四种（见84—87）。它们又可以归纳成为两种形态：

（一）刷丝型 刷丝、绮纹刷丝属之。它们是用漆刷子刷出来的痕迹。53"刷迹之二过"，即指此而言。

（二）蓓蕾型 它的纹理是凸起作颗粒状的。做法是用缯绢或麻布贴在漆好的器物上，趁漆未干时将它揭起，缯绢往上一带，漆被粘了起来，成了蓓蕾。即19所谓"蘸子用缯绢麻布"和杨注"用蘸子打起漆面也"。54"蓓蕾之二过"，即指此而言的。

关于这一类漆器中的各种名称见附表二。

84 刷丝，即刷迹纹也。纤细分明为妙，色漆者大美。❶

其纹如机上经缕为佳，用色漆为难。故黑漆刷丝，上用色漆擦被，以假色漆刷丝，殊拙其器，良久至色漆摩脱见黑缕，而纹理分明，稍似巧也。

〔刷丝〕《洞天清禄》："歙砚刷丝如发密。"（寿46）（襄按：宋代唐积《歙州砚谱》砚石品目有刷丝罗纹之称。）刷丝砚石与刷丝漆器只从花纹来看可能有相似之处，但它们有显著的不同：刷丝砚石表面是光滑的，刷丝漆器表面是有微微高起的纹理的。寿碌堂主人用刷丝砚石来笺证刷丝漆器，说明他没有理解纹髹一类漆器的特征。

〔刷丝，即刷迹纹也，纤细分明为妙〕刷丝是用刷子刷出来的细纹，而干后刷纹尚在，微微地隐现起纹路来，即杨注所谓"如机上经缕为佳"。刷丝要纤细分明才好，53刷迹之二过中的模糊，便是指不够分明而言的。

〔用色漆为难〕色漆刷丝为什么不容易做，本书没有说明缘故。据推测，刷丝用生漆，刷纹才容易分明（沈福文先生的绞漆花纹，即用生漆调配，见106），但生漆色深，只宜黑色，不宜调色，所以刷丝用色漆为难。

〔故黑漆刷丝，上用色漆擦被，以假色漆刷丝，殊拙其器，良久至色漆摩脱见黑缕，而纹理分明，稍似巧也〕这是一种假色漆刷丝的做法。方法是先用黑漆做刷丝，待干之后，上面再上一道色漆。它在新的时候，猛一看，仿佛是用色漆刷成的刷丝，待日久之后，刷丝高处的色漆被磨了去，而陷在刷丝凹处的色漆，因磨不着，都还存在，于是便形成黑漆与色漆丝丝相间的纹理了。

85 绮纹刷丝，纹有流水、洞濛、连山、波叠、云石皴、龙蛇鳞等。用色漆者亦奇。❷

龙蛇鳞者，二物之名。又有云头雨脚、云波相接、浪淘沙等。

〔绮纹刷丝〕绮纹是一种花样。绮纹刷丝是指刷出花样来的刷丝，它的纹理不是漫无意义的。

〔流水 洞濛 连山 波叠 云

❶ 刷丝纹理，应属直线纹一类。所用漆刷似非一般髹漆之刷，而是特制的、刷毛较硬的刷子。

❷ 绮纹刷丝纹理，应属曲线纹一类。

石皴　龙蛇鳞〕〔云头雨脚　云波相接　浪淘沙〕以上是各种绮纹刷丝的名称。从云、水、龙、蛇等的命名中，可以想象它们回婉流动的形态，总不外乎

由刷子的旋转做成的。至于各种之间的区别，因缺乏古代实例，难于臆测。

〔洄溹〕水回旋也，见《广韵》。郭璞《江赋》："泓汰洄溹。"

86 刻丝花，五彩花文如刻丝花，色、地、纹共纤细为妙。

刷迹作花文，如红花、黄果、绿叶、黑枝之类。其地或纤刷丝，或细蓓蕾。其色或紫、或褐，华彩可爱。

〔刻丝〕即缂丝。宋代庄绰《鸡肋篇》："定州织刻丝，不用大机，以熟色丝经于木杼上，随所欲作花草禽兽状。以小梭织纬时，先留其处，方以杂色线缀于经纬之上，合以成文若不相连，承空视之如雕镂之象，故名刻丝。"明周祈《名义考》："刻之义未详。《广韵》：'缂，乞格切，织纬也。'则刻丝之刻，本作缂，误作刻。"

〔刻丝花〕刷丝和绮纹刷丝，全体的纹理是一致的，无所谓地子与花纹。刻丝花便不同了。它的地子是一种刷丝，用纤刷丝地，或细蓓蕾（见87）作地，而花纹又用另一种刷丝。它是利用不同的刷迹和不同的色彩，来区分出地子和花纹来。正有如刻丝似的，地子是一个颜色，而花纹是用其他不同的色线来做成的。

87 蓓蕾漆，有细粗，细者如饭糁，粗者如粒米，故有秥花、沦漪、海石皴之名。彩漆亦可用。

蓓蕾其文簇簇，秥花其文攒攒，沦漪其文鳞鳞，海石皴其文磊磊。

〔蓓蕾漆〕蓓蕾，始华也。《张氏医通》："伤寒舌上生红点名红蓓蕾。"《琴经》："以漆癩为蓓蕾，其言细黑。又有粗者，如小疮脓疱，谓之蓓蕾。"（寿47）

蓓蕾漆的做法是趁漆未干，用缯或绢贴在器物上面，等到漆干到一定的程度，将织物揭起，利用它的纹理，粘带出漆面的颗粒来。由于织物的粗细稀密不同，所以蓓蕾漆也有粗有细（见19、54）。

蓓蕾漆是这一种做法的总名称，其

中又因纹理形态的不同，有秥花、沦漪、海石皴等不同的名称。

〔秥花〕杨注称"其文攒攒"，颗粒纹理当属于细密一类。

〔沦漪〕杨注称"其文鳞鳞"，颗粒纹理也应属于细密一类。用縠纹来描写水纹，在诗词中是很常见的。蓓蕾漆既用织物来粘出纹理，自不难从联想中而得此命名。

〔海石皴〕杨注称"其文磊磊"，磊磊，众石貌。《楚辞·九歌·山鬼》："石磊磊兮葛蔓蔓。"从海石皴的命名及杨

注来看，它的颗粒纹理当大于秾花、沦漤而属于粗蓓蕾一类。

　　蓓蕾漆实物，只见过日本制者。中国古代的蓓蕾漆，尚待访求。各种蓓蕾漆的具体差别，也有待查考。

❶ 揩光难在容易出现毛孔、霉黩、不明等过失。

88 罩明第五

罩漆如水之清，故属阴。其透彻底色明于外者，列在于此。

　　这一类漆器的做法都是用透明的罩漆，漆在各种不同漆地的器物上。因罩漆下面的漆地的底色不同（如朱漆、黄漆、金漆、洒金漆等等）而有种种不同的名称。

　　此类漆器中的各种名称见附表三。

89 罩朱髹，一名赤底漆，即赤糙罩漆也。明彻紫滑为良，揩光者佳绝。

揩光者似易成，却太难矣。诸罩漆之巧，更难得耳。

　　〔罩朱髹〕指以朱漆作地，上面罩透明的罩漆。罩漆本身黄色，所以朱漆经罩过之后，颜色加深，光泽加亮，可以收到"明彻紫滑"的效果。

　　〔揩光者佳绝〕当指在朱漆地上多次泽漆的做法，它的效果可以格外光亮。杨注称："揩光者似易成，却太难矣。"❶ 理由何在？尚待考。

　　罩朱髹实例参阅98条中清龙纹赤糙描金罩漆箱。

90 罩黄髹，一名黄底漆，即黄糙罩漆也。糙色正黄，罩漆透明为好。

赤底罩厚为佳。黄底罩薄为佳。

　　〔罩黄髹〕以黄漆作地，上面罩透明的罩漆。

　　〔黄底漆〕《琴经》："玉徽并蚌，须先用胶粉为底。"（寿48）（襄按：琴徽衬粉，实与黄底漆无涉。）

　　〔赤底罩厚为佳，黄底罩薄为佳〕黄漆地在罩后，要它透明，并不希望它颜色加深，所以要罩得薄。赤底罩以"明彻紫滑为良"（见89），多罩几层可使漆色发紫，所以宜于罩得厚。

91 罩金髹，一名金漆，即金底漆也。光明莹彻为巧，浓淡、点晕为拙。又有泥金罩漆，敦朴可赏。

金薄有数品，其次者用假金薄或银薄。泥金罩漆之次者用泥银或锡末，皆出于后世之省略耳。浓淡、点晕，见于罩漆之二过。

〔罩金髹〕即用贴金或泥金（见82）等法作地子，上面罩透明的罩漆。泥金厚于贴金，所以显得敦朴厚重。除器物外，佛像装金也往往用罩金髹。

〔浓淡、点晕〕罩漆的二过（见52）。它们是各种罩漆所容易犯的毛病，并不限于罩金髹。

〔其次者用假金薄或银薄。泥金罩漆之次者用泥银或锡末〕在罩金髹的漆地上，不贴真金箔而用假金箔（选金箔见4）或银箔作代替品，这当然是减省材料的办法。选金箔，颜色接近真金，可以冒充金箔。银箔虽然白色，但因上面罩了黄色而透明的罩漆，也能有金箔的效果。这种做法，相当普遍，北京统称"银箔罩漆"，如婚丧喜庆所用的仪仗乐器，舞台所用兵器道具等，一般都用此法。泥银罩漆用泥银来代替泥金。用锡末来代替泥金，不仅颜色暗晦，而且容易变黑。

上述各种做法，都可称之为罩金髹。因为即使用银箔或锡末，在罩漆之下，也仿佛像金漆。

下面举几件实例：

（一）故宫乾清宫宝座　宝座及后面的屏风，都雕刻龙纹，贴真金，罩漆。太和殿宝座与此做法同。

（二）清代卤簿中的钺及卧瓜　钺高五九厘米（柄杆不计在内，钺顶直刃已遗失），卧瓜高四七厘米（柄杆不计在内），都刻龙纹。形制与《皇朝礼器图式》所规定的大致相同。该书称："乾隆十三年钦定大驾卤簿钺，雕木为之，刃长八寸五分，阔九寸，背刻龙首，贯直刃，长八寸，为剑脊形，鋬上衔以龙首，皆涂金。"又"乾隆十三年钦定大驾卤簿卧瓜，雕木为之，长四寸五分，围一尺四寸二分，六棱有蒂，刻夔龙，卧置柄首，鋬上衔以龙首。"所谓涂金，即用罩金髹制成。从钺及卧瓜漆残的地方，可以清楚地看出它的髹法层次是先在木胎上上漆灰，紫漆打地，上面贴金，最后罩漆。

（三）雪山大士像　像高三四厘米。老人瘦骨嶙峋，蜷一足，两手扶膝，支承下颏。面部须发卷结，两目微垂。此像的做法也是刻木为胎，上漆灰，打紫漆地，贴金罩漆。因年久及尘垢积掩，表面漆作深紫色，只有棱角高处常被摩擦的地方，闪露金光。但看像的底座，颜色金黄，接近初完成时的漆色。

金箔或银箔作底，上面用朱、用漆或用墨画花纹然后再罩漆的，也应列入罩金髹一类之内。

乾隆十四年《工部则例》卷二十七《泥金作用料则例》及卷二十八《泥金作用工则例》有关于在金漆上用漆描花纹的条款："凡泥金上开描退光漆龙凤花草等项，内务府无定例。制造库每折见方一尺，用香墨一分。今拟每折见方一尺，用退光漆二分"，"凡泥金上开描退光漆龙凤花草等项，内务府每折见方四尺，用匠一工。制造库无定例。今拟每折见方尺四尺，用画匠一工。"

近代制仿古箜篌，中国音乐研究所藏。高一三八点五厘米，座宽四九点五厘米。底座黑漆描金龙，立柱为罩金髹描龙纹。从罩漆剥落处看它的做法是先在立柱上贴银箔，上面用朱色描花纹，最后再罩漆。其效果就好像在金漆上面画了朱色的描绘。这种做法北京匠师称之为银箔开朱罩漆，或简称为银箔开朱。

北京的大鼓锣架一般用银箔开墨罩漆的方法来做，即在漆地上贴银箔，上面用墨画花纹，如在锦地上画龙纹或画四季花等等，最后罩漆。

92 洒金，一名砂金漆，即撒金也。麸片有细粗，擦敷有疏密，罩髹有浓淡。又有斑洒金，其文：云气、漂霞、远山、连钱等。又有用麸银者。又有揩光者，光莹炫目。

近有用金银薄飞片者甚多，谓之假洒金。又有用锡屑者。又有色糙者，其下品也。

〔砂金漆〕《遵生八笺》："如效砂金倭盒，胎轻滑漆。"（襄按：原书作"漆滑"。）又"有漂霞、砂金、甸嵌、堆漆等制"（寿49）。

〔洒金〕指漆地上洒金，上面再罩透明的罩漆，使带有金点或金片的漆地，透过罩漆来的做法（见18）。

"麸片有细粗"，指金片可以碾得大些，可以碾得碎些；"擦敷有疏密"，指金片可以洒得密些，可以洒得稀些；"罩髹有浓淡"，指罩漆可以上得薄些，可以上得厚些。这就是说同样都是洒金而可以有不同的变化。

〔云气 漂霞 远山 连钱〕都是斑洒金的不同名称，由金点、金片分布状态的形似而得名。据推测，洒金的点、片，在一件器物上，通体疏密是一致的。斑洒金则有的地方疏，有的地方密，并且金片的聚合，形成云霞之状，所以才可能给它取出不同的名称来。

〔又有用麸银者〕指用银箔碾碎，洒在漆地上，上面再罩漆的做法。

〔又有揩光者〕指漆地洒金后，上面采用泽漆揩光（见75）的做法。它的特点是格外显得光亮。

〔近有用金银薄飞片者甚多，谓之假洒金〕指在漆地上，洒金箔和银箔，上面再罩漆的做法。

〔又有用锡屑者〕用锡末代替金箔或银箔（参阅91）。

〔又有色糙者，其下品也〕杨注似乎认为只有用黑漆地做洒金才是好的，其他色地的为下品，原因待考。

据清代实物，洒金金片较大的，漆地以朱、黑两色为多，但也有紫色、绿色或其他色漆的。近年苏杭生产的漆扇骨，即用此法。金片细密如沙的，多以紫色漆为地（因隔着罩漆看，故颜色较深）。这种做法多作为器物的漆地或里子。在上面还要加以描金或堆漆等其他文饰（见154洒金地诸饰），一般不独自存在。现在福建漆器中还常用此法，在日本漆器中则更为常见。

另外还有"明金洒金"，即在器物上打金胶，洒金片，洒后不再罩漆。例如148铋金细钩描漆一条中讲到的清彩漆流云纹鹌鹑笼，笼盖的里子便以朱漆作地，上洒金片。依其作法因最后不罩漆，与罩明无关。但因本书并未讲到这种做法，所以附带在此述及。

93 描饰第六

稠漆写起，于文为阳者，列在于此。

这类漆器的做法是用笔蘸稠漆或油在器物上画花纹，干后花纹比漆地略高，故杨注称"于文为阳"。描饰与107阳识比起来，不及阳识凸得高，因阳识是用漆堆出花纹来的。

关于这一类漆器中的各种名称见附表四。

94 描金，一名泥金画漆，即纯金花文也。朱地、黑质共宜焉。其文以山水、翎毛、花果、人物故事等；而细钩为阳，疏理为阴，或黑漆理，或彩金象。

疏理，其理如刻，阳中之阴也。泥薄金色，有黄、青、赤，错施以为象，谓之彩金象。又加之混金漆，而或填或晕。

〔泥金画漆〕《皇明文则·杨义士传》："宣德间尝遣人至倭国，传泥金画漆之法。"（寿50）（襄按：此下尚有关于杨埙数语。）见151寿73。与此说相似的亦见陈霆《两山墨谈》卷十八："近世泥金画漆之法本出于倭国。宣德间尝遣漆工杨某至倭国，传其法以归。杨之子埙遂习之，又能自出新意，以五色金钿并施，不止循其旧法。于是物色各称，天真烂然。倭人来中国见之，亦咋指称叹，以为虽其国创法，然不能臻其妙也。"郎瑛《七修类稿》卷四十五也有类似的记载，乃出明人因袭，未必各有所据。

按，泥金画漆，日本称之为莳绘。[1]日人山野善太郎在所著《正仓院刊》第十二章中讲到该院所藏的金银钿装唐大刀，刀鞘用"末金镂"法做花纹，是日本最早的莳绘，而中国的描金是在明宣宗时由日本传来的。又江马长闲在《天平艺术之研究》中也竭力想证明唐大刀是日本的产品，并由此得出莳绘创自日本的结论（以上并见朱桂辛先生《漆书》卷九译文）。但傅芸子《正仓院考古记》称："金银钿装唐大刀一点，刃长日尺二尺六寸四分，锋两刃，刀身微曲而非剑。所谓'唐大刀'者，乃纯粹唐制之大刀，以别于其他所仿之'唐样大刀'而言。日本刀剑鉴赏家关保之助氏云：'唐大刀之特征，惟在其镡（即剑鼻）。此式之大刀与我国固有之大刀，其相异处，主要即在镡之不同，此盖缘两国国民刀剑用法殊异所致。我国刀剑，专用以斩伐，互击之际，为防敌刀下斩，故置大镡。然华人刀剑，以刺杀为主，其镡为用，与其谓为护拳，勿宁谓为刺杀之际，恐防手滑伤而设，华人因称其名

[1] 泥金画漆是用金银箔粉，而莳绘多用丸粉。日汉辞典的解释往往是错的。莳绘即本书105条中的沙嵌。

为剑鼻，盖刀身与刀柄之间，虽设同样之物，然为用不同，故其形亦异。正仓院式之镡，仅此一点，在南仓阶上琉璃制器皿中陈列云。'观此可悉中日刀剑为用之殊。此刀鲛皮柄，鞘身有'末金镂'文样。'末金镂'者，于漆面播金屑成花纹，即今日本'莳绘'之所由昉。"关保之助的一段论证，却说明了大刀是中国的制品，而莳绘的前身末金镂是由中国传往日本的。证以刀鞘上的花纹，如奔跑的狮子、卷草纹等，也都与唐镜的图案，极为相似。

实际上，要追溯描金之法究竟始于中国还是始于日本，不必在唐大刀上去纠缠，而应当看一看更早期的实物。我国解放后，由于大规模的科学发掘，战国时代施金银的漆器，不断发现。如1953年长沙仰天湖第十四号和第二十六号墓出土的两块彩漆雕花板，朱、黑两色漆外，大量用金（见《文物参考资料》1956年十二期彩色版）。1957年春在信阳的楚墓中更发现了大批的彩绘漆品。其中施金或施银的有带漩涡纹的两个大案，用黄、赭红、深红、银等色构成变形云纹及饕餮纹的棺板（见《文物参考资料》1958年一期彩色版）。尤其使人惊讶的是彩绘精绝的小瑟（见95），用极细的金彩在兽身的周围作平涂，或在瑟侧的带形图案中用金色点出极细的漩涡、鱼鳞及三点一组的地子花纹。陈大章和贾峨同志合写的《复制信阳楚墓出土木漆器模型的体会》（《文物参考资料》1958年一期）一文中也讲道："从这两个案的纹样中证实当时的画家已掌握用金、银颜料的高度技巧。……在锦瑟上所绘的鱼鳞纹和云纹图案的复杂的纹饰中点有很多的小如尘埃的金点，现在这些微小的金点在

阳光的照耀下仍闪出灿烂的光辉。"这些实例说明我国在两千多年前在漆器上已广泛使用描金描银之法。并从技法熟练精能的程度来看，可以断定在此之前还有相当悠久的历史。尽管具体的方法与日本所谓的"末金镂"及"莳绘"有不同之处，但硬要将描金说成是日本的创造，并一直要到15世纪初才传到中国来，那真是非常荒谬的说法。我们可以肯定描金之法是由中国传往日本的，时代在隋唐之际，或更早。当然另一方面我们也不否认描金漆器在日本有它的高度发展，并在一定的程度上又反过来影响了中国的漆工（参阅108、 154、186）。

日本莳绘大体上可以分为平莳绘、高莳绘、研出莳绘三类。本条的描金或泥金画漆即日本的平莳绘。

〔描金〕即漆地上加描金花纹的做法。黑漆地的最常见，其次是朱色地或紫色地。乾隆十四年《工部则例》卷二十七《泥金作用料则例》及卷二十八《泥金作用工则例》有关于描金的条款："凡漆上开描泥金龙凤花草等项，内务府每折见方一尺，用金一百八十张。制造库无定例。今拟每折见方一尺用金十八帖，水胶六分。""凡漆上开描泥金龙凤花草等项，内务府每折见方尺四尺，用匠一工。制造库无定例。今拟每折见方尺四尺，用描金匠一工。"

北京近代匠师的做法是在退光漆地上先用色漆（或朱、或紫）画花纹，待干后，在花纹上打金胶（见82），然后将金贴上去或上上去。

描金，沈福文先生称之为"描金银漆装饰法"，载《漆工资料》：

将打磨完的中涂漆，再髹涂红色漆

或黑漆，这层漆叫做上涂漆。干燥打磨平滑后……推光达到光亮后，用半透明漆调彩漆。薄描花纹在漆器面上，然后放入温湿室，待漆将要干燥时，用丝绵球着最细的金粉或银粉，刷在花纹上，花纹则成为金银色。如过早刷上金银粉，因漆尚湿，不但要粘着多量的金银粉，且不会显出明亮的金银色泽。

描金漆器可以故宫博物院藏的万历款龙纹黑漆药柜为例（《文物参考资料》1956年七期）。柜高一〇〇厘米，深五六点八厘米，宽七九点一厘米。柜为上下大小相同的一封书式。柜门有腰串两根，采用格子门的式样，是当时惯用的做法。柜门外面锦地开光，光内描双龙。门里面分两格，描花卉，上为月季山石，下为梅花山茶，各以蜂蝶作点缀。柜侧花纹与柜门外面同。背面也分两格，描松竹梅及茶花山石。款在上格正中，贴近柜边处，楷书"大明万历年制"六字。柜门之下，有抽屉三个。柜内两旁各有长抽屉十个，中部有可旋转的立轴，安装抽屉八十个，在造法上似受转轮经藏的影响。抽屉上都描绘龙纹。

此柜的金色花纹都以黑漆描纹理，并在山石上采用了绘画中皴点的方法，所以它的做法可称为黑漆理描金（见后）。

〔细钩为阳 疏理为阴〕这是说花纹上面加纹理（如勾叶筋、开花瓣等）的两种做法。细钩是花纹上再用漆勾，贴金之后，纹理比花纹又高出了一些，故曰"细钩为阳"。疏理是在花纹上再铲划（见63）出纹理来。这里的"疏"作刻讲（《礼记·明堂位》："疏屏"，注："刻之为云气鸟兽"）。梳理在花纹的上面，但比花纹低，故曰"阳中之阴"。

〔黑漆理〕这是在金色花纹上再用黑漆勾出纹理的做法。全称当作"黑漆理描金"。

〔彩金象〕这是指花纹用深色、浅色等不同的金箔来粘着（如库金、苏大赤、田赤金，颜色都不同。见4）的做法，即金花而能分辨出色彩的意思。全称当作"彩金象描金"，亦即杨注所谓："泥薄金色，有黄、青、赤，错施以为象。"

《圆明园漆活彩漆扬金定例》有关于彩金象描金的条款："平面画戳扫金云坐龙，上红、黄二色金，开黑漆，七扣净，每尺用严生漆四钱，笼罩漆四钱，石黄一钱，潮脑一钱，漆朱一钱，红金二十二张五分，黄金二十二张五分，描金匠一工。"又《圆明园则例》关于谐奇趣旧水法香几的做法有如下的条款："平面画扬金花卉番草，黑漆开道，见方尺每尺用：年（襄按：即严）生漆三钱，笼罩漆三钱，退光漆一钱五分，潮脑一钱，石黄一钱，漆朱一钱，银箔六帖，鱼子金五张，红金二十一帖六张，黄金五帖四张，画匠三工。"据所开工料，不仅是彩金象而且是黑漆理。

彩金象描金，可以万历款缠枝莲纹大箱为例。箱长、宽各六六厘米，高九七厘米，原有底座，已散失。漆地紫色，四面及盖顶以回文作边，各描绘莲纹十六朵，分作四排，以枝叶串联，每朵花上承八宝（轮、螺、伞、盖、花、罐、鱼、肠）一件。金色分深浅。花蕊、花瓣用赤色金，球状的花心及枝叶用正黄色金。双鱼鱼身用赤色金，鬐鬣用正黄色金。其他各宝也用两种金色分层次。款在盖里，正中直行泥金楷书"大明万历年制"。花纹的做法是先在紫漆地上用漆作描绘，干后用黑漆勾纹理。两种不同的金彩，分两次打金胶，两次贴上，最后在花纹上勾金色纹理。

箱前面正中有鼻纽，以备穿钉上锁。背面有铜铰链三枚，两侧面各有铜环。又因箱盖没有子口，所以在前面的鼻纽两旁，各安桃形铜饰一枚，两侧面各安铜饰三枚，目的在代替子口的作用。这是明代宫廷的做法，民间箱箧，殊不多见。

〔又加之混金漆，而或填或晕〕混，疑同浑（见82）。全称当作"浑金漆描金"，即在纯金漆的器物上再描金花的做法。

浑金漆描金，又有两种：（一）用填金的方法。在金漆地上勾出花纹轮廓，再用与漆地不同色彩的金箔填进去。（二）用晕金的方法。图案从内到外，用不同深浅的金色有规律地晕出花纹来。（襄按："晕"是古建筑彩画的术语。）宋代李诫《营造法式·彩画作制度·五彩遍装》："叠晕之法，自浅色起，先以青华，次以三青，次以二青，次以大青。大青之内，用深墨压心。"这就是说花纹的中心，色彩最深，向外一层一层有规律地依次浅淡的画法。漆器的晕法，可将最深的金色放在花心，向外逐渐淡下去。也可以反过来将最浅的金色放在花心，向外逐渐深下去。但不论

如何晕法，主要的是花纹最外边缘的金色，必须与金漆地子所用的金色有区别，花纹才清晰可辨。否则花纹便会与金漆地子混淆不清了。

以实物来说，浑金漆描金，不论用填或用晕，都比较少见。常见的画法是在黑漆（其他色漆地不及黑漆绚丽）上用晕的方法画花纹，用金之法一如水墨画中的用墨。如坡石几叠，最上一叠靠近轮廓处金色浓，渐渐淡下去，乃至不见金色，至第二叠轮廓时又浓起来，再淡下去接下一叠轮廓，如此递换，分出阴阳深浅。北京匠师称这种画法为"搜金"。据称，上金时金粉用笔染着，而浓淡相接处，在金淡或无金的一边须用纸掩隔，以防金色粘着上去。

乾隆时制的凤纹朱漆描金碗，说明了描金中的几种手法在一件器物上的运用。碗径一五点七厘米，高七厘米，银里。碗外在朱漆地上画描金牡丹及三凤。凤头部分金色深黄，头后飘起的细毛及凤身金色较淡，这是彩金象的画法。凤头的轮廓及眼睛用黑漆细勾。凤背的鱼鳞式羽毛及翅翎、牡丹的花叶，金色浓淡成晕，是北京匠师所谓"搜金"的画法。花叶还用金笔勾筋，底足黑漆楷书款"大清乾隆年制"。

95 描漆，一名描华，即设色画漆也。其文各物备色，粉泽烂然如锦绣。细钩皴理以黑漆，或划理。又有彤质者，先以黑漆描写，而后填五彩。又有各色干着者，不浮光，以二色相接，为晕处多为巧。

若人面及白花、白羽毛，用粉油也。填五彩者，不宜黑质，其外框朦胧不可辨，故曰彤质。又干着，先漆象，而后傅色料，比湿漆设色，则殊雅也。金钩者见于编斓门。

〔设色画漆〕《邺中记》："石虎作云　　母五明金薄莫难扇，薄打纯金如蝉

翼，①二面彩漆画列仙、奇鸟、异兽。五明方中辟方三寸或五寸，随扇大小，云母贴其中，细缕缝其际，虽掩尽而彩色明彻，看之如谓可取，故名莫难也。季龙出时，以扇挟乘舆。"（寿 51）

〔描漆 即设色画漆也〕描漆就是在光素的漆地上，用各种色漆画花纹的做法。寿注引《邺中记》晋石虎的彩漆画扇，时代已经较晚。从现有的实物来看，战国时期的描漆器已有很高的水平。

值得赞赏的是 1957 年在信阳战国楚墓中发掘出来的描漆彩绘小瑟（《文物参考资料》1957 年九期），瑟长约一米，宽约四〇厘米，边墙高七厘米，厚一三厘米。原器已残，只存瑟面首端的一部分及左、右两侧部分立墙。全瑟彩绘分布大致是这样的：岳山（头部将弦架起的一条木头）以外的一窄条，绘斗兽花纹，现已大部残缺。岳山以内画龙蛇神怪及狩猎的图像。头部两侧，存在的一边也画神人龙蛇及犀、犬等兽。额部立墙画乐舞及烹调场面。两侧边缘画彩色图案。尾部伤缺过甚，彩绘情况不明，但所剩残片中有狩猎花纹。从瑟上的彩绘可以看出，画家所追求的不是形似的刻画，而是物像神情的摄取，运笔爽利，绝无矜持的痕迹。从绘画的价值来衡量，它可与著名的晚周帛画相比拟。至于用色也比一般楚漆器来得丰富，经统计，至少有鲜红、暗红、浅黄、黄、褐、绿、蓝、白、金九个颜色（94 描金一条中提到此瑟施金的方法，可参阅）。

1961 年在长沙黄土岭木椁墓出土的描漆舞女俑和车马人物奁，是西汉早期的遗物（湖南省博物馆：《长沙砂子塘西汉墓发掘简报》，《文物》1963 年二期）。它们也是用红、紫、黄、蓝、灰褐、白等多种色彩画成的，

达到随类赋采的效果。

1972 年在长沙马王堆一号墓出土漆器一百八十四件，是发掘到的数量最大、保存得最好的一批西汉漆器，其入葬年代当在汉文帝时期。其中大部分用描漆法作花纹装饰，以漆鼎为例，通高二十八厘米，镟木胎，鼓腹，底呈圆形，两平直耳，三兽蹄足形，盖作球面形，有三个环形纽。鼎表面黑漆，里面红漆，沿口有一道菱纹图案。盖和器身用红色和灰绿色漆绘几何云纹。足部朱漆绘兽面纹，两耳云纹，三纽为橙色。器底朱书"二斗"两字（湖南省博物馆、考古研究所：《长沙马王堆一号汉墓》上册，1973 年文物出版社出版）。从浅色纽来看，此鼎也采用了油彩。

1965 年在大同石家寨北魏司马金龙（卒于 484 年）墓发现的木板屏风，是一件北朝描漆实例。屏风木板在朱漆地上分画人物四层，线条轮廓用黑漆勾成，人物面部敷白色，再用墨笔勾眉目。此外衣服器物用浅红、黄、白、绿灰、蓝、橙红等多种色彩涂成。榜书及题字写在用黑漆打框并画栏的黄地上。从屏上的浅色色彩容易脱落这一现象来看，应当是用油料调成的，故其坚实耐久不及黑漆。这一时期的漆器，目前发现极少，在北方更是罕见，又由于这件描漆屏风的绘画及书法具有较高的历史价值和艺术价值，因而更增添了它的重要性。（大同市博物馆等：《山西大同石家寨北魏司马金龙墓》，《文物》1972 年三期；志工：《略谈北魏的屏风漆画》，《文物》1972 年八期）。

〔其文各物备色，粉泽烂然如锦绣〕据杨注，描漆花纹中的人面及白花、白羽毛等等，可以用调了粉的油（即桐油）来画。又 97 杨注讲到天蓝、雪白、桃

红等色，是非用油不能调出的。描漆既不限于用漆而可以兼用油色，所以各种颜色都能齐备了。用油调色，其中往往须加粉。"粉泽"两字，是由此而来的，即粉的色泽之意。上述楚瑟，其中有白和浅黄等色，是很难用漆调出的。根据这一点来推测，战国、西汉漆器上的彩绘，并不只限用漆。本条所讲的描漆可以漆、油并施，可能在两千多年前已经有此方法。进一步的分析化验当能得出准确的结论。

〔细钩皴理以黑漆，或划理〕指描漆花纹上面细钩的纹理，有的是用黑漆细钩出来的，有的是铲划出来的。它们的全称当作"黑理钩描漆"及"划理描漆"。

〔又有彤质者，先以黑漆描写，而后填五彩〕彤，赤也。彤质描漆，是指在红色漆地上描漆的做法。花纹先用黑漆勾出轮廓，然后在轮廓中间填五彩。杨注称"填五彩者不宜黑质"，是因为黑色地子与黑漆所勾的花纹轮廓难于分辨的缘故，故曰："其外框朦胧不可辨。"

〔又有各色干着者，不浮光，以二色相接，为晕处多为巧〕❷"干着色描漆"，是与"湿着色描漆"相对而言的。它的做法是先用漆画花纹，然后用帚笔将干的色料粉末，傅扫上去（见25），即杨注所谓"先漆象而后傅色料"。这种做法与82的贴金、上金一样，色料上面不再上漆，所以没有浮光。

二色相接为晕是说在一组的花纹图案里，由中心到外缘，颜色逐层由深到浅。但与它邻近的另一组花纹，由中心到外缘，颜色却逐层由浅到深。这样，便使一个颜色的最深一级，与另一色最浅的一级相接。这种晕法，在古建筑中可以找到实例。《营造法式·彩画作制度》图样碾玉额柱第九豹脚、含蝉、燕尾等彩画的缘道，便用此法。

另一种用晕是两组花纹用色不同，由中心到外缘，两种颜色都是由深到浅，使一个颜色的最浅一级，与另一色最浅一级相接。它近似古建筑彩画中"对晕"之法。《营造法式·彩画作制度·五彩遍装》："叠晕之法：凡斗拱昂及梁额之类，应外棱缘道并令深色在外。其华内剔地色，并浅色在外，与外棱对晕，令浅色相对。其华叶等晕，并浅色在外，以深色压心。"

〔金钩者见于犏斓门〕犏斓类中有"金理钩描漆"（见139），即描漆花纹上面的纹理是用金笔勾成的做法。

《圆明园漆活彩漆扬金定例》有关于描漆的条款："平面画彩漆穿花凤、番花、博古、龙草、金钱菊、勾泥金、七扣净，每尺用严生漆三钱，笼罩漆三钱，石黄一钱，广花一钱，潮脑一钱，漆朱一钱，朱砂一钱，雄黄一钱，南轻粉一钱，赭石一钱，红花水一钱，鱼子金五张，红金八帖一张（如烘扬金用金照此例），彩漆匠一工半。"可知此种漆器当时所用的工料。

明代描漆器以孔雀牡丹纹盘为例。盘径四〇点三厘米，高四点六厘米。彩绘孔雀一双，立太湖石上，后有盛开牡丹及丛竹，左上侧绘流云旭日。背面有"万历辛丑春日松林佘渊泉备"十二字，是万历二十九年（1601年）购藏者的题记。盘藏东京国立博物馆，曾在1977年10月该馆举办的东方漆工艺展览中展出（展览图录《东洋の漆工芸》第五六四）。

故宫博物院藏的梅竹双雀图长方桌是一件清代描漆的实例。桌面画梅花一树，自左向右方斜出，双雀一栖枝上，一作飞鸣状。梅花白色，用粉调油画成。梅畔的绿竹及朱色茶花，也用油色。左下角坡石作灰青色，密点苔藓，梅干赭黑，兼用漆绘。从画法来看，受清代画院工笔花鸟的影响，制作年代当在乾隆时期。

有一种早期漆器，战国墓中较多发现，《髹饰录》并未提到，但如分类，以归入描漆为宜，那就是各种立体的、透雕的或浮雕的木漆动物形象。它们和描漆一样，都髹彩漆，只是不在平面上作描绘而已。实例如信阳长台关楚墓出土的镇墓兽（河南省文化局文物工作队：《河南信阳楚墓出土文物图录》，1959年，河南人民出版社），江陵拍马山出土的黑漆加朱黄两色

彩绘的卧鹿鼓座（湖北省博物馆等：《湖北江陵拍马山楚墓发掘简报》，《考古》1973年三期），曾多次在楚墓中发现的伏虎立鸟鼓座等，而以1965年在江陵望山楚墓发现的彩绘木雕小座屏最为精美。屏高一五厘米，宽五一点八厘米，底座两端着地，中悬如桥，上承透雕屏，采用圆雕及浮雕镂刻凤、鸟、鹿、蛙、蛇、蟒等动物形象共五十三个，交织穿插，组成对称而又生动的立体图案。色彩则以黑漆为地，施朱红、灰绿、金、银等，十分绚丽（湖北省文化局文物工作队：《湖北江陵三座楚墓出土大批重要文物》，《文物》1966年五期）。它不仅是一件髹漆、木雕相结合的工艺精品，也是截止至目前所发现的这类器物的唯一实例。

96 漆画，即古昔之文饰，而多是纯色画也。又有施丹青而如画家所谓没骨者，古饰所一变也。

今之描漆家不敢作。近有朱质朱文、黑质黑文者，亦朴雅也。

〔漆画〕指色彩比较单纯，花纹比较写意的漆画。

本条原文及杨注一共讲到四种做法：

〔纯色画〕只用一种色漆在漆器上画花纹，花纹上面也不再用黑漆、金漆或其他色漆勾描纹理。黄氏称"古昔之文饰"多如是。不知所谓古昔是指汉代或更早的漆器，还是唐、宋时期的制品？以近年出土的西周、战国及西汉漆器来说，黑地朱纹的纯色漆画，确是最常见的一种。唐、宋时期的作品，可惜未见实物，无从印证。但宋聂崇义《三礼图》所绘，可能受当时祭器的影响而未必与周代的礼器尽合，因而可以作为唐、宋漆器的参考材料（见97）。

湖北圻春出土的西周漆杯（图一二），在黑色和棕色地上加朱漆绘，是一件纯色漆画器（考古研究所：《湖北圻春毛家咀西周木构建筑》，《考古》1962年一期）。东周有郎家庄殉人墓出土漆器残件。它构图谨严对称，和青铜器纹饰关系密切。与战国、西汉楚文化漆器图绘异趣，不过其描绘方法仍是黑地朱纹的纯色漆画（山东省博物馆：《临淄郎家庄一号东周殉人墓》，《考古学报》1977年一期）。战国漆器可以信阳楚墓出土的高足耳杯为例，杯身黑漆，口外缘及耳上用朱漆绘云纹，杯里朱漆，无绘饰（河南省文化局文物工作队：《河南信阳楚墓出土文物图录》，1959年，河南人民出版社）。至于汉代纯色漆画器，更为常见。贵州

清镇出土的元始四年朱绘漆饭盘便是一例（贵州省博物馆：《贵州清镇平坝汉至宋墓发掘简报》，《考古》1961年四期）。

故宫博物院藏的凤纹长方盒是一件明代纯色漆画的实例。盒长约二〇厘米，宽约一一厘米，高约一〇厘米，朱漆地。上面纯用黑漆画双凤及缠枝的月季花纹，凤身上的细毛，略用黑漆疏疏剔出。花纹流动婉美，艺术价值很高。从图案及漆质和断纹来看，是明代中期或更早的制品。这种髹饰方法既省工省料，效果又好，并适宜用它来表现我国民族风格的图案，是值得现代漆工学习绘制的。

〔没骨〕（襄按：所指为没骨设色漆画。没骨画是不用墨笔勾勒，而是直接用色笔点染成的画法。）没骨漆画，也是不用黑漆勾轮廓，而直接用各种色漆画成的（95 彤质描漆，"先以黑漆描写，而后填五彩"，便与此不同）。

〔朱质朱文〕所指为朱质朱文漆画，即在朱漆地上用朱漆画花纹。

〔黑质黑文〕所指为黑质黑文漆画，即在黑漆地上用黑漆画花纹。

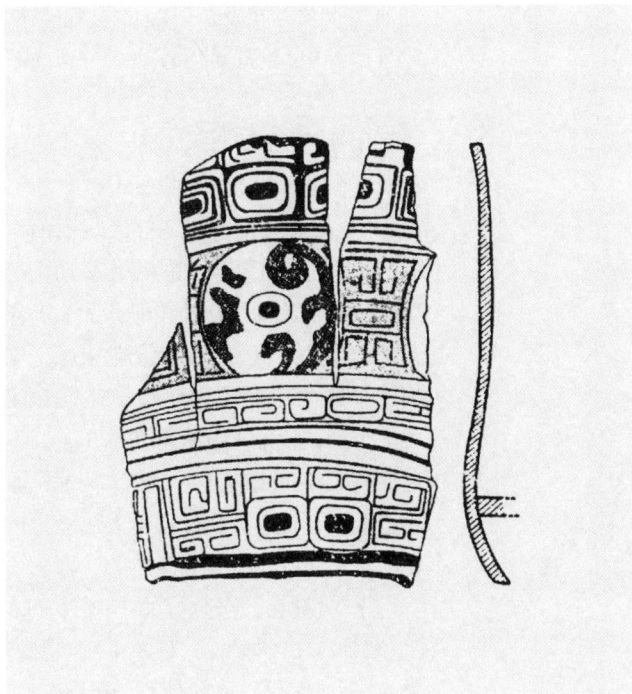

图一二　湖北圻春出土西周漆画杯

以上两种漆画，花纹和地子同色，仗着花纹比地子略高，故隐约可见。如迎光照着看，花纹便相当清楚。这种做法，自然不及纯色漆画或设色漆画花色分明，但它的趣味，却以朴雅见长。

97 描油，一名描锦，即油色绘饰也。其文飞禽、走兽、昆虫、百花、云霞、人物，一一无不备天真之色。其理或黑、或金、或断。

如天蓝、雪白、桃红则漆所不相应也。古人画饰多用油，今见古祭器中有纯色油文者。

〔描油〕就是用油代漆，在漆器上画种种花纹的做法。油与漆不同，用油任何颜色都调制得出，所以说"无不备天真之色"。"其理或黑、或金、或断"，是说描油的花纹，上面的纹理有的用黑色勾，有的用金勾，有的是铲划出来的。它们的全称当作："黑理钩描油"，"金理钩描油"，"划理描油"。

〔如天蓝、雪白、桃红，则漆所不相应也〕漆无论如何炼制，总不能明透如水，所以天蓝、雪白、桃红等色，都是无法配制的，只有用油才能调出。

〔古人画饰多用油，今见古祭器中有纯色油文者〕《三礼图》："洗，其

外油画水纹菱花及鱼以饰之。又鸡彝，此舟漆赤中，惟局足内青油画鸡为饰。"（寿 52）

用油色作画，来源颇早，不少战国漆器有白色及浅黄色的彩绘（见 95 所引各例），用漆无法调制，应当是用油调成的颜色。至于当时用的是什么油，很可能不是桐油而是荏油（即苏子油）或其他植物油。因为从古代文献来看，桐油在油漆工中的使用要晚于荏油和胡桃油（即核桃油）及大麻子油（见 16）。这些有关漆工史的问题，有待从古代器物上取样，运用现代的科学方法进行精密的化学分析才能得出答案。

至三国时，曹魏有言密陀僧漆画事（据郑师许《漆器考》。但郑未注明材料来源，出处待查）。密陀僧是一种氧化铅，入油起促进干燥的作用。有人认为密陀僧一名来自波斯，故用它调油或许也是从外国引进的。而日本之有密陀绘则可以肯定又是从中国传往的。

北魏司马金龙墓出土的屏风（见95），用油彩较多，从这一点来说，也是一件描油的实例，并很可能就是一件密陀绘，确否也待分析研究。唐时的实例，则有七世纪的日本密陀绘玉虫厨子。厨子的结构，日人田边泰认为是承袭我国六朝式的衣钵（刘敦桢译：《玉虫厨子之建筑价值并补注》，《中国营造学社汇刊》三卷一期）。

从厨子台座的彩绘施身闻偈、舍身饲虎等图及厨门的菩萨来看，与隋或初唐时期敦煌的壁画又有相似之处，说明了它在制作及画法上受中国的影响。此外正仓院还藏有彩描花鸟纹的密陀绘箱，画黄色山水花鸟人物的密陀绘盆等。它们可能是中国运往日本的描油漆器。据日人小野胜年的报道，上述正仓院所藏器物，用荧光照射的结果，已明确知道两种情况："一是在一开始就在油彩中混入了密陀僧；一是在彩绘以后再涂密陀油。"（《日唐文化关系中的诸问题》，《考古》1964年十二期）

沈周《石田杂记·笼罩漆方》，是明代调油漆用密陀僧的记载（见 35）。清《圆明园内工汇成油作则例》有关煎光油加密陀僧的条款："煎光油，每百斤用：山西绢一尺，黄丹八斤，土子八斤，白丝二两四钱，陀僧五斤，木柴五十五斤。"可见油内加密陀僧的炼制方法，我国一直是在使用的。

承沈从文先生见告，中国历史博物馆藏有明清时期山西制的漆柜门多件，多数为油色彩绘，画法大胆而精美，反映了民间画工的成就。

清制黑漆描油蝶纹圆盒，因油彩上施金，依本书应作为扁斓门金里钩描油（见 142）的实例，但这里也可以参证。

98 描金罩漆，黑、赤、黄三糙皆有之，其文与描金相似。又写意则不用黑理。又如白描亦好。

今处处皮市多作之。又有用银者，又有其地假洒金者。又有器铭诗句等以朱或黄者。

〔描金罩漆，黑、赤、黄三糙皆有之，其文与描金相似。又写意则不用黑理，又如白描亦好〕描金罩漆，有以下各种做法：（一）黑糙描金罩漆，（二）赤糙描金罩漆，（三）黄糙描金罩漆。它们的花纹，又有黑理勾、写意和白描等不同的画法。黑理勾描金罩漆是在漆地上画金色花纹，花纹上勾黑色纹理，上面再上透明的笼罩漆。写意描金罩漆是在用金色作花纹后，即上笼罩漆，花纹上面不用黑笔勾纹理。白描描金罩漆是用金色画花纹轮廓，以线条为主，不像一般的描金罩漆，花纹的组成是由金色的片或面，用笔涂抹出来的。

清初的花卉龙纹大箱是一件赤糙黑理勾描金罩漆的实例。箱长八六厘米，宽五六厘米，高五七厘米。箱盖顶开光，中画牡丹海棠，光外四角画缠枝莲纹。正面及两侧面各用缠枝莲纹作地，上压双龙。背面画花卉，正面铜饰鎏金细刻龙纹，两侧铜环也有镂饰。花纹的画法是在朱漆地上用金胶作描绘，贴金后，黑漆勾纹理，最后通体罩漆。龙的形象长喙细身，有明代的风格。从图案来看，当是康熙时期的制品。

北京的大鼓锣架（参阅91）往往用银箔来做描金罩漆，效果与金箔同。一般鼓的做法为"银箔开墨"，即在朱漆地上用金胶涂成龙形，贴银箔，墨笔勾纹理，最后罩漆。依本书的名称则仍为赤糙黑理勾描金罩漆。

〔今处处皮市多作之〕指皮胎描金罩漆的器物。实例如故宫博物院藏约为清代中期制品的山水人物小盘。现在能见到的往往是用这种方法做成的小箱匣。从实物数量之多及其中有新有旧的情况来看，它的生产地区相当广，现在广东及山西还在制造。箱匣以皮作胎，上面刷红漆或黑漆作地，漆上用金（一般的商品，可能用锡末代替真金）画花纹。花纹比漆地略高，尤其是成片的山石，用手指可以扪摸得出。花纹上面再用黑色钩，最后罩笼罩漆。仔细观察，所用黑色是墨而不是漆。花纹题材以山水楼台兼有许多人物的图样较为常见。实例曾见西湖景小箱，景物将画面布满，上面还标注南高峰、北高峰、雷峰塔等字样，富有民间图案趣味。这种皮胎小箱匣，是晚清民间的日用品。

〔又有用银者〕即罩漆之下用银画而不用金，全称当作"描银罩漆"。

〔又有其地假洒金者〕即用金银箔飞片作地子（见92），上面再画描金花纹。全称当作"假洒金地描金罩漆"。

〔又有器铭诗句等以朱或黄者〕器物上不以图画为题材，而写铭文诗句（如金石铭刻、瓦当、碑帖等文字），用文字来代替图绘，作为装饰。铭文及诗句既用朱或用黄，依常法来推测，漆地以黑糙为宜。赤糙、黄糙则容易与纹饰相混。严格说起来，它们既不用金描写，本不应列入描金罩漆一类。可能因为做法与描金相近，所以杨氏在此顺便提到它。

99 填嵌第七

五彩金钿，其文陷于地，故属阴，乃列在于此。

这一门类所包括的范围是相当广的，凡是在漆面上刻花纹，然后用漆或金、或银、或螺钿等物填嵌进去的；或用稠漆在漆面做出高低不平的地子，然后用漆填入磨平的，都列入这一门类。惟有铴金、铴银等做法，被另辟作铴划门（见130）。

关于这一门类漆器的各种名称见附表五。

100 填漆，即填彩漆也。磨显其文，有干色，有湿色，妍媚光滑。又有镂嵌者，其地锦绫细文者愈美艳。

磨显填漆，黀前设文。镂嵌填漆，黀后设文，湿色重晕者为妙。又一种有黑质红细文者，其文异禽怪兽，而界郭空闲之处，皆为罗文、细条、縠绉、粟斑、叠云、藻蔓、通天花儿等纹，甚精致，其制原出于南方也。

〔填漆〕《遵生八笺》："宣德有填漆器皿，以五彩稠漆堆成花色，磨平如画，似更难制，至败如新。"《帝京景物略》："填漆刻成花鸟，彩填稠漆，磨平如画，久愈新也。"（寿53）❶

〔即填彩漆也。磨显其文，有干色，有湿色，妍媚光滑。又有镂嵌者，其地锦绫细文者愈美艳〕〔磨显填漆，黀前设文。镂嵌填漆，黀后设文，湿色重晕者为妙〕本文和杨注都讲到填漆有磨显和镂嵌两种做法。杨注还补充了磨显和镂嵌在技法上的差异，即磨显填漆在做完糙漆之后，未做黀漆之前就做花纹；镂嵌填漆则待黀漆做完之后再做花纹。按填漆必须有低陷的花纹，才能把色漆填进去。低陷花纹的取得有两种办法。一种是在漆地上先用稠漆堆起阳文轮廓，轮廓之内便形成低陷的花纹。一种是在漆地上直接镂刻出低陷的花纹。前者除了用色漆填轮廓之内，还须填轮廓之外，这样方能通体平齐；后者则只要把低陷的花纹填平就行了。前者的做法既然原有的漆地会全部压盖在后来的漆层之下，自然不必枉费工料待做完黀漆之后再做花纹。后者则因只在低陷的花纹内填漆，所以有必要在做完黀漆之后

再做花纹。根据以上的理解，可知磨显填漆是用先堆后填的方法做成的，镂嵌填漆是用刻而后填的方法做成的；同时也明白了为什么一在黀前、一在黀后设文的道理。前曾访问北京匠师，据称只知镂嵌填漆之法，而且认为在填漆干固之后，仍须有一定的磨工才能纹地分明。至于先堆后填的做法，北京久已无人制作，具体方法已不详，据推测所需磨工要比镂嵌填漆用得更多。可能正因如此，所以黄氏名之为磨显填漆。❷

黄氏还讲到填漆有干色、湿色之分。湿色即用颜料调成色漆，填入花纹。干色当是在低陷的花纹内上清漆，再将色料粉末干敷粘填进去。❸惟北京匠师称多年以来只知用湿色。干色的具体做法待考。

据前引本文末二语，可知"其地锦绫细文者"是指镂嵌填漆而言。从实例来看，不论是否加铴金细钩（见148、149），锦文多经镂刻填漆制成。若就工艺操作而言，镂刻锦文也比堆写锦纹容易齐整。因此用镂嵌来做带锦纹地的填漆，应当是常规的做法。

除单纯的填漆之外，还有在填漆上再加铴金的做法，依本书的命名当为"铴

❶《遵生八笺》讲的是磨显填漆，黀前设文。《帝京景物略》讲的是镂嵌填漆，黀后设文。

❷ 磨显填漆品种繁多，彰髹中的斑漆、犀皮和沈福文先生说的研磨彩绘、日本的某些莳绘均属此。镂嵌填漆，用刀刻掉两层黀漆，用生漆调色粉刮嵌到花纹内，有刮两三次者。刮色有重晕者，刮嵌色漆干后，仍须研磨推光。重晕者研磨后现出类似斑漆的花纹效果。

❸ 山西擦色即干着色，日本称色粉莳绘。

❹ 梵文缠枝莲纹填漆盒，文质齐平，即沈福文先生所谓的"研磨彩绘"。我曾称之为"勾填研绘"。

❺ 据描述，蕉叶饕餮纹大瓶不像是一件干着色漆器。

70

金细钩填漆"（见149），列在魆斓门。

磨显填漆举以下三例：

（一）明梵文缠枝莲纹圆盒　故宫博物院藏。盒径八点五厘米，高四点四厘米，天覆地式，暗红色地。盖顶平面正中填嵌深紫色莲花一朵，旁浅紫色莲花四朵及梵文四字，绿色叶，黄色枝。花叶周匝用黄色线条镶边，但不甚经意，与花叶时有出入。表面平滑，无镂刻痕迹。立墙绕莲纹一圈，做法与盒面同。此盒在齐整中有洒逸的意趣，从图案的风格来看，当为明代制品（图一三）。

（二）清梵文缠枝莲纹三撞委角方盒　盒约九厘米见方，连盖凡四层，红色地，用淡黄、紫、蓝等色漆填出莲花，淡绿漆填出枝叶。盖顶正中有梵文，用莲瓣围簇成为团花。花纹周匝一律用浅黄色漆线镶边。图案设计显然是受了上述一类填漆小盒的影响，但花纹细谨工整，是乾隆时代的风格。此盒亦为故宫博物院藏品。❹

（三）乾隆款云龙纹碗　故宫博物院藏。碗撇口式，径二〇厘米，高七厘米，在鲜红色地上填嵌赭色龙纹。龙头密布红色细点，龙身用浅黄色线界出鳞片。云纹填彩漆，有黄色漆线镶边。足内黑漆，刀刻填金"大清乾隆年制"款。

从上述三例可以看出围着花纹轮廓都有黄色漆线。它能使图案更加明朗突出，与其他漆器花纹所使用的铙金，钩理或划理，所起的作用是相同的。据推测黄色漆线就是用稠漆在糙漆上堆出来的阳文轮廓。

故宫博物院藏有清蕉叶饕餮纹大瓶，是一件用漆器来摹仿铜胎掐丝嵌珐琅（即景泰蓝）的作品。经与本条印证，可能就是一件所谓干色填漆的漆器。❺

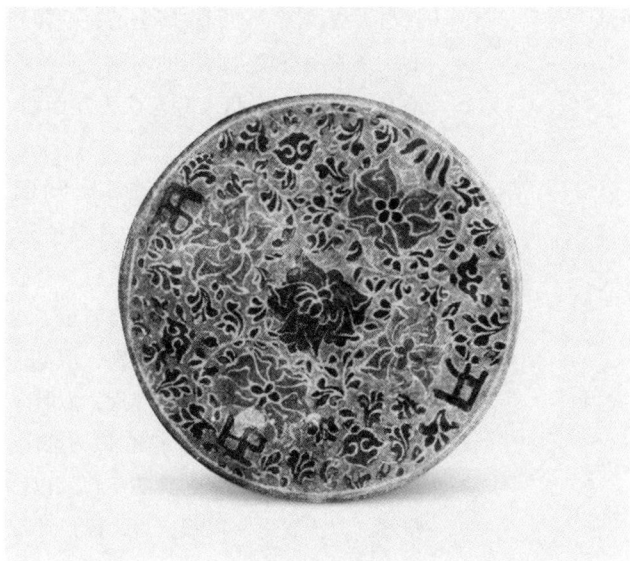

瓶高六一厘米，径四三厘米，肩上镶着兽面衔环的鎏金铜耳，天蓝色地，口及底足各有粉红色回文一圈。在颈部的蕉叶形框格内，垂下变体的红色回文。肩部有红色的团形螭龙纹。腹部的大形蕉叶内为红色的饕餮纹。蕉叶之外，用六角形的锦纹布地，锦纹由白、紫、黄三色组成。从花纹的残缺处可以看出变体回纹、螭龙纹及饕餮纹都先刻成低陷的图案，然后用红色的色料填嵌。据推测，在填嵌之前当先上清漆，以便色料粘着。最后沿着花纹用金色勾描来取得嵌铜丝的效果。此瓶大量采用了油色，同时又加了金钩，这是黄氏本文及杨注所没有提到的。因未能找到干色填漆的恰当实例，姑且将它提出来作参考。

〔又一种有黑质红细文者〕据杨注，这种做法多作鸟兽等花纹，界郭（即轮廓之意，见103"又有片嵌者，界郭理皱，皆以划文"）空闲之处，用各种细纹填实，并谓其制原出于南方。查此种实物过去在北京文物店中偶尔能看到，多为黑漆皮胎，划纹很细，填色漆，以朱色为主。

❶ 贵州大方现在生产的是皮胎隐花漆器，属磨显填漆一类。

它与一般填漆的不同在所填的只是勾划的线条而没有较大面积的剔刻。它的产地有人认为在贵州，有人认为在山西。实际上是两地都有。

清田雯在《黔书》中讲到贵州的漆器："盘、盂、盅、盏之属，凡数种矣，壶为善。……用水牛皮，牝者首，牡者亚焉。阔者贵，狭者贱焉。竖者上，皴者次焉。以水浸之，燔毛刺肉，取其泽且平也。以火烘之，龟文缦理，取其干且厚也。以木张之，以啮定之，以刀削之，而后膏以楅髹焉。膏之其功十也。以沙覆之，以土窨之，以石砮之，而后绘以文采焉。绘之其色四也，四色皆和漆成之。首则黄，盖色之正者，故首也。……黄以石黄，绛以灌口沙，碧色合靛青、石黄而一之，羊肝色兼黄、朱、靛而三之。镂车铁笔，花鸟赋形，斫轮承蜩之技也。雕虫镂卉，运斤成风，崔青蚓、边鸾之手也。"从文中"铁笔"、"镂卉"等字句来看，贵州所生产的确为皮胎雕填漆器。❶

又于 1957 年秋全国工艺品展览会上，看到山西的展品中有皮胎雕填漆器，与上述所谓黑质红细文者，非常相似。产自山西之说，也得到证实。

黑质红细文填漆可以故宫博物院藏的瓢形鹰食具为例（一般鹰食具都用椰子壳做成，俗称槟榔瓢，此则用漆器仿制），皮胎黑漆，上有花卉纹。凡花、叶轮廓都以黄漆填成，叶筋填绿漆，花筋填红漆。划文很细，似乎是用钩刀或锥子一类的工具划成的。

清花鸟纹填漆皮胎椭圆盒，长径一〇点五厘米，短径七点五厘米，高五厘米。盒面为牡丹纹，立墙为水仙纹，各有长尾禽飞翔其间。划文设色与前例同，但更富有民间气息。

我国的另一种填漆器，形制、技法和缅甸漆器（见 186）都很相似。承沈从文先生见告，是云南耿马一带兄弟民族的制品，它说明了中、缅漆器在血缘上的关系。实例如舞女圆盒。盒径一八点五厘米，底座略大，径一九点五厘米；高一八点五厘米。盒内有屉两层。盒胎以木片圈成，外加篾条缠束。盖顶微微隆起，外形略似战国、西汉的漆奁，花纹主要刻填在盖顶上面，八个人物中有戴面具的男子、鸟首人身的怪物各一，其余是舞蹈的女子，都用红色间黄色漆填成。花纹意义待考，可能是神话传说故事。立墙有一圈由鹦鹉组成的图案。盒底填波浪纹，无文字题识。

杨注列举了七种细纹的名称，都在黑质红细文填漆中可以看到，是用来填补花纹之外的地子的：

〔罗文〕指有网目的细纹，即用尖刀划成小方格，如罗的经纬。157 杨注指出罗纹地"有以刀雕刻者"。

〔细条〕平行的细线条纹，如上举皮胎两例所用。

〔縠绉〕有弯屈起伏的细纹。102 彰髹中有绉縠纹。

〔粟斑〕用小圆圈组成的细文，如粟粒之状。102 彰髹有粟斑。

〔叠云〕可能为用云钩的笔法划成的细纹。102 彰髹中有叠云斑。

〔藻蔓〕可能为形似水草的细纹，攒簇如画松针。

〔通天花儿〕形态待考。

101 绮纹填漆，即填刷纹也。其刷纹黑，而间隙或朱、或黄、或绿、或紫、或褐。又文质之色，互相反亦可也。

有加圆花文，或天宝海琛图者。又有刻丝填漆，与前之刻丝花，可互考矣。

〔绮纹填漆〕它的做法是在做漆地时，故意留有刷痕，上面再上一道与这地子不同颜色的漆，填入刷痕，最后磨平。在磨平后，刷痕高处，露出地子的漆色。刷痕低处则存在着色漆，未被磨去，于是出现了不同的色彩，纹理也格外清楚。此法与 84 刷丝杨注所谓"黑漆刷丝，上用色漆擦被"的做法，在效果上有相似的地方。因杨注又说："良久至色漆摩脱见黑缕，而纹理分明，似稍巧也。"不过二者有一个原则上的不同：即刷丝使用日久，无意中刷丝高处的色漆被摩脱，露出黑漆来，实际上它的刷迹纹尚在，表面上不是平滑的，所以列在纹𫐐门（见 83）。至于绮纹填漆则在填色漆后，用人工将刷痕磨平，表面上是光滑的，所以列在填嵌门。

〔其刷纹黑，而间隙或朱、或黄、或绿、或紫、或褐。又文质之色，互相反亦可也〕这说明了绮纹填漆在色彩上的变化：如黑刷纹填朱漆、黑刷纹填黄漆、黑刷纹填绿漆、黑刷纹填紫漆、黑刷纹填褐漆等等。倘质与文的颜色再对换一下，即所谓"互相反"（指朱刷纹填黑漆、黄刷纹填黑漆，依此类推）；或以色漆作刷纹，再填以其他的色漆，那么变化就更多了。

〔有加圆花文，或天宝海琛图者〕这是指用刷纹刷出圆花纹或其他图案，填色漆，再磨平，使绮纹刷漆带有图案的装饰。圆花纹，名称很笼统，似乎指一般团形的花纹图案。天宝海琛图可能

即一般明代漆器及锦绣中常见的珊瑚、银锭、方胜、珍珠等等，通称"八宝"，或"八吉祥"，或"杂宝"。曾见清初时的黄花梨圈椅，其椅背板上浮雕花纹，刻银锭、珠子等，皆生双翼，飞在天空，而下面海水内有珊瑚、方胜等物，与天宝海琛之称相合。

〔刻丝填漆〕即在 86 刻丝花的刷痕中，再填色漆，然后磨平。刻丝花的地子与花纹，颜色本已不同。刷痕之中再填色漆，就使它的色彩更加繁复了。

按，填嵌门中除绮纹填漆外，尚有彰髤（见 102）和犀皮（见 106），都是利用不平的漆面，上面填漆，然后磨出纹理来的。凡是属于这种做法的，日本都称为"变涂"。沈氏《漆工资料》中讲到"绞漆花纹"，与上述各种漆器在做法上原则是相同的。他的方法是：

用生漆 65%，生鸡蛋清 35%，调拌做成厚漆，用细麻布做成球状，把厚漆打印在中涂漆的盘上，然后用麻布球在厚漆面上全部绞转成花纹，或用小漆刷刷出各种自然花纹，因漆浓厚，到干燥时仍能保持高低不平的绞痕。

第二步，在绞花纹面上，用棉花擦一层薄生漆，全面贴上金箔。

第三步，待金箔下的漆干燥后，全面髤涂半透明漆，放入温湿室使它干燥。

第四步，透明漆干燥后，经过打磨平顺，高处将金箔磨除，低处保存半透明棕色漆和金箔，显出有趣的花纹。

第五步，依照推光办法，显出光亮，

就算成功了。

102 彰髹，即斑纹填漆也。有叠云斑、豆斑、粟斑、蓓蕾斑、晕眼斑、花点斑、秾花斑、青苔斑、雨点斑、彣斑、彪斑、玳瑁斑、犀花斑、鱼鳞斑、雉尾斑、绉縠纹、石绺纹等。彩华璘然可爱。

有加金者，璀璨炫目。凡一切造物，禽羽、兽毛、鱼鳞、介甲，有文彰者皆象之，而极仿模之工，巧为天真之文，故其类不可穷也。

本条所列举的各种斑纹名称，都是依其形似而得名的。它们所形似的，不是整体的物象，如花、鸟、鱼、兽等等，而是物象中某一部位的纹理。所以杨注说："凡一切造物，禽羽、兽毛、鱼鳞、介甲，有文彰者皆象之。"

彰髹的做法是先用引起料（见20）将漆地印出不平的痕迹。由于引起料有多种多样（如豆壳、粟壳等。20杨注"多禾壳之类"），所以印出的痕迹也不同。在不平的漆地上，填色漆。色漆或一色，或几色，亦视斑纹的要求而定。最后磨平，现出彩华缤纷的斑纹。155"细斑地诸饰"有几句杨注，可以移过来作本条的注解："所列诸饰，皆宜细斑地，而其斑：黑、绿、红、黄、紫、褐，而质色亦然，乃六色互用。又有二色、三色错杂者。又有质、斑同色，以浅深分者，总揩光填色也。"可知漆地及斑纹都可以用各种不同的颜色来做。斑纹也可以用两种或两种以上的颜色来做。又有漆地和斑纹同色，但在做法上则色调深浅不同（如漆地用深绿，斑纹用浅绿，或相反。他色可以类推）。总之彰髹的变化繁多，所以杨注说"其类不可穷也"。

斑纹名称，经列举者有十七种。我们因缺乏实例，很难说出每一种的具体形态，只能从它们的命名知道一个大概。

〔叠云斑〕100黑质红细文填漆讲到用叠云纹填界郭空隙之处。

〔豆斑、粟斑〕做此种彰髹，可能用豆壳及粟壳做引起料，使漆面不平。填漆后磨出斑纹，即以豆斑、粟斑为名（参阅20）。

〔蓓蕾斑〕87杨注"蓓蕾其文簇簇"，蓓蕾斑当为细密的圆形斑点。

〔晕眼斑〕可能由斑中套斑而得名。

〔花点斑〕形似花瓣的斑纹。

〔秾花斑〕87蓓蕾漆注"秾花其文攒攒"，当也是一种细密的斑点。

〔青苔斑〕可能为绿色的彰髹。

〔雨点斑〕形似雨点的斑纹。

〔彣斑〕彣，音文，《广韵》："青与赤杂"为彣，可能是由青赤两色组成的彰髹。

〔彪斑〕彪，虎文也。可能为模仿虎文的彰髹。

〔玳瑁斑〕玳瑁，龟类，甲光滑，有斑点花纹，可制装饰品。用它来做框架的眼镜，俗称玳瑁眼镜。其色有多种，或黄紫相间，或黄黑相间。玳瑁斑指花色似玳瑁的彰髹。宋代唐积《歙州砚谱》也有玳瑁斑之称。

〔犀花斑〕指花色似犀角斑纹的彰髹。《本草纲目》兽部犀条："犀角纹如鱼子形，谓之粟纹。纹中有眼，谓之粟眼。

❶ 匋嵌、陷蚌、坎螺是
三种不同的嵌法。其
中的陷蚌，应是挖嵌。
古今有镌钿，即螺钿
浮雕花纹，是挖嵌。
厚钿，平磨螺钿，片厚，
如素描纸厚薄，属坎
螺。其嵌法是在粗灰
底上嵌螺象；上中灰，
磨显；上细灰，磨显；
上中涂黑漆，磨显；
上麩漆，磨显；推光
后完成。匋嵌属薄钿，
嵌法是在磨退麩漆面
上镶嵌螺象；再麸黑
漆，磨显其文，推光
后完成。点螺做法与
此相同。

黑中有黄花者为正透，黄中有黑花者为倒透，花中复有花者为重透。并名通犀，乃上品也。花如椒豆斑者次之，乌犀纯黑无花者为下品。"

〔鱼鳞斑〕形似鱼鳞的斑纹。

〔雉尾斑〕雉尾有金黄与黑色相间的斑纹。

〔绉縠纹〕100 黑质红细文填漆有縠绉纹，用以填界郭空闲之处。

〔石绺纹〕87 蓓蕾漆杨注"海石皴其文磊磊"。

故宫博物院藏有清代制的长方形及圆形小盒，圆盒底如盆，口有平沿，径约一三厘米。盖作半球形，径约九厘米，顶有圆纽。它的表面用蓝、灰、黄等色漆绞成不规则的纹理，若行云流水，近似犀皮（见 106），但花纹较大，乍看似由漆刷蘸不同色漆转着抹成的。但细看盒盖的边缘露出紫色的下层漆地，说明它最后经过研磨，而花纹不完全是用刷抹的方法做出的（与瘿木漆的做法不同，参阅 160）。经与本条相印证，它是比较接近彰髹的一种漆器。有人认为这两个盒是刷丝（见 84）。刷丝的特点是表面有微微高起的刷迹纹，所以本书列入纹𪏛门。此盒表面光滑，显然不是刷丝了。

103 螺钿，一名甸嵌，一名陷蚌，一名坎螺，即螺填也。❶百般文图，点、抹、钩、条，总以精细密致如画为妙。又分截壳色，随彩而施缀者，光华可赏。又有片嵌者，界郭理皴皆以划文。又近有加沙者，沙有细粗。

壳片古者厚，而今者渐薄也。点、抹、钩、条，总五十有五等，无所不足也。壳色有青、黄、赤、白也。沙者壳屑，分粗、中、细，或为树下苔藓，或为石面皴纹，或为山头霞气，或为汀上细沙。头屑极粗者，以为冰裂纹，或石皴亦用。凡沙与极薄片，宜磨显揩光，其色熠熠，共不宜朱质矣。

〔一名陷蚌〕《通鉴·陈纪》："上性俭素，私宴用瓦器蚌盘。"注："蚌盘者，髹器以蚌为饰，今谓之螺钿。"《洪武正韵》："陷蚌曰螺钿。"方勺《泊宅篇》："螺填器本出倭国，物象百态，颇极工巧，非若今市人所售者。"（寿 54）

〔钿〕钮树玉《说文新附考》："钿，《广韵》下平一先，钿，金花；又去声，三十二霰。钿，宝钿，以宝饰器。"故知螺钿漆器之钿，当读作去声。北京一般读钿作电，与钮说正合。

〔坎螺〕《周易·说卦》："坎为水，为沟渎，为隐伏。"《周易·序卦》："坎者，陷也。"所以"坎螺"等于"陷螺"。

查我国用蛤蚌壳来作器物的装饰，起源甚早，周代早已流行。《诗经·小雅·瞻彼洛矣》："鞸琫有珌。"毛传："鞸，容刀鞸也。琫，上饰；珌，下饰也。"是说用蛤蚌壳作刀鞘的装饰。《尔雅·释器》："弓以蜃者谓之珧。"《尔雅·释鱼》："蜃小者珧。"郭璞注："珧，玉珧，即小蚌。"是说用蛤蚌壳作弓的装饰。嵌蚌壳的漆器，1964 年在洛阳庞家沟西周墓中发现套在瓷豆之外的镶嵌蚌泡的朱黑两色漆器托（图一四）是现知较早的实例（洛阳博物馆：《洛阳庞家沟五座西周墓的清理》，《文物》1972 年十期）。同类制法的漆豆，外壁镶蚌泡六枚，在三门

图一四 洛阳庞家沟西周墓出土嵌蚌泡漆托

峡上村岭虢国墓地也有发现（考古研究所：《上村岭虢国墓地》，1959年，科学出版社出版）。其时代约在西周、东周之间。唐代漆背嵌螺钿镜，更为常见。所以宋代方勺《泊宅篇》"螺填器本出倭国"之说是不可信的。日本山野喜太郎在《正仓院刊》第十二章中便认为螺钿漆器虽有于宋时由日本传入中国之说（见朱桂辛先生《漆书》卷九译文），而实在是在更早的时期由中国传入日本的。

〔点、抹、钩、条〕见38。

〔壳片古者厚，而今者渐薄也〕螺钿壳片，取材于钿螺、老蚌、车螯、玉珧各种不同的贝壳（见14），所以原料本身，有厚有薄。但原料虽有多种，螺钿漆器，大体上可以分为厚螺钿与薄螺钿两类，北京漆工及文物业统称壳片厚的为硬螺钿，薄的为软螺钿。❶厚螺钿只宜于填嵌家具及胎骨较厚的漆器。轻巧薄胎的器物，总是嵌薄螺钿。但明、清两代的漆案、琴桌、柜架等大件家具，也有嵌薄螺钿的。大体上说来，嵌螺钿古代多用厚片，现在所能见到的唐代漆背嵌螺钿铜镜，便属于厚螺钿一类。薄螺钿在1970年元大都遗址发现漆盘残件之前，还举不出确实早于明代的实例。到明中叶以后，薄螺钿就非常普遍了。

所以说"古者厚而今者渐薄"，是符合事实的。黄氏称"总以精细密致如画为妙"，主要是指薄螺钿而言的。厚螺钿比起薄螺钿来，在精细密致的程度上，总要差一些。

厚螺钿漆器现在北京还大量生产，薄螺钿漆器北京已失传。但从全国范围来看，还有几处能制造❷（见146）。

〔又分截壳色，随彩而施缀者，光华可赏〕〔壳色有青、黄、赤、白也〕厚螺钿有洁白如玉的，有微微发黄作牙色的。薄螺钿有青色闪绿光的，有淡青色（近似灰白）闪红光的，有深青色闪蓝光的。"分截壳色，随彩而施"是说在花纹画面的不同部位，有意识地采用不同色泽的螺钿，镶嵌进去，使它起到近似设色的效果。此法将于后面实例中谈及。

〔又有片嵌者，界郭理皴皆以划文〕不问厚螺钿或薄螺钿，除极粗劣者外，一般都有划文。螺钿的嵌片，总是依照物体各个部位的形状来裁切；所以各片拼合的线缝，都成了画面的线条。但这些线条，不能将物象完全表现出来，许多地方，必须加划文。如花叶的须筋，树石的皴擦，禽兽的羽毛，人面的眉眼口鼻，衣服的皱褶，都是要用划文的。即纯粹图案性的厚螺钿，也往往沿着轮廓周缘加划纹，用来显示花纹的组织并增强线条的感觉。

〔又近有加沙者，沙有细粗〕螺钿加沙（即碎屑），薄螺钿器多用此法。关于用沙所表现的物体，杨注讲得相当详细，与传世的实物，完全符合（见后并参阅56）。

又有一种黑漆地通身嵌螺钿屑的，明、清的砚台盒往往用此种做法。故宫博物院藏的万历黑漆架格，高一七五厘

❶ 在有弧度的面上嵌较大片的螺钿须用软螺钿。薄钿片要它软，用白醋浸泡一定时间即可。

❷ 现在山西、扬州均能做薄螺钿漆器，两地均称之曰"点螺"。

❸ 唐镜为平磨螺钿，在漆灰底上就嵌螺钿花纹。

米，虽用描金云龙及花鸟作纹饰，但遍体洒嵌钿屑，是粗壳沙地漆器的例子。

〔共不宜朱质矣〕螺钿漆器以黑漆地最为常见。厚螺钿有时用朱漆作地，朱漆地嵌薄螺钿尚未见过。质地宜黑不宜朱，正是前代漆工总结出来的经验。

下面举几件螺钿漆器的实例：

（甲）厚螺钿

（一）唐人物花鸟纹嵌螺钿镜 1955 年在洛阳 16 工区 76 号唐墓发掘出土。❸它是一件标准唐代的嵌螺钿器（厚螺钿）。据河南文物工作队《唐墓清理简报》称：镜"直径二五厘米，背面有带孔圆钮，并以螺钿镶嵌成一幅图画：上部是一棵花树，树梢有一轮明月，树叶丛中两侧有飞翔的小鸟，树左旁蹲着一只猫，树干两边各有一只似在鸣舞着的鹦鹉。在钮的左侧有一坐着的老者，手弹琵琶（襄按：系阮）；右侧一老者左手持杯，面前放一鼎一壶，背后立一女子，双手捧盒，作侍奉状。再下面有仙鹤、水池，水池旁和水池内有鸳鸯站着和游着。在画面的空间，错落地飞满了花瓣（襄按：可能为地上的植物）。整个形象极为生动，衣纹、须发、羽毛刻划精细，花纹间并填漆，是一件具有很高艺术价值的文物"。（《文物参考资料》1956 年五期）

从图中可见花树之间及花心的漆地上有红绿色的碎点，可能是用壳屑及石质颗粒做成的。如果是的话，那么唐代厚螺钿已有加沙的例子了。

（二）明缠枝莲纹嵌螺钿黑漆长方盘 长三一厘米，宽一九厘米，高四厘米。黑漆嵌牙黄色螺钿。从盘边一片螺钿脱落的槽，可看出壳片的厚度约一点五毫米。盘中心开光，嵌缠枝花八朵，

上承八宝。底足内红漆。此盘做工虽不精细，但颇有豪放厚拙之趣，可作为明代厚螺钿器的代表。

（三）卷草纹嵌螺钿黑漆龛 明代曹昭《格古要论》螺钿条讲到"宋朝内府中物及旧做者俱是坚漆，或有嵌铜线者甚佳"，而这个龛是带嵌铜丝的实例。龛有底座，但与龛身相连。底座长四六点五厘米，宽三二厘米。龛身长四三厘米，宽二六点五厘米。通高五五厘米。底座采用须弥座座脚的形式，凹入部分髹朱漆，使座脚的线条更加突出。龛门是一块平板，没有轴或绞链；关时先将门下缘装入龛口的浅槽，推入后与龛面齐平。龛内全部黑漆，中有横板，隔成上下两格。门表面用螺钿嵌出开光，光内布满卷草纹；螺钿作叶，缠枝用双根拧绞的细铜丝嵌成。四角嵌圆钱纹。两侧面的图案与门相同，背面黑漆无纹饰。此龛无款识，从漆质及花纹来看，当为清初时期的制品。

（乙）薄螺钿

（一）元嵌螺钿广寒宫图黑漆盘残件 残件直径约三十七厘米，1970 年在北京后营房元大都遗址中发现，是现在可以确信的一件元代薄螺钿器（考古研究所、北京市文管处：《元大都的勘查和发掘》，《考古》1972 年一期）。画面为一座两层三间重檐歇山顶楼阁，装格子门，平座上施勾栏。因出土碎片中有"广"字残迹，和景物印证，经定为"广寒宫"图。图后植树木，叶似梧桐丹桂。云气自阁下层腾空而上，掠过阁顶，上冲霄汉，与永乐宫纯阳殿元代壁画有相似之处。螺钿嵌法完全达到了"分截壳色，随采而施缀，光华可赏"的要求。如桂及额枋闪红光，屋瓦、树叶闪绿光，云气又红绿光相间，有随类赋彩，五色缤

纷的效果。从残件的艺术成就来看，可以相信在元代之前已经有比较成熟的薄螺钿器，实物有待进一步发现。

（二）明对镜图嵌螺钿黑漆盒 盒三撞，莲瓣式，分八棱，盖内径二五点五厘米，约为明代中叶时制品（1953年日本平凡社出版修订本《世界美术全集》第二十卷图版一一九）。从它的工细程度来看，是用薄螺钿嵌成的。盖面右侧嵌出华丽的厅堂。建筑物的每一部分，如柱子、格子门、屏风、栏杆、阶石、台基、地面、屋檐、斗拱等等，都有精致的文饰。堂左一楹，珠帘卷处，一妇人对镜正在理妆，案上置镜架、粉盒等用具，也都华好。中庭左下侧用栏杆围出花池，内植假山石及修竹数竿，花树一株。树正发花，一女子立方凳上拗枝欲折。又一女子捧瓶立在后面。画面布局妥帖，镂嵌精绝，是一幅动人的工笔画，使人联想到同一时期精刊的书籍插图。

（三）鹭鸳莲花纹嵌螺钿黑漆洗 故宫博物院藏。洗椭圆形，长三八厘米，宽二一点五厘米，高七点七厘米。偏在一边，有立墙将洗隔成大小两格，略似船形。洗内嵌鹭鸳莲花纹，洗外嵌石榴花纹，螺壳一律闪白光，不分色。它的特点是全部花纹都用窄条的螺钿嵌出，不用壳片，也无划纹，制造时代约在明中叶或稍晚。

（四）清洗茧图嵌螺钿黑漆墨盒 盒长二〇点三厘米，宽一八点八厘米，高三点一厘米。盒面嵌房屋一楹，屏风前坐一妇人（面部螺钿已剥落），与一幼女相对，正在洗茧。其右几案后一妇人，手有所指，似在对话。屏风及案面，都用细壳沙嵌成。屋左曲廊，窗棂敞处，见一童子。檐际夹叶树一株，用闪红光钿壳作干，闪绿光钿壳作叶。左下角山石两叠，前者用壳片嵌成，后者用螺钿作轮廓，内填闪红光壳屑。石上两树，一绿叶红干，一红叶绿干。屋后修竹一丛，水天空旷处，点缀飞燕一双。堂前阶砌及栏杆之下，以及远景坡陀，都用壳沙铺出苔藓。总的说来，此盒充分利用了"分截壳色"之法，使画幅有设色的效果。从形制来看，它是贮放墨锭的盒子，当是清代前期皖南徽州的制品。

精制的薄螺钿器多加金银片，依本书分类入嵌斓门（见 146）。

与厚螺钿的做法相似而本书没有提到的是一种在黑漆地上嵌骨质花片。辽宁北票北燕冯素弗（卒于 415 年）墓就发现过用菱形骨片嵌成几何纹图案的黑漆长方盒（黎瑶渤：《辽宁北票西官营子北燕冯素弗墓》，《文物》1973 年三期）。后来同一技法的作品又在骨片上划花纹，并用黑漆勾纹理。实例如故宫博物院藏清初黑漆嵌骨人物长方盒。

104 衬色甸嵌，即色底螺钿也。其文宜花鸟、草虫，各色莹彻，焕然如佛郎嵌。又加金银衬者，俨似嵌金银片子，琴徽用之亦好矣。

此制多片嵌划理也。

〔衬色甸嵌，即色底螺钿也〕《琴经》："蚌徽须先用胶粉为底，庶得徽不黑。"

衬色甸嵌是以透明的贝壳薄片作花纹，下面衬不同的颜色。因为彩色可以透过壳面，所以说"焕然如佛郎嵌"。按"佛郎嵌"，即铜胎掐丝嵌珐琅，统称景泰蓝。一般螺钿漆器的分截壳色，只限于壳片的天然色泽，衬色甸嵌则因钿下可以任意填色，等于人工的设色，所以能得到近似景泰蓝的效果。壳片下衬金银，也因它能色透壳面，故与嵌金

银差不多（参见 147）。琴面上的徽（即音阶的标识，计圆形的点十三枚），往往用金制成。如用衬金甸嵌，便很像金徽了。

除衬色甸嵌之外，曾见百宝嵌（见152）黑漆小方盘，部分花纹用透明的石质嵌成，下衬色彩，可称"衬色石嵌"。石质相当软，多经雕琢。局部花纹用牙色螺钿嵌成，但不衬色。

105 嵌金、嵌银、嵌金银。右三种，片、屑、线各可用。有纯施者，有杂嵌者，皆宜磨显揩光。

有片嵌、沙嵌、丝嵌之别。而若浓淡为晕者，非屑则不能作也。假制者用鍮、锡，易生霉气，甚不可。

〔嵌金，嵌银，嵌金银〕即用金或银的薄叶，镂切成物象花片，或再在上面加刻划纹理，贴在漆器表面，上漆若干道，使漆地与它齐平，然后再将花片磨显出来。

漆器上嵌金银为饰，似不应迟于铜器的金银错嵌。临淄郎家庄东周墓发现用针刺出蟠龙兽面纹的金箔，厚仅零点零四厘米，发掘者认为是漆器上的装饰（山东省博物馆：《临淄郎家庄一号东周殉人墓》，《考古学报》1977年一期）。如能证实，则漆工中的金银嵌工艺可上推到东周。不过战国或更早的、比较完整的金银嵌漆器尚待发现。

战国时已出现扣器，如成都羊子山172号墓出土的几件漆器。扣器就是用金属来嵌镶漆器的口，故不妨说扣器就是嵌金银漆器。它的进一步发展是从镶口的圆扣发展到粘贴在器盖上的叶片。光化五座坟第五号西汉墓（约武帝时或

稍晚）出土的漆奁（湖北省博物馆：《光化五座坟西汉墓》，《考古学报》1976年二期），海州侍其繇墓（西汉中晚期）出土的小漆盒（南波：《江苏连云港市海州西汉侍其繇墓》，《考古》1975年三期），盖上都有三叶纹或四叶柿蒂纹的银片装饰。及至器身上再粘贴金银薄片花纹，则和唐代所谓的金银平脱没有什么差别了。

1951年经考古研究所发掘的长沙211号西汉晚期墓（《长沙发掘报告》图版捌叁、捌肆）和1970年经广西壮族自治区文物考古组发掘的合浦西汉晚期墓（《广西合浦西汉木椁墓》，《考古》1972年五期），都发现从漆器上脱落下来的金箔片，有鸟兽等各种形象，极为生动。完整的器物则有西汉晚期霍贺墓出土的漆奁（南京博物院等：《海州西汉霍贺墓清理简报》，《考古》1974年三期图版肆），而以1962年在连云港网疃庄木椁墓（西汉末或东汉初）发现的八件漆器最为精美（南京博物院：《江苏连云港

市海州网疃庄汉木椁墓》,《考古》1963年六期)。以其中的长方形盒为例,高六厘米,长一四点九厘米,宽三点五厘米。夹纻胎,表面黑髹,赭红色里。盒盖盝顶式,正中嵌两叶纹银片,叶中镶玛瑙小珠。盒盖及盒底立墙嵌狩猎人物及鸟兽银片,形象简练逼真。银片以外空间,描绘朱漆云纹,纤细飞动,艺术价值极高。

从上举的几次发现来看,至迟在西汉中晚期已有嵌金银箔花纹的漆器。在江苏海州发现的占半数,而且质量较精,也值得我们注意。它是否能为我们提供此种漆器的产地线索,似宜作进一步的研究。

金银平脱,施诸各种器物之上,至唐而大盛。《通鉴》、《酉阳杂俎》、《安禄山事迹》、《杨太真外传》等书中讲到有平脱屏风帐、平脱函、平脱盘、平脱叠子(即碟子)、平脱盏、平脱胡平床等物。明代方以智的《通雅》和近人陆树勋的《平脱螺钿髹器考》(《古学丛刊》

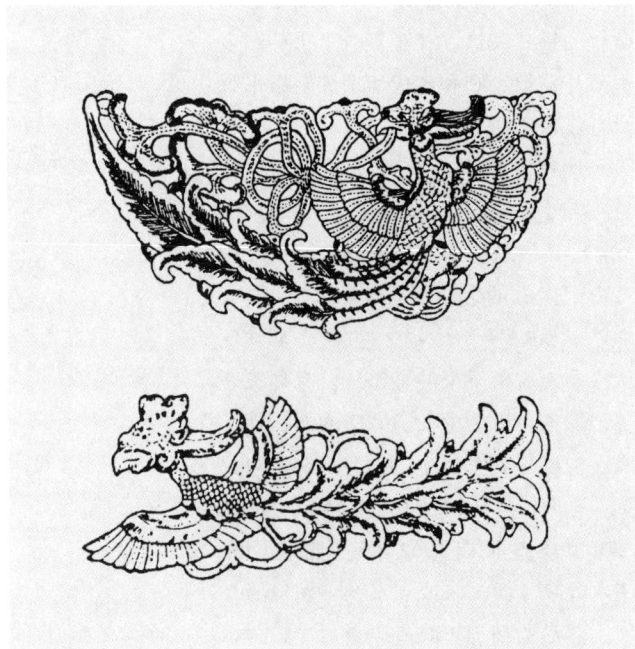

第三期)已详为罗列。《资治通鉴》唐肃宗本纪,至德二年(757年)十二月戊午,还有禁珠玉、宝钿、平脱、金泥、刺绣的诏令,更足以说明当时金银平脱盛行的情况。

唐代嵌金银的实物,有现藏日本奈良正仓院的金银平脱琴,是一件世所周知的乐器。琴面顶部,在岳山与一徽之间,嵌出一个锦纹边框的方格,格内嵌弹阮、抚琴、饮酒各一人,人物之上有树竹三丛及飞天二人。格内空隙用花草及禽鸟来点缀填补。锦纹方格及内部花纹都用金嵌。方格以下中嵌缠藤一树,树左右侧抚琴饮酒人物各一。自四徽以下至焦尾,弦路上嵌水纹。水纹两侧,在四、五徽之间,七、八徽之间,十一、十二徽之间,各嵌人物,共六人。此外空隙也完全用花草及禽鸟来填补。以上花纹除抚琴饮酒的人物及十三个徽用金嵌外,都是银嵌。琴的背面,顶部嵌出一个长方栏格,内嵌后汉李尤的《琴铭》,三十二字分四行。龙池两侧嵌龙纹,凤沼两侧嵌凤纹。以上均用银嵌。以嵌片的体积来说,如水纹、铭文栏格等,都是细狭的线条,所以此琴也可以说是金银片、线合嵌而成的。

唐代的金银平脱镜,是金工与漆工相结合的工艺品,实例如羽人飞凤花鸟纹镜,重五四二克,径三六点二厘米,在镜背褐色漆地上,嵌以金银片镂成的羽人、花鸟、飞蝶等形象,上施毛雕,制作细谨,而整体效果又活泼生动(沈令昕:《上海市文物保管委员会所藏的几面古镜介绍》,《文物参考资料》1957年八期)。

五代前蜀王建墓遗物中有金银平脱的朱漆册匣和宝盝,嵌孔雀、狮、凤、武士(图一五)、花卉等花纹,可惜原物已十分残坏。杨有润同志有专文论述这两件漆器的形态和花纹及复制的心得，并附插图多帧（《文物参考资料》，1957年七期）。冯汉骥撰的《前蜀王建墓发掘报告》，对出土漆器也有论述。

五代以后，此法渐趋衰落。明清两朝，嵌金、嵌银多与嵌螺钿相结合（见146），单独的嵌金或嵌银漆器极少见，实例尚待访求。

〔片、屑、线各可用。有纯施者，有杂嵌者〕黄氏的意思是说，不论嵌金、嵌银或嵌金银，都可以单纯采用片、或屑（即杨注所谓"沙嵌"）、或线（即杨注所谓的"丝嵌"）来嵌制；❶但也可以三者混合使用。以所见的螺钿加金银片的实例来说，多数为片、线并用。片、线之外还加金屑的，则有嵌婴戏图的方箱（见146）。箱上有两处栏杆是用极细的金屑嵌成的。

〔若浓淡为晕者，非屑则不能作也〕单纯用金银屑嵌成的漆器，实物尚未见过。依螺钿加沙及古琴八宝灰（中含铜

屑）的做法来推测，纯金或纯银嵌的浓淡为晕，当以沙屑的稀密来分——稀的地方显得淡，密的地方显得浓。如金银杂嵌则可以令金屑密处与银屑稀处相接，或金屑密处与银屑密处相接，将金屑及银屑当作两个颜色来处理，使它生出晕来（参阅94、95）。❷

〔假制者用鍮、锡，易生霉气〕鍮即自然铜，《本草纲目》所谓："其色青黄如铜，不从矿炼，故号自然铜。"因其色黄，所以用它来代替金。锡色白，是银的代用品。鍮、锡都比金、银容易氧化，所以不久便会霉黑。

故宫博物院藏有清制黑漆长方箱，长四七点五厘米，宽二二厘米，高一〇点五厘米。箱面的人物树石用铜片镂嵌而成。铜片颇厚，和嵌金、嵌银器及薄螺钿加金银片器都不同。从嵌法及效果来看，作者并无摹拟或抵充嵌银器的意图，所以不能作为杨注的实例。但论其制作，自应列入此类。

❶ 片嵌即金银平脱。屑即锉粉或丸粉。屑嵌即沙嵌。日本称莳绘，我称之曰"撒粉研绘"。

❷ 我为人民大会堂做的鹦鹉玉兰果盘就用此法。鹦鹉用金丸粉，莳出浓淡羽毛。玉兰用银丸莳出花瓣，分浓淡。拙作《漆艺髹漆学》中有果盘彩图。

---

106 犀皮，或作西皮，或犀毗。文有片云、圆花、松鳞诸斑。近有红面者，以光滑为美。

摩窳诸般，黑面红中黄底为原法。红面者黑为中，黄为底。黄面赤、黑互为中、为底。

〔犀皮，或作西皮，或犀毗〕《因话录》："髹器谓之西皮，世人误以为犀角之犀，非也。乃西方马鞯，自黑而丹，自丹而黄，时复改易，五色相叠。马镫摩擦有凹处，黎然成文，遂以髹漆仿为之。"明都穆《听雨纪谈》："世人以髹器黑剔者谓之犀皮，盖相传之讹。陶九成从《因话录》，改为西皮，以为西方马鞯之说，此尤非也！犀皮当作

犀毗。毗者，脐也。犀牛皮坚而有文，其脐四旁，文如饕餮相对。中一圆孔，坐卧磨砺，色极光润，西域人割取以为腰带之饰。曹操以犀毗一事与人是也。后人髹器效而为之，遂袭其名。又有髹器用石水磨之，混然凹者，名滑地犀毗。"（寿56）

犀皮漆器似唐代已有，至宋而更为流行。唐袁郊、甘泽谣《太平广记》卷

❶ "波罗漆"，安徽屯溪有此做法，名曰"菠萝漆"。在南宋时，做法是上漆后撒些破碎的螺钿沙，再套髹黑、黄、红色漆，干后磨显其纹，推光成器。故当时有人称之为"破螺漆"。其后发展，用石黄、石绿、石青、朱砂等矿石起皮，仍套髹上述色漆，最后磨显其纹，推光成器。其石黄起花者，类似菠萝削皮后的肌理，故有"菠萝漆"之名。又唐时云南南诏称虎曰"波罗"，故漆器类虎纹者曰"波罗漆"，并有"虎皮漆"之称。游国恩《火把节考》："考《玉溪编事》载南诏以十二月十六日谓之星回节，骠信（按，国王也）诗有句云：'不觉岁云暮，感激星回节。'清平官（按，词臣也）赵叔达诗曰：'法驾避星回，波罗（按，虎也）毗勇（按，野马也）猜，河阔冰难合，地暖梅先开。'"

图一六　明犀皮圆盒盒面花纹

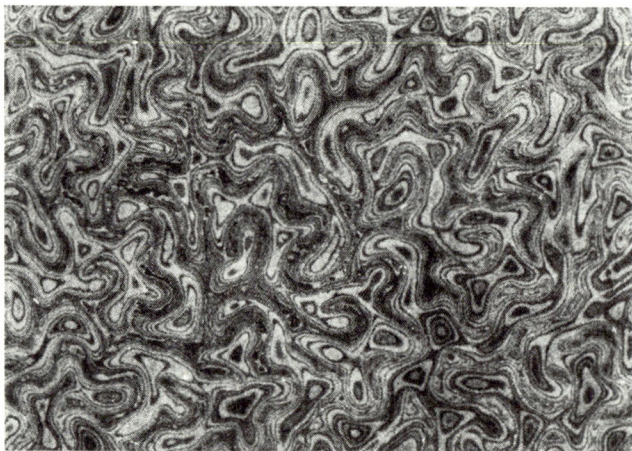

一九五中讲到犀皮枕。宋吴自牧《梦粱录》中提到清湖河下戚家犀皮铺，与游家漆铺并列。说明当时已有以制造犀皮为主的漆工作坊。《西湖老人繁胜录》中讲到犀皮动使（襄按：动使即家庭中的日常用具，说明犀皮漆器已相当普遍了）。

前人讲到犀皮的制法或形态的也有许多家。如宋程大昌《演繁露》认为"朱、黄、黑三色漆沓冒而雕刻，令其文层见叠出，名为犀皮"。明李日华《六研斋笔记》认为犀皮是"割马鞍皮累数重漆"而制成的。明方以智《通雅》认为犀皮的特点是"五色相叠"。总之前人的说法很不一致，有的不免穿凿附会（如谓犀皮像犀牛脐之说），有的与剔犀（见127）相混（如谓凹处粲然成文之说）。所以既与本书所讲的犀皮有异，与传世的犀皮实物亦难符合。

在北京的文物业中，犀皮这个名称，并不存在，而称之为"虎皮漆"或"桦木漆"；南方则称之为"波罗漆"。❶北京漆工一般已不能做犀皮，而只保存在制造漆烟袋杆的行业中。

近人陆树勋著《剔红戗金犀皮三种

髹器考》（《古学丛刊》第七、八期），对于犀皮的文献及形态，作了一些考证和叙述。但在谈到实物及做法时，又与事实不符，如认为犀皮的做法是由"钻眼填补而成者"。

《文物参考资料》1957年第七期载袁荃猷所写的《谈犀皮漆器》一文说：犀皮漆器"表面是光滑的，花纹由不同颜色的漆层构成，或作行云流水之纹，或像松树干上的鳞皴，乍看又匀称，细看又富有变化，漫无定律，天然流动，色泽灿烂，非常美观"。上面的描述，与本书及传世实物是吻合的。

〔片云　圆花　松鳞〕均犀皮的斑名，因象形而得名。由于红、黄、黑为面、为中、为底而出现的不同做法（参阅附表五）。

犀皮漆器，举以下五例，多数是袁荃猷文中已经讲到的。

（一）明犀皮圆盒　盒高一二点五厘米，径二三点九厘米，朱漆里。花纹层次很多，非常流畅，十分生动，当即本条所谓的片云纹。漆层红黑相间，并杂有暗绿色，最后一层是红漆，所以整个色调作暗红色，与所谓"近有红面者，以光滑为美"的描写吻合（图一六）。

（二）清黄面犀皮大盒　故宫博物院藏，盒葵花式，直径约一尺五寸，盖边有紫色漆一圈，宽约半寸。盒面及立墙用深黄及浅黄漆做出斑纹，层次细密，色泽润滑，非常华美。

（三）清犀皮忽雷　中国音乐研究所藏，通高六四厘米，槽背部分高一五点五厘米，宽一〇点五厘米，是用犀皮漆做成的，红面，斑文在片云、松鳞之间。

（四）清犀皮圆盒　盒天覆地式，高三点八厘米，径七点六厘米，用黑漆涂里(图一七)。漆的层次较少，以红、黄、绿三色为主，色调很鲜明。花纹多作不规则的三角形，在花纹里圈又常有锯齿形的碎斑点。此盒的做法，与苏州红木琴桌所安装的波罗漆面心颇为接近，当是清代中晚期的作品。❷

（五）清犀皮小柜 晚清制品，长一七点七厘米，宽一〇厘米，高三〇点三厘米，完全摹仿大柜的形式。漆层以黄褐两色为主，内间绿色。柜里黑漆，描金色花纹。

袁荃猷的文中还讲到犀皮漆（松鳞斑的烟袋杆）的做法，是从老漆工桂茂栲先生处访问得来的（图一八）。据称它的做法是："先用石黄入生漆调成一定的稠度，上在木质的烟袋杆上。趁它未干的时候，用右手拇指轻轻将漆推出一个一个突起的小尖，从木杆的一端，转着推到另一端。推成之后，有些像蛇皮的鳞纹。这一道工序术语叫"打埝"，意思是像筑土防水似的在平地上打出高起的"埝"来。入荫干透后，把红漆、黑漆相间地上在每个突起的尖顶上，每上一次入荫一回，约四五道，为的是使尖端长得更高一些。此后通体上漆，也是红黑相间，每上一次入荫一回，至多可以上到二十多道。最后用磨石及炭打磨，凡是打埝高起的地方，经磨平后，都围绕着一圈一圈的漆层，呈现出了类似松鳞的花纹。"桂老先生还说："凡是

图一七 清犀皮圆盒

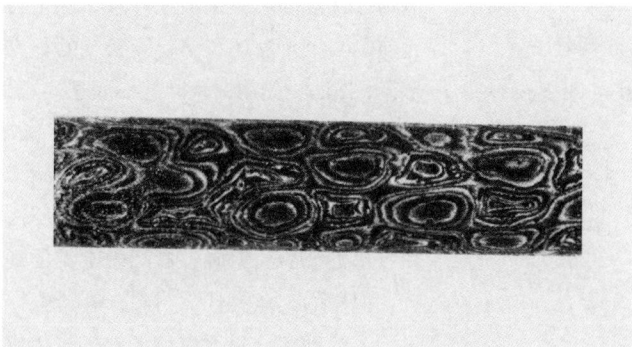

图一八 桂茂栲制松鳞斑犀皮烟袋杆（放大约一倍）

这一类的漆器，表面花纹的形态，取决于打埝的方法，而色彩则取决于每次所上的漆层。"从上述的做法可知犀皮之所以被黄氏列入填嵌门，是由于打埝之后，漆地低凹，色漆多次填补，最后才经磨显；与同一门类的各种做法，有相似之处的缘故。

古代用犀皮漆来做各种各样的器物。北京目前只用它来做烟袋杆，未免太狭窄了。整理发掘犀皮漆的传统做法，运用到不同器形的漆器上去是一个值得注意的问题。

107 阳识第八

其文漆堆挺出为阳中阳者，列在于此。

〔阳识，其文漆堆挺出〕《辍耕录》论古铜器曰："汉以来或用阳识，其字凸。"《游宦纪闻》："识是挺出者。"（寿57）

❷ 据圆盒面花纹推测，其起花工具应是薄竹片，用烧红铁条烙成不规则的牙齿，用它蘸稠漆，横、顺移动，刮起花纹。干后套髤色漆，最后磨显推光成器。此工具亦可用来制桦木漆。

① 涂一层黑色漆也可以。
细炭粉应是撒上去的
而不是刷上去的。

② 屑金即金丸粉，此法
日本称高莳绘。泥金
者日本称消粉莳绘。

③ 屑金是在花纹堆成后，
立即撒金丸粉。泥金
是在上金脚漆（即打
金胶）后，待其干至
95％后再上金。

④ 日本莳绘有本莳绘（即
金银丸粉莳绘）、消粉
莳绘（即泥金）、色粉
莳绘（即干着色）。每
一类又分高莳绘、平
莳绘、研出莳绘等等。

方以智《通雅》引《卮言》："款是阴字凹入者，识是阳字挺出者。"

凡用漆或漆灰堆出花纹而不再用刀加以雕琢的各种做法，都列入此门（参阅58）。关于这一类漆器中的各种名称见附表六。

最早的阳识漆器西汉已出现，但用来堆花纹的原料，未必是漆，而是用其他物体调成的。马王堆三号墓（葬于公元前168年）发现布满粉彩云气的长方形奁，做法是先用白色凸起的线条勾边，然后用红、绿、黄三色勾填云气纹（湖南省博物馆等：《长沙马王堆二、三号汉墓发掘简报》，《文物》1974年七期）。这种白色物体的用法和效果近似后代壁画、彩画中常见的蛎粉。但用的究竟是什么材料，有待取样化验才能确定。根据白色稠料很难用漆来调制这一经验来判断，当时的白色物体应是用胶质或油料调成的。又长沙砂子塘西汉木椁墓的外棺挡板，也有阳识花纹（见109），是否亦用白色物体堆成，待查。

沈氏《漆工资料》中讲到堆漆装饰法的制造过程，与阳识门中的某些做法，有相通之处，节录于后：

漆器在完成中涂漆，或完成推光以后，进行堆漆装饰的，有如浮雕，是用漆与细炭粉堆出层次厚薄不同的花纹，而不是用刀雕刻的。

第一步，先将画稿外形印在漆器面上，根据薄浮雕做法，在花纹内需要高突的地方，涂一层红色漆（丹红调半透明漆），刷上细炭粉。另外，待其干燥后再重上红色漆，①刷上炭粉，涂面较宽些。

第二步，干燥后在炭粉上涂一层黑漆，黑漆的面又比炭粉面涂宽一些，干燥后顺着斜度打磨。因为高处已有二层炭粉，一层黑漆，成为高低起伏。再全面涂上一层黑漆，打磨平滑。

第三步，将堆漆花纹打磨平滑后，就依照推光办法加以推光。

第四步，花纹上如需要线的地方，就用油光漆（黑色）加以描绘，干燥后就完成了。

堆漆花纹打磨平滑后，如需要彩色，在花纹面上可以采用研磨彩绘做装饰法。

多宝臣先生做堆漆不用炭粉，用退光加生漆再加锭儿粉调配而成（见58）。

108 识文描金，有用屑金者，有用泥金者，或金理，或划文，比描金则尤为精巧。②

傅金屑者贵焉。倭制殊妙。黑理者为下底。

〔识文描金，有用屑金者，有用泥金者〕识文描金又分屑金和泥金两种。③屑金识文描金是在用漆堆成的花纹上撒屑金，泥金识文描金是在用漆堆成的花纹上贴金或上金。这两种做法都要在花纹堆成之后，上面再打金胶，然后金屑、金箔或金粉才粘着得上。根据实物，除单独用屑金或泥金者外，还有一器兼用屑金和泥金的。

94 描金的做法也是在漆地上用漆画花纹，然后打金胶上金。但是它的花纹不像识文描金似的，高高堆起，可以利用高低起伏来表现物象，因此识文描金比描金显得精巧。

〔或金理，或划文〕〔黑理者为下底〕识文描金在上金之后，花纹纹理的处理还有三种不同的手法：（一）金理，花纹上面再用金色勾纹理。（二）划纹，花纹上面再用刀划出纹理。（三）黑理，花纹上面再用黑漆勾纹理。三者以黑理最为省工，效果也不及前两种做法来得精致。所以杨注说"黑理者为下底"。

〔倭制殊妙〕识文描金，在日本称为"高蒔绘"（参阅94）❹，约当我国元、明之际，此法发展到高度的水平，并对中国的漆工有一定的影响（参阅186）。

以下举几件识文描金的实例：

（一）清云龙纹漆盒　盒紫红色，长方形，长一九点三厘米，宽一〇厘米，高四厘米，天覆地式。盒盖立墙只及盒底立墙高度的一半，不落地，侧面且有弧形的缺口，是为便于拿取而设的。盖面一龙，作拿空之势。龙头、鳞片及圆珠用深紫色稠漆堆出，描赤色金。许多高起的地方，金已摩残，露出深色漆地，与低下地方的浓金，成鲜明的对比，这样，却使花纹层次更为明晰。鬐鬣、龙爪及火焰，用清漆平写，描正黄色金，并用黑漆勾纹理。靠近盖面上下边缘，都有平写云纹，用赤色金勾轮廓，正黄色金填空。两种金色的采用，说明彩金象（见94）的画法，同样可以施之于识文描金。

（二）清鹌鹑纹如意　紫檀柄，通长四七厘米，上下端及中部是三个椭圆形用识文描金制成的开光。它的做法是在紫色漆地上用稠漆堆出鹌鹑、果子、枝叶以及谷穗等花纹。通体花纹上黑色

退光漆，鹌鹑眼睛用碧琉璃珠嵌入，羽毛细部、果树叶筋及果子上近似漩涡纹的纹理，都用黑漆勾出。描金用泥金法，但仅限于花纹的某些部分，如鹌鹑翅膀的大翎、胸部细毛、谷穗、果树枝干等等。上金的地方因下面有微微高起的黑漆细钩，可以想象在初做成时，与金理并无殊别，现因历时已久，表面上金色摩脱，才露出了下面黑漆的细钩。

以上两件在花纹及做法上，都能看出受日本的影响。

（三）避暑山庄百韵册页盒　它是一件泥金的识文描金实例，故宫博物院藏。盒长方形，盖面正中在细锦纹的签条上用黑漆题隶书"御制避暑山庄百韵"八字。签条两侧各用厚漆堆出莲花四朵，上承八宝。自上而下，右为盖、鱼、罐、花，左为螺、肠、伞、轮。立墙也是缠莲纹。细看它的做法是在堆起花纹之后，又用稠漆勾纹理，通身上朱漆，然后打金胶，上泥金。

（四）太平有象纹如意　紫檀柄，通长四八厘米。上端是椭圆形用识文描金做成的开光，中部木柄作瓶形，下端作云头形，不打漆地，直接用紫色漆在木质上堆出花纹，上面再上退光漆，花纹空隙透露木地。在上端开光的紫色漆地上，用稠漆堆出图案。中绘一象，背驮宝瓶，瓶内插华盖、花及鱼。象身两侧，一伞一螺，象下作宝轮及盘肠，承象前后足。花纹上面都上退光漆，并用黑漆勾纹理。花纹之外的漆地上，用稠漆密勾云纹，云纹低陷处全部填金。这柄如意描金的效果，主要是依靠陷在花纹低处的金彩取得的。

① 识文描漆与揸花漆之别，理解如下：以一瓣红花为例，识文描漆在堆起的花纹上，用红色漆描一道，有如平涂。揸花漆则在花瓣上先描深红漆，干后再用浅红漆画纤皴，在皴线之间露出深红色。

② 此种堆漆，名之曰"堆犀"更为准确。以堆灵芝纹为例，第一道用朱漆堆出形象；第二道用黄漆堆，堆时留出周缘的朱漆线；第三道用黑漆在黄漆上堆，堆时又留出黄漆周缘线；如是反复堆到要求的高度为止。

109 识文描漆，其着色或合漆写起，或色料擦抹，其理文或金、或黑、或划。

各色干傅，末金理文者为最。

〔识文描漆〕做法与识文描金基本相同，只是不用金色花纹，而用彩色花纹而已。

识文描漆有湿色和干色两种做法。湿色是直接将颜色调入漆内，用它来涂染稠漆堆起的花纹，即所谓"合漆写起"。干色是用罩漆涂染堆起的花纹，趁其未干，将颜色粉末粘着上去，即所谓"色料擦抹"。它的花纹纹理的加工处理，与识文描金相同，也有金理、黑理和划理。

1961 年在长沙砂子塘西汉木椁墓中发现的外棺，一端挡板正中以拱璧为主要花纹，两旁各绘巨鸟，相向而立，长颈穿过璧孔，口中衔有用丝线穿系的编磬两个，磬下垂流苏。另一端挡板正中绘一特磬，磬下悬一特钟，磬上两豹，匍匐相对，豹背各坐羽人（湖南省博物馆：《长沙砂子塘西汉墓发掘报告》，《文物》1963 年二期）。承沈福文先生见到实物后见告，挡板上的部分花纹，如特磬上类似谷纹的圆点，是先用稠灰堆起，然后施加描饰的。此棺和马王堆三号墓的云气纹长方形奁（见 107），都是较早的识文描漆实例。

110 揸花漆，其文俨如缋绣为妙，其质诸色皆宜焉。

其地红，则其文去红，或浅深别之，他色亦然矣。理钩皆彩，间露地色，细齐为巧。或以铃金亦佳。

〔揸花漆，其文俨如缋绣〕《品字笺》："揸，刺也。"北地以刺绣为揸花，此制象之。（寿 58）

刺绣的色彩绚丽花纹高出绫缎之上，这是它的特点。揸花漆在堆漆上涂色漆，由其近似刺绣的特点而得名。但

图一九　香草式砖地边框

109 识文描漆也同样具有这种特点，揸花漆与识文描漆究竟有什么区别，尚待实物来证明。❶

据杨注，揸花漆一般都用色漆勾纹理，也有用铓金（见131）作纹理的。

111 堆漆，其文以萃藻、香草、灵芝、云钩、绦环之类。漆淫泆不起立，延引而侵界者不足观。又各色重层者堪爱。金银地者愈华。

写起识文，质与文互异其色也。淫泆延引则须漆却焉。复色者要如剔犀。共不用理钩，以与他之文为异也。淫泆侵界，见于描写四过之下淫侵。

〔堆漆〕在现代漆工中，堆漆是一个含义比较广的名称，凡用漆堆起的花纹，不问上面再贴金或涂彩，都叫堆漆。因而它可以包括本书阳识门中的各种做法（112 识文用灰堆起除外）。但在这里，堆漆的含义比较狭窄，黄氏似乎用来专指花纹与地子不是同一颜色的（文质异色），图案类似剔犀（见127）的一种堆漆。

〔其文以萃藻、香草、灵芝、云钩、绦环之类〕〔又各色重层者堪爱〕〔复色者要如剔犀〕127 剔犀图案有剑环、绦环、重圈、回文、云钩等名称，与此正相吻合。证以剔犀实物，这些图案都是属于圆转回婉一类的。故从图案来看，堆漆与剔犀有其相似之处。杨注中又讲到堆漆有复色之法，也就是说堆漆分几次堆成，而每次更换它的颜色，这样，在堆完之后，花纹侧面露出有规律的不同色层，所以就更像剔犀了。所不同者，剔犀的花纹是凹下去的，而堆漆的花纹是凸出来的❷。

〔萃藻〕形似水藻的花纹，实例待访求。

〔香草〕一种缠枝花纹，亦称卷草。北朝及隋、唐石刻佛像背光和墓志边缘已广泛使用。日本称之为唐草。明代计

成《园冶》中砖地边框有香草式（图一九）。它因系用瓦嵌成，所以不能完全逼肖卷草，但据此可以肯定这一种花纹在明代称为"香草"。张成造栀子花纹剔红盘的外边，即用香草文。

〔灵芝〕与云钩极为近似，二者都以对称的卷纹作为主要的构成部分。它们究竟有何分别，尚待考。

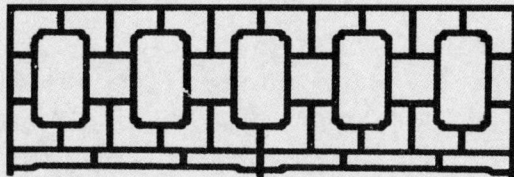

图二〇　绦环式栏杆

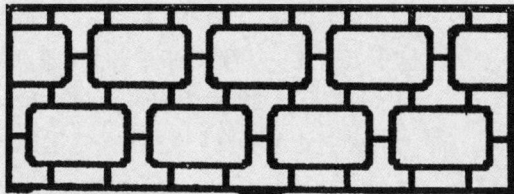

图二一　横绦环式栏杆

❶ "堆犀"的艺术效果主要在露出堆起花纹边缘的各色线纹。如周缘再加理钩就喧宾夺主了，故不宜加。

❷ 平起即沈福文先生所谓的平堆，线起即长沙马王堆外棺的堆纹。

❸ 现在温州所谓的"欧塑"即此做法。

❹ 阳识如印章的朱文，隐起如浮雕花纹。

❺ 漆冻模脱有如福州的"印锦"做法。

❻ "用刀刻出的"恐为"用刀塑出的"之误。

〔云钩〕见 127 剔犀。

〔绦环〕高濂《燕闲清赏笺》讲到漆盘有绦环样，是指盘的外形而言，与花纹无关。高士奇《金鳌退食笔记》与上说同。

计成《园冶》有绦环式栏杆（图二〇），又有横绦环式栏杆（图二一）。绦环纹的堆漆或剔犀，所用图案可能与以上两式有相似之处。但实物尚未见过，待访求。

〔金银地者愈华〕即在金色或银色的漆地上做堆漆花纹。

〔漆淫泆不起立，延引而侵界者不足观〕〔淫泆延引则须漆却焉〕淫泆延引是说漆没有堆住而摊开来，侵占了漆地的部位（见48、57）。堆漆遇有这种情形，便须用与地子同色的漆，将淫侵的部分遮压住，使它显不出来，即杨注所谓的"漆却"。

〔共不用理钩，以与他之文为异也〕各种堆漆的做法，花纹上不再加金理、黑理或划理，❶这是与识文描金、识文描漆不同的地方。理由是可以理解的，因为灵芝、云钩等图案，与花鸟、山水、人物等题材不同，并不需要在花纹上再加纹理。

112 识文，有平起，有线起。其色有通黑，有通朱。其文际忌为连珠。❷

平起者用阴理，线起者阳文耳。堆漆以漆写起，识文以灰堆起；堆漆文质异色，识文花、地纯色，以为殊别也。连珠见于麹漆六过之下。

〔识文〕用漆灰堆成花纹，而且花纹与漆地同一颜色，这是与 111 堆漆不同的地方。

〔有平起，有线起〕〔平起者阴理，线起者阳文耳〕平起阴理是在做花纹时留出凹下去的纹理，阳文线起是在做花纹时堆出凸出来的纹理。

明何士晋《工部厂库须知》卷九内宫监成造册封王府玉器册盝袱匣等项："每册盝一个……质皆杉楠薄板，外戗金云龙凤，俱漆灰累线为之，非雕镂精巧者比。"所谓"漆灰累线"即"线起"。

〔其文际忌为连珠〕〔连珠见于麹漆六过之下〕识文在漆灰堆成之后，上面必须再上一道或几道罩漆，才能光滑明亮。在上罩漆时，因花纹有缝隙边棱之处，漆最容易流集，发生绉纹或缩成一连串的小泡（即48所谓连珠）。黄氏特地提出来使人注意防止这个毛病。

1966 年在浙江瑞安县慧光塔发现的经函和舍利函，是宋代识文的实例。按杨注，"堆漆以漆写起，识文以灰堆起。堆漆纹质异色，识文花地纯色，以为殊别也。"又据 113 "堆起"杨注"其文高低灰起加雕琢"。可见"堆漆"与"识文"、"识文"与"堆起"在做法上有明显的区别。上述舍利函1974年曾见实物，它不是用漆写起，而是用灰堆起；不是文质异色，而是花纹及地子一律是紫色。它的花纹是像做蛋糕上花纹似的挤出来的，挤后即完成，找不到再加雕琢痕迹，因此按《髹饰录》的分类定名，它既不是堆漆，也不属于堆起一类，而是识文的做法。

经函分外函、内函两具，套在一起，檀木胎，盝顶。外函长四〇厘米，宽一八厘米，高一六点五厘米。用调了灰的稠漆堆出佛像、神兽、飞鸟、花卉等物象，并嵌小粒珍珠。花纹以外的光地则用金笔描飞天、花鸟等图案。内函不用漆灰堆花纹，只在光地上用金描绘双凤、鸟兽等纹。❸舍利函方形盝顶，底宽、长各二四点五厘米，高四一点一厘米，紫漆地上堆紫漆菊花纹图案，上嵌小珠。四壁留出开光。中用金笔描绘佛像（浙江省博物馆：《浙江瑞安北宋慧光塔出土文物》，《文物》1973年一期）。金笔似用金粉调胶直接画成，与一般画本相同，不采用漆工中惯用的先打金胶，后贴金或上金的做法。可能漆函密封在塔基之中，不必考虑抚摩以致泯蚀的问题，所以采用了直接描绘的做法。识文漆器不仅目前举不出其他宋代实例，就是明代制品传世也绝少。此两函的发现，为我们提供了可贵的例证。慧光塔建于庆历三年（1043年），据建塔助缘施主题名，可知经函是温州的制品。温州在北宋时是我国对外贸易重要港口，以精制各种工艺品著名，漆器并有全国第一之称。识文漆函制作精细谨严，反映了当时该地的漆工水平。

113 堆起第九

其文高低灰起加雕琢，阳中有阴者，列在于此。

堆起与阳识的主要不同是阳识堆成后不加雕琢，❹而堆起加雕琢。

关于这一类漆器中的各种名称见附表七。

114 隐起描金，其文各物之高低，依天质灰起，而棱角圆滑为妙。用金屑为上，泥金次之。其理或金，或刻。

屑金纹刻理为最上，泥金象金理次之，黑漆理盖不好，故不载焉。又漆冻模脱者，似巧无活意。❺

〔隐起描金〕《史记·索隐》注："白金三品：其一龙文隐起，肉、好皆圆；其二肉、好皆方，隐起马形；其三肉圆好方，皆为隐起龟甲文。"（寿59）

隐起描金，实际上等于用漆灰来作浮雕，阴阳高低完全按照物象的形状来定。物象上面或撒金屑，或上泥金，而物象上的纹理，或再用金勾，或用刀刻，或用黑漆勾。

杨注称"黑漆理盖不好"，由于它不及金理或刻理来得绚丽细致，这是可以理解的。至于说"屑金纹刻理"为什么要比"泥金象金理"来得好，尚待考。

〔漆冻模脱者，似巧无活意〕漆冻见28、125、126。用冻子代替漆灰，并用模子印出花纹来，工虽省了，并可以大量生产，但不及用刀刻出的花纹来得生动有力，❻所以说"似巧无活意"。它和堆红（见125）的艺术价值远不及剔红（见118），道理是一样的。

隐起描金可以故宫博物院藏的云龙纹大柜为例。柜黑漆地，门上浮雕龙纹，泥金罩漆。龙身及头部高出漆地约三厘米，龙爪及云纹高出也有一厘米。花纹棱角虽十分饱满圆滑，但生动快利，非刀刻不能成功。从它残缺的地方可以看出，确是用漆灰堆成的。柜门铜饰上有"乾隆年制"四字，但柜子的制作及图案的风格，都像是明代或清初时物。仔细观察，铜饰与柜门漆皮接合不甚严密，所以铜饰为后配，不能据其款识来定漆柜的年代。

115 隐起描漆，设色有干、湿二种。理钩有金、黑、刻三等。

干色泥金理者妍媚，刻理者清雅，湿色黑理者近俗。

〔隐起描漆〕与隐起描金相同，不过花纹不上金，代以色漆而已。据黄氏原文，它的做法可以分为"干设色隐起描漆"和"湿设色隐起描漆"两种。再加上色漆上的纹理有金理、黑漆理、刻理三种不同的方法，所以隐起描漆有下列各种做法：（一）金理勾干设色隐起描漆，（二）黑理勾干设色隐起描漆，（三）刻理干设色隐起描漆，（四）金理勾湿设色隐起描漆，（五）黑理勾湿设色隐起描漆，（六）刻理湿设色隐起描漆。杨注所称的"干色泥金理"指（一），"刻理"指（三）和（六），"湿色黑理"指（五）。

116 隐起描油，其文同隐起描漆，而用油色耳。

五彩间色，无所不备，故比隐起描漆则最美。黑理钩亦不甚卑。

〔隐起描油〕它与隐起描漆一样，不过表面上的描绘以油代漆而已。杨注称"五彩间色，无所不备"，还是说用油可以调配出白色及其他鲜艳的色彩，比漆色来得完备（见16、81、97等条）。

117 雕镂第十

雕刻为隐现，阴中有阳者，列在于此。

这一门类，除最后的镌甸（见128）及款彩（见129）外，都是属于雕漆的系统。雕漆在堆起的平面漆胎上剔刻花纹，而花纹中又有高有低，所以杨注称之为"阴中有阳"。

关于这一类漆器中的各种名称见附表八。

118 剔红，即雕红漆也。髹层之厚薄，朱色之明暗，雕镂之精粗，亦甚有巧拙。唐制多印板刻平锦朱色，雕法古拙可赏；复有陷地黄锦者。宋元之制，藏锋清楚，隐起圆滑，纤细精致。又有无锦文者。其有象旁刀迹见黑线者，极精巧。又有黄锦者，黄地者似之。又矾胎者不堪用。

唐制如上说，而刀法快利，非后人所能及，陷地黄锦者，其锦多似细钩云，与宋元以来之剔法大异也。藏锋清楚，运刀之通法；隐起圆滑，压花之刀法；纤细精致，锦纹之刻法；自宋元至国朝，皆用此法。古人精造之器，剔迹之红间露黑线一二带。一线者或在上，或在下；重线者，其间相去或狭或阔无定法；所以家家为记也。黄锦、黄地亦可赏。矾胎者矾朱重漆，以银朱为面，故剔迹殷暗也。又近琉球国产，精巧而鲜红，然而工趣去古甚远矣。

〔剔红，即雕红漆也。**髹层之厚薄，朱色之明暗，雕镂之精粗**〕《格古要论》："剔红器皿无新旧，但看朱厚色鲜、红润坚重者为好。又若黄地子剔山水人物及花木飞走者，虽用工细巧，容易脱起。"《遵生八笺》："云南以此为业，奈用刀不善藏锋。"（寿60）（襄按：寿碌堂主人笺证如上，但本文有"亦甚有巧拙"一语未引。此语系总括前三语而言，意思是在剔红中髹层的积累有厚有薄，红色有明有暗，雕刻有精有粗，好坏的区别是很大的。）

剔红，北京通称雕漆（含义要比剔红来得广，因剔黄、剔绿、剔黑、剔彩等，也都可包括在内），即用笼罩漆调银朱，在漆器胎骨上层层积累，到一个相当厚度，然后用刀雕刻出花纹的做法。从剔红花纹刀口的断面，有时可以看出施漆的道数（但不容易数得精确）。高濂《燕闲清赏笺》称明代果园厂的作品，"漆朱三十六遍为足"，实际上这不见得是定法。明、清剔红有肉薄不及此数的，也有多到五六十道乃至百道以上的。另一方面每道漆层的厚薄，各器也有出入。因而古代剔红实物，厚薄很不一致。明

代雕漆，尤其是明早期的雕漆，花纹尚肥腴饱满，漆层薄了是刻不出来的。漆层厚，费工又费料，速成求售的制品是不可能这样做的。剔红漆色有深红近于紫色的，有正红的，有色浅而略呈黄意的，自以颜色纯正，光泽明亮者为上。至于刀工的精粗优劣，出入就更大了。

〔**唐制多印板刻平锦朱色，雕法古拙可赏，复有陷地黄锦者**〕〔唐制如上说，而刀法快利，非后人所能及。陷地黄锦者，其锦多似细钩云，与宋、元以来之剔法大异也〕唐代剔红，未见实物。据本文及杨注，我们知道有"平锦朱色"和"陷地黄锦"两种。关于"印板刻平锦朱色"七字的读法，据李汝宽所写的《东方漆工艺术》（Lee yu-kuan：*Oriental Lacquer Art*，1972，Tokyo）附录十二，认为日本冈田让教授（J.Okada）把"印板刻平"当作剔红中的一个技法术语。他自己也同意冈田让的说法，因而在《东方漆工艺术》材料与技法一章中，将"印板刻平"列为最后一个术语，并进行臆测是一种将印板粘贴到漆面上，经过打磨然后再进行毛雕的做法。为了证实他的臆测，又找出两件和剔红

毫不相干的漆器作为实例。他所谓的"印板刻平"漆器是：该书图版22，定名"印板刻平花鸟盘"，公元10世纪；图版45，定名"印板刻平漆茶托"，公元11世纪。从图版看，凸起不高的花纹可能用漆灰堆起，或直接在胎上斫刻出花纹（皮胎或用此法）。前者再采用铰金细钩的做法，刻出花纹轮廓及纹理后填金，后者只在花纹上刻纹理，不填金。总之，无论如何这两种漆器和剔红扯不到一起，而且制造年代很晚，定为宋制也不能令人相信。据李汝宽书中图片所示，这两件漆器我们只能分别名之为："明或清花鸟纹铰金细钩紫漆盘"、"明或清花卉纹刻理紫漆盏托"。

实际上"平锦朱色"四字应连读，也就是指高度与花纹平齐的朱色锦地。正因为纹与地无高低之分，所以和木刻书的印板相似。证以129"款彩"的杨注"阴刻文图，如打本之印板"，其义自明。"平锦朱色"也正是和"陷地黄锦"相对而言的。黄氏原文三句话用现代汉语来说就是："唐代的剔红多用像木刻印板似的、花纹与红色锦地平齐的做法，它的雕法古拙可爱。另外也有花纹与地子有高低之分的'陷地黄锦'的做法。"

从黄氏原文我们可以得到这样的认识：唐代许多剔红不但花纹和地子都是红色的，而且在一个平面上，没有高低之分。同时也出现了花纹和地子异色，高低也有差别的剔红，如陷地黄锦剔红器。按花纹和地子颜色不同、高低不同，都是为了更好地区别纹与地，突出图案的主题，得到更好的装饰效果。唐代剔红许多是纹地同色，高低不分，正说明它尚处在早期阶段，是和剔红工艺开始流行这一情况相符的。

成都五代王建墓中发现银铅胎漆器，冯汉骥先生认为"大概系记载中所称的金银胎剔红"（《前蜀王建墓出土的平脱漆器及银铅胎漆器》，《文物》1961年十一期），但又称"此碟漆已脱落，仅余痕迹"。所以很难证明其确为剔红，更无从知其刻法与风格。

〔宋元之制，藏锋清楚，隐起圆滑，纤细精致。又有无锦文者〕〔藏锋清楚，运刀之通法；隐起圆滑，压花之刀法；纤细精致，锦纹之刻法；自宋元至国朝，皆用此法〕从黄氏本文来看，知道宋、元两代剔红的风格，大体上是一致的。杨注又称："宋、元至国朝，皆用此法。"可知明代基本上还是继承了这种技法。当然，所谓国朝，还不如说是明初的永乐、宣德来得更为确切。因为实物证明，这一时期的剔红，确实与元代张成、杨茂的作品，相当接近，而自嘉靖起，风格就有显著的变化。

宋代剔红实物未见。但流传在日本的剔黑器可以印证（见122）。传世品有刻宋代政和年款云龙纹剔红小盒。邓之诚《骨董续记》卷三称："袁珏生侍讲藏宋雕漆小盒，径不及寸，金底，上刻云龙，鳞鬣筋肉，骨角爪牙，夭矫飞动，宛若生成。平生所见雕漆，此为第一，迥非明代漆器可比。底刻'政和年制'（襄按：'制'字误，实为'造'，见《文物参考资料》1957年七期拓片）四字，隶书，刀法圆劲，必出当时名手。盖里刻'宫宝'一印，篆文，似后来加款。或永、宣造器时，曾征入九禁，审其精美，为镌此二字，以为宫中之宝器也，则尤足贵矣。"但此盒从刀法、图案、款识来看，实为赝品，作伪时代可能晚至清末或民国初年。

"藏锋清楚，隐起圆滑"，是张成、杨茂和永、宣两朝剔红的特点，在后面的实例中将进一步论及。纤细精致，是指锦地而言的。但也只是和压地的主题花纹相较，才会觉得锦地"纤细精致"。如果与时代较晚的雕漆相比，则元代及明初的剔红锦地，应当说是较大较粗的。一般来说，嘉靖时的雕漆锦地比永、宣时的细，万历时的又比嘉靖时的细。锦地由粗而细，正是明代雕漆演变发展的规律之一。

元代及明初的雕漆，以花卉为题材的，如牡丹、茶花、菊花、栀子、玉簪等等，一般都花叶密布，没有锦地。山水人物则有锦地。所谓"又有无锦文者"，当指刻花卉的剔红而言。

〔其有象旁刀迹见黑线者，极精巧〕〔古人精造之器，剔迹之红间露黑线一二带。一线者或在上，或在下；重线者，其间相去或狭或阔无定法，所以家家为记也〕以所见到的故宫博物院一百几十件永乐、宣德剔红藏品来说，多数都有黄、杨两氏所指出的黑线。有的一条，有的两条。一条黑线，实际上就是一层黑漆。也就是说，剔红器的漆胎在逐层上朱漆的过程中，加进了一道或两道黑漆。最后剔刻花纹，刀口便露出黑线。这与剔犀（见127）的色层相间，正是同一道理。从实物来看，一条黑线的，往往贴近朱漆的底层（如故宫博物院藏的永乐款牡丹孔雀纹剔红大盘，详后）；两条黑线的，靠下的一条，也多接近底层（如故宫博物院藏的明初牡丹绶带纹剔红大圆盒）。因此除了如杨注所说，黑线是各家出品的记号外，它还有指示剔刻深度的作用。刀子刻下去，见到黑线，等于说已快到朱漆的底层，这样便

可以引起刻者的注意，不至于刻得太深，露出胎骨。另一方面，它也可以指示漆工将全器的花纹，刻得深浅一致。

〔又有黄锦者，黄地者似之〕〔黄锦、黄地亦可赏〕永乐宣德的剔红，以花卉为题材的，一般没有锦地，但花叶间的空隙中，可看见黄色的素漆地。这说明它的做法是先以石黄打底，上面再逐层上朱漆。所谓"黄地"者指此。"黄锦者"，指以黄漆刻锦纹作地，上面压朱漆花纹。本书雕镂门各条，凡言某色地的，是指光素的色漆地。某色锦的，是指剔刻的色漆锦纹地。

〔又矾胎者不堪用〕〔矾胎者矾朱重漆，以银朱为面，故剔迹殷暗也〕《遵生八笺》剔红下曰："有伪造者，矾朱堆起雕镂，以朱漆盖覆二次。"（寿61）

矾胎是用绛矾来调漆，层层积累，上面最后上银朱漆。高濂《遵生八笺》所说的是全部剔刻完毕才上，但也有上完银朱漆再刻的。从杨注"剔迹殷暗"四字来看，似属于后者。绛矾（参阅76）朱髹。

〔又近琉球国产精巧而鲜红，然而工趣去古甚远矣〕琉球制剔红，见186。

下面举几件剔红实物：

元代剔红，仅在国内的，就有不少件，如：（一）张成造款栀子花纹剔红圆盘。（二）张成造款曳杖观瀑图剔红圆盒。（三）杨茂造款花卉剔红渣斗。（四）杨茂造款观瀑图剔红八方盘（《文物参考资料》1956年十期，魏松卿有专文讲到这四件雕漆）。（五）东篱采菊图剔红圆盒，江苏青浦县章堰乡北庙村元至正十一年（1351年）墓出土，现藏上海博物馆。

张成造款栀子花纹剔红圆盘，正中刻全开的双瓣栀子花一朵，旁刻含苞微绽的四朵，全盘都为花叶布满，不刻锦

地。取象完全写实，而处处圆润，不露刀痕，正合乎黄氏"藏锋清楚，隐起圆滑"的描写。盘外边刻香草纹。底黑漆，靠近足边，有针划"张成造"三字款。

杨茂造款观瀑图剔红八方盘，中间八方开光，刻长松殿阁。阁右一老人临曲槛，眺望对山流瀑，阁内外童子各一人。天、水和地，都用锦地刻成。盘旁刻以仰俯花朵组成的图案。盘底黑漆，足边有"杨茂造"针划款。但底上另有刀刻填金"大明宣德年制"款，系后刻，不足为凭。明代刘侗、于奕正合著的《帝京景物略》早就有宣德时人，磨去永乐剔红上的原款，改刻宣德年款的记载。

以上所举的两件剔红，足以代表元代的雕漆，而永乐、宣德两朝以花卉和山水人物为题材的剔红，基本上保存了元代的风格。

永乐时制的剔红，举故宫博物院藏牡丹孔雀纹大盘一例。盘径四四点五厘米，足径三五厘米，高五点五厘米。盘面满布牡丹花叶，上压孔雀一双。雀身细镂羽毛，微如毫发，与丰满的花叶成显著的对比。雀颈及身，近边缘处稍高，中部略凹，它非但不使人觉得低陷，反富于立体的感觉。盘外刻缠枝牡丹花纹。花纹透空的地方，露出黄色漆地。刀口在靠近黑漆处，有黑漆一线，与黄、杨两氏所说的，完全吻合。足内漆色褐黑，左侧针划"大明永乐年制"款。这种禽鸟压花卉的构图方法，与现在日本京都兴临院的张成款的茶花双绶带纹剔红盘是非常接近的。

进狮图圆盒代表明代剔红的另一种风格。盒锡胎，径八点一厘米，高四厘米，盖面略为隆起。漆色鲜红，方格锦纹地，上刻一男子，高颧钩鼻，须髯卷曲，耳穿大环，戴皮帽，插长雉尾，不似汉族人装束，两袖高扬，作叱喝之势。旁一雄狮，回头奋爪，奔驰欲前，地下一旗半卷，已被狮子践踏。此图当为进狮时猛烈难驯的景象。人兽神情飞动，刻工简练。盖底刻牡丹山石。此盒堆朱不厚，锦纹较大，花卉枝梗较细，但刀法仍保持藏锋圆润的传统，当为稍后于宣德时的作品。

宣德之后，雕漆上刻有正统、景泰、天顺、成化、弘治、正德等朝年款的，极为罕见。及到嘉靖，刻年款的又多起来。为什么会如此，一时尚难得出足以令人信服的答案。可能由于这一段时期的雕漆制造中心不在宫廷而在民间作坊的缘故。不过更全面的解释还有待进一步的分析研究。

明代为官家制造的雕漆，大体上说来，永乐、宣德可划为一个时期，基本上是和元代一脉相承的。不过宣德的某些作品，肉渐薄而地渐疏，已开始有自己的风貌。到嘉靖又判然一变，刻法由藏锋圆润转向刀痕外露；至万历而再变，布局运刀，无不抑敛，细密谨严是其特色（可参阅此后120剔黄，123剔彩所举的嘉靖、万历的实例）。万历以后，明祚日促，已无力从事雕漆制作了。

明代雕漆中还有构图粗犷、刀法快利的一种，民间气息比较浓厚，与官家制造的相比，虽有文野之分，粗细之别，但朴质豪放，艺术价值是不低的。实例如故宫博物院所藏的三友草虫纹盒。盒盖在松、竹、梅之中，穿插螳螂、蜻蜓、蝴蝶、蛙、蛇诸形象，尽飞走跳跃之致。此类剔红多不刻款，所以年代及产地都待考。近年有人根据《帝京景物略》"云南雕漆虽细，用漆不坚，刀不藏锋，棱不磨熟"的说法，认为是云南制品。国外也有人从此说（见李汝宽《东方漆工艺》，英人迦纳《中国漆器》两书所举数例），但也未能提出更多的论据。故宫博物院藏有文会图剔红方盘，上有"滇南王松造"款识，但刀法属于圆润一路，风格与宣德相似，盘边花卉更是明代早期的刻法。倘此方盘确是云南剔红，却只能反过来证明三友草虫纹盒一类雕漆不是云南的制品了。

清代雕漆重刻工而轻磨工，至乾隆而更加精工纤巧，往往显得繁琐堆砌。

这时期比较成功的作品如秋虫桐叶剔红盒。雕者利用桐叶细密的筋脉作为锦地，可以说是细入微芒。用自然物象代替锦纹图案，颇见匠心。

北京和扬州现在还大量制造剔红，除一般产品不论外，比较精细的作品往往较多地继承了乾隆时期的风格，花纹细，层次多，刻工细，成为主要的追求目标。今后似乎可以从元、明的作品中吸取其值得吸取的成分，并参酌其他工艺乃至现代木刻的一些手法，融会变通，使剔红呈现新的面貌。

119 金银胎剔红，宋内府中器有金胎、银胎者。近日有鍮胎、锡胎者，即所假效也。

金银胎多纹间见其胎也。漆地刻锦者，不漆器内。又通漆者，上掌则太重。鍮锡胎者多通漆。又有磁胎者、布漆胎者，共非宋制也。

〔金银胎剔红，宋内府中器有金胎、银胎者〕《遵生八笺》："宋人雕红漆器如宫中用盒，多以金银为胎，以朱漆厚堆至数十层，始刻人物楼台花草等象。刀法之工，雕镂之巧，俨若画图。"（寿62）

谢堃《金玉琐碎》："宋有雕漆盘盒等物，刀入三层，书画极工，竟有以黄金为胎者，盖大内物也。民间有银胎、灰胎，亦无不精妙。近因贾肆跌损一器，内露黄金，一时喧哄，争购剥毁，盖利其金。殊不知金胎少而灰胎多。一年之内，毁剥略尽。"

〔金银胎多纹间见其胎也。漆地刻锦者，不漆器内。又通漆者，上掌则太重〕杨注说纹间多见其胎，是可以理解的。因既以金或银作胎，而通身又被漆遮没，未免枉用金银，所以刻剔花纹，刀口要露出金质或银质的胎子来。这与131杨注"戗迹露金胎或银胎，文图灿烂分明"正是同一表现方法。所谓"漆地刻锦者"是指剔红用锦纹作地子，因而无法露出金胎或银胎。遇到这种情形，则器物的里子不上漆，完全将金胎或银胎露出来。只有里外不露胎子的，所谓"通漆者"，由于金银质的胎骨，加上里外的漆层，上手自然会感到十分沉重。

〔近日有鍮胎、锡胎者，即所假效也〕〔鍮锡胎者多通漆〕鍮、锡胎，即用铜或锡作胎。凡是这一种做法的，里外都通漆，不露胎骨。铜胎的尚未见过。锡胎的如故宫博物院所藏的宣德款人物楼阁剔红盘（原号翔一〇四），盘底被人钻一孔，露出锡胎。这应当是当年宫中典守的人，想知道漆下是否有金胎才探挖的。118进狮图剔红盒，也是锡胎。

❶ 布漆胎即脱胎，古称"夹纻胎"。

从盒里漆剥落的地方，可以看得很清楚。

　　用金属作胎，要比木质胎骨来得稳定，不致因木质的伸缩而引起漆面的开裂。但漆片浮脱的毛病，在金属的胎子上仍会发生的。

　　〔又有磁胎者、布漆胎者，共非宋制也〕（襄按：磁即瓷）。瓷胎剔红未见过。故宫博物院近年收购到瓷胎剔犀大瓶，是雕漆以瓷作胎的实例。布漆见70、179。布漆胎即在木胎上糊布并上漆灰的做法❶。在明、清剔红中，这种做法很多。

120　剔黄，制如剔红而通黄。又有红地者。

有红锦者，绝美也。

　　〔剔黄〕做法与剔红完全相同，但用石黄调漆来代替银朱。

　　故宫博物院藏品中有乾隆时制春字剔黄捧盒。盒面刻聚宝盆，放出毫光，毫光中一大春字，春字中又有一圆光，内刻寿星及鹿。这是明代传统图案，嘉靖和万历雕漆都曾采用。

　　〔又有红地者〕〔有红锦者，绝美也〕红地是指以素红漆作地的剔黄。红锦地是指以红漆刻锦地，上压黄漆主题花纹的剔黄。以上两种剔黄，在同一器物上都有黄、红两种色漆。

　　红锦地剔黄，可以故宫博物院所藏的万历龙纹碗为例。碗径一三厘米、高六点九厘米。口际有卍字方锦一道，此下在红锦地上雕龙纹，回纹足。足内朱漆，居中刻款字两行："大明万历己丑年制"，即万历十七年（1589年）。

121　剔绿，制与剔红同而通绿。又有黄地者、朱地者。

有朱锦者、黄锦者，殊华也。

　　通体绿色的剔绿器极少见。素黄地、素朱地的剔绿，或以黄色漆作锦地及朱色漆作锦地的剔绿，一时也难举出实例。故宫博物院藏有宣德款水阁纳凉图圆盒，是以剔红作主题花纹，而以绿漆作锦地的。文、地所用漆色虽与所谓"朱锦者"恰好相反，但仍不妨作为剔绿的一个例子。其盒径二五厘米，高七点九厘米。盖上面刻水阁，一老翁倚槛纳凉，手摇羽扇。池内刻莲花，用深绿色漆刻水纹锦地。天纹、地纹的锦地，也用绿漆刻成。岸上右侧有山石松树，左侧一童子抱琴。底黑漆，左侧刀刻填金"大明宣德年制"六字款。右侧另有宣德年款，已填平，在漆下隐约可见。

122 剔黑，即雕黑漆也，制比雕红则敦朴古雅。又朱锦者，美甚。朱地、黄地者次之。

有锦地者、素地者。又黄锦、绿锦、绿地亦有焉。纯黑者为古。

〔剔黑，即雕黑漆也〕《遵生八笺》："墨匣有雕红。黑漆匣，亦佳。"又剔红下曰："以朱为地，刻锦；以黑为面，刻花。锦地压花，红黑可爱。"（寿63）

剔黑，即用黑漆堆积，然后剔刻花纹的做法。依黄氏本文及杨注有：纯黑剔黑，朱地剔黑，朱锦地剔黑，黄地剔黑，黄锦地剔黑，绿地剔黑，绿锦地剔黑等多种。

现存日本的婴戏图雕漆盘是一件较早的剔黑器（见李汝宽《东方漆工艺术》图版三一，但李定名为剔犀盘，实误）。其盘径三一点二厘米，高四点五厘米，夹纻胎，表层黝黑而微呈褐色，此下有薄朱漆层，最下为暗黄色地。盘正、背两面刻花卉纹边，正面中心刻楼阁三重，前为庭院，以方砖墁地，嬉戏的儿童凡十。庭院以曲槛围匝，左为池塘，右为花圃。楼阁左右，实以花树，上有月轮，中刻玉兔于丹桂下捣药。从刀法来看，此盘堪称"藏锋清楚，纤细精致"。尤其是花纹凸起不高，方砖虽具锦地功能，但与儿童、曲槛、楼阁等花纹的高度，相差甚微，故整体上，尚有唐代雕漆有如印板的遗意，其风格和元代雕漆不同，而与宋代醉翁亭雕漆盘相似。该盘经宋遗民许子元（1226—1286）于1279年携至日本，存放在他任住持的圆觉寺中。婴戏图雕漆盘至晚也是一件南宋时期的制品。

故宫博物院所藏剔黑漆器中，以朱地的及朱锦地的为最多，其次是黄地的、黄锦地的和纯黑的。绿地的和绿锦地的极少见。红锦地者，以永乐款八仙图八方捧盒为例。其盒盖顶八方开光，中刻老寿星，八仙环绕左右。外圈及立墙都分格刻花鸟。盒底立墙及足上的一圈，重复盒盖的花纹。底足刻奔兽。以上除底足外，都以黑漆作花纹，下压红漆方格锦地。刻法虽不甚露锋，但堆漆较薄，花纹繁缛，露锦地较多，与永乐的风格显然不同。盒底"大明永乐年制"六字款，刀刻填金，也和永乐时期的针划款不同。从各方面来看，此盒系宣德或更晚时期的制品。

纯黑器，故宫博物院有乾隆款的大碗，直径逾尺，口刻蕉叶纹。在斜方锦地上刻由绦环构成的花纹四组。各组之间刻云纹及莲花各一朵。由于碗的尺寸大，花纹显得疏朗，比一般乾隆时雕漆趣味纯朴。

123 剔彩，一名雕彩漆。有重色雕漆，有堆色雕漆。如红花、绿叶、紫枝、黄果、彩云、黑石、轻重雷文之类，绚艳悦目。

重色者，繁文素地；堆色者，疏文锦地为常具。其地不用黄黑二色之外，侵夺压花之光彩故也。重色俗曰横色，堆色俗曰竖色。

〔剔彩，有重色雕漆，有堆色雕漆。如红花、绿叶、紫枝、黄果、彩云、黑石、轻重雷文之类〕《遵生八笺》："有用五色漆胎，刻法深浅，随妆露色。如红花、绿叶、黄心、黑石之类，夺目可观，传世甚少。"《博古图》有汉轻重雷纹豆。（寿64）

剔彩是在器物上用不同颜色的漆，分层漆上去，每层若干道，使各色都有一个相当的厚度，然后用刀剔刻；需要某种颜色，便剔去在它以上的漆层，露出需要的色漆，并在它的上面刻花纹。最后刻成，一器上具备各个漆层的颜色，五色灿烂，所以叫剔彩。所谓红花、绿叶、紫枝、黄果、彩云、黑石等等就是用这种方法刻出来的。

〔雷文〕即雷纹，是一种铜器花纹的名称（图二二），后代或称之为回纹，雕漆往往用它作锦地。轻重雷纹当指粗线条的雷纹（重雷纹）和细线条的雷纹（轻雷纹）而言。

〔有重色雕漆，有堆色雕漆〕〔重色者，繁文素地；堆色者，疏文锦地为常具。重色俗曰横色，堆色俗曰竖色〕所谓繁文素地，是说器物表面差不多全为花纹占去，只在花纹的空隙间，露出一些地子，因地子面积太小，无从下刀，所以任它光素。所谓疏文锦地，是说花纹之间，露出地子的面积相当大，所以在地子上剔刻一种或几种花样的锦纹。

明代雕漆，有在同一件剔彩上具备重色、堆色两种做法的，如宣德林檎双鹂纹剔彩捧盒，便是一例。盒盖正中花纹有锦地，而外围及立墙的花纹无锦地。

〔其地不用黄黑二色之外，侵夺压花之光彩故也〕杨注此二语，可能有错字或脱文。如若不然，那么我们只能理解为：剔彩的锦地，只限于黄色或黑色；除此之外，都不宜用，以免侵夺锦地上面花纹的颜色。证以剔彩实物，黄色和细色的锦地果然占最多数，黑色锦地有时用，但并不只限于此二色。如红色、绿色、紫色的锦地也是时常有的。宣德林檎双鹂纹捧盒，便是以红漆为锦地的例子；乾隆剔彩的百子晬盘，便是以绿漆为天纹及水纹锦地（见后）的例子。

剔彩的实物，举以下四例：

（一）宣德款林檎双鹂纹剔彩大捧盒（图二三）故宫博物院藏。盒径四四厘米，高二〇厘米，色漆层次，自下而上为：红、黄、绿、红、黑、黄、绿、黑、黄、红、黄、绿、红十三层。盒盖平顶开圆光，用红漆刻斜方锦地，上压林檎一枝，黄鹂两个，一在枝前，侧首上瞩；一在枝后，回身欲下。两相呼应，神情贯连。鹂身都用黄漆剔成，只头部眼后

图二二　雷纹

一抹及翅尖尾端，留绿色漆，状写黄鹂的黑色斑纹，林檎枝头，有花有果。果实或红面间黄绿，或黄面间绿红；叶片或黑面间红绿，或绿面间黄；色彩之所以活泼绚丽，富于变化，并不仕呆板的分层片取，而是靠磨显得来的。此外还剔刻蜻蜓、蝴蝶各一，点缀枝叶的空隙。全幅画面，虽富有装饰图案趣味，却是从宋人花鸟画继承变化出来的。

盒盖开光外围及盒底邻近底足的一圈，刻缠枝花果，由桃、樱桃、石榴、葡萄等组成。盒盖及盒底的立墙，刻缠枝花纹。以上四圈图案，都以素黄漆作地，不刻锦纹。底足刻钱纹图案。

此盒花纹明朗浑成，刀法藏锋圆滑，完全是明初雕漆的风格，我们可以相信它是宣德时的作品。以所见到的剔彩漆器来说，当以此盒为最早。但从此盒色漆层次之多，及技法成熟的程度来看，剔彩雕漆的创制，必在宣德之前。

（二）嘉靖款货郎图剔彩盘　故宫博物院藏。盘口径三二点一厘米，足径二三点四厘米，高五点二厘米。色漆层次自下而上为：土黄、橙黄、黄、绿、红五层。盘中部刻老人，手持鼗鼓，后有货郎担。担前为方箱，后为圆筐，扁担两端饰龙头，上有雕花横额，制作极为精美。担上器物有三弦、铃、筝、火不思、云锣、唢呐、弓箭、纱帽、旗、马镫、皮球、靴子、卷轴等，不下数十件。幼儿八，一个玩风车、一个持碗，两个玩陀螺，两个玩傀儡，一个肩荷另一个幼儿，都很生动活泼。货郎担后，以桃树作背景，枝上果实累累。人物色彩，红漆为主，间以绿漆。花纹空隙露黄漆，下半幅刻方格锦纹，上半幅刻云纹锦地，以不同的锦纹分作天和地。盘边刻龙纹，

背面刻大朵缠枝花，足边刻回纹。足内朱漆，大字刻款"大明嘉靖年制"。

此盘的刻工并不十分精细，但有绘画的效果，不禁使人想到苏汉臣的货郎图，这在雕漆中是不多见的。

（三）万历款龙纹剔彩长方盒　故宫博物院藏。盒长三二点五厘米，宽二〇厘米，高九厘米。色漆层次自下而上为：黄、深绿、深黄、黄、绿、红六层。盒盖正中开光，正面一龙，在它头顶的盘内，中有圆寿字，两旁卍字各一。龙下有海水、山石及花卉。各部分的色彩是：龙身红，鬐鬣绿。山石红，海浪上红下绿。花卉绿叶红筋，或全红，或绿中露黄筋。海水深绿。最下一层天地锦纹又用黄漆雕成。

开光外四角用深黄漆层刻球纹锦地，上压云纹。云纹以红漆作外框，框内露黄绿两色漆。

盖边刻花卉，花叶密刻筋纹，是万历刻法的特点。花叶用色，富有变化，有红有绿，或半黄半绿，或半红半绿。妙在斜铲漆层，由一色渐渐转入另一色。

盒底刻法与盖边相同。足上刻回纹一圈。足内朱漆，靠上自右而左，横刻

"大明万历乙未年制"楷书款。字形长方，有明板书字体的趣味，与宣德刻款略具晋、唐小楷的风格不同。

此盒剔工极精，是万历雕漆的标准作品。在运刀方面，刻者采用了斜层取色的办法，借以追求设色画一笔数色的效果。

（四）乾隆剔彩百子晬盘　故宫博物院藏。盘刻幼儿数十人，作张灯之戏。左侧桥上舞龙灯，后有乐队，打锣、击钹、吹管、吹喇叭，排成两行。再后有骑竹马者，戴假面具者，举鱼、兔、猪各种灯者。池内有龙船两艘，各载有童子五六人。对岸幼童作盘杠子、放风筝等游戏。色漆层次，自下而上为绿、黑、黄、绿、红五层。儿童服饰以红色为主，次为绿色。锦地用绿漆刻天纹、水纹，黑漆刻地纹。刻工极精能，刀口深陡峻直，是它的特点。乾隆时代的雕漆，可以此盘为代表作，同时也是清代剔彩中的最精品。"百子晬盘"是它的原来名称，刻在此盘底，按《合璧事类》记载，"周岁陈设曰晬盘"。古代风俗，在幼儿周岁时，在盘内置放各种器物，任其拈取，以为征兆。所以百子晬盘当是清代宫廷在王子周岁时使用的。

124　复色雕漆，有朱面，有黑面，共多黄地子，而镂锦纹者少矣。

髹法同剔犀，而错绿色为异。雕法同剔彩，而不露色为异也。

杨注称"髹法同剔犀"，可见复色雕漆是用几种色漆，一层一层，周而复始地漆上去的。所不同者，其中有绿漆层（127剔犀，杨注称"用绿者非古制"，可见剔犀的传统做法是不用绿漆的）。"雕法同剔彩"，是说刻法不用剔犀那种回转圆婉的图案花纹（指绦环、云钩、香草等等），而与剔彩一样，以花鸟、山水人物等物象为题材。所不同者，全器表面纯系一色，不分层取色，露出几种不同的色漆。黄氏原文称"有朱面，有黑面"，正是指这种表面纯红或纯黑的复色雕漆。

复色雕漆实物未见过，待访求。❶

125　堆红，一名罩红，即假雕红也。灰漆堆起，朱漆罩覆，故有其名。又有木胎雕刻者，工巧愈远矣。

有灰起刀刻者。有漆冻脱印者。

〔堆红，一名罩红〕《格古要论》："假剔红用灰团起，外用朱漆漆之，故曰堆红（襄按：此下有"但作剑环及香草者多，不甚值钱"一语）。又曰罩红（襄按：此下有"今云南大理府多有之"一语）。
（寿65）

剔红是用朱漆逐层积累，到相当厚度，然后雕刻花纹。堆红是用灰漆堆起，在灰漆上雕刻花纹，然后通身上朱漆，将灰漆罩覆在下面。剔红的表里是一致的；堆红则里外用料不同。剔红刻后，刀法尽在；堆红则刻后罩漆，花纹不免臃肿，缺少生动流畅的意趣。堆红，可以说是剔红的仿制品。

〔又有木胎雕刻者〕是指直接在木胎上雕刻花纹，上面罩覆朱漆，它比灰漆堆刻者更差。❷

〔有漆冻脱印者〕这是假剔红的另一种做法。用漆冻子（见28、126）敷着在器物上，拿模子套印出花纹，最后在上面罩覆朱漆。❸此种制法宜于做比较平浅的花纹，可以大量生产。近年中国及日本都有这种做法，但所用材料未必是漆冻，而是漆灰。

刀刻和模印的假剔红，以下各举一例：

三螭纹堆红盒（图二四） 1950年多宝臣先生制，径一六点七厘米，高六厘米，木胎，天覆地式。它的做法是，在盒面堆积厚约八毫米的灰漆层，干后，用刀剔刻花纹，最后通身上朱漆。图样原稿是据一块清初的木刻花片临摹下来的。三螭蟠结，组成团形图案，螭身圆形套钩，系由云纹变出。

葡萄纹堆红碟 碟椭圆形，长径二一厘米，短径一二厘米，在锦地上用葡萄纹作压花。乃由模子印脱而成，干后罩朱漆。此碟为日本制品，中国制者与此方法相同。

图二四　多宝臣制三螭纹堆红盒

另外，本书未提到，但性质与堆红有相似之处，可以提供参考的，即是一种雕刻竹胎加上用胶粉（可能为蛎粉）堆挤出的花纹，上面再罩漆的做法。

竹胎四狮纹堆粉罩漆笔筒　它是近代制品。竹竿一截，高一〇点五五厘米，径约六厘米，中间削出细腰，在竹胎上粗粗剔出狮子的身躯。狮子的眼、鼻、口、耳以及鬃毛、尾巴等细部，都用粉堆成；并在笔筒的上口及靠近底足处堆挤装饰花纹，最后罩紫黑色漆，笔筒的做法可以说是竹刻与堆粉相结合，没有裹布及垸、糙等工序，所以比较简易，也没有用什么贵重的材料，但图案颇生动活泼，民间的气息相当浓厚，与清代宫廷细谨刻划的作品，风趣迥别。

---

126 堆彩，即假雕彩也。制如堆红，而罩以五彩为异。

今有饰黑质，以各色冻子，隐起团堆，圬头印划，不加一刀之雕镂者。又有花样锦纹脱印成者，俱名堆锦。亦此类也。

〔堆彩〕摹仿剔彩的一种做法，所以又名"假雕彩"。制法与堆红一样，也是先用灰漆堆起，然后刀刻花纹。所不同者，堆红在刻后通体罩朱漆，而堆彩在刻后罩各种色漆。

〔堆锦〕杨注又讲到堆锦的两种做

❶ 复色雕漆有如日本音丸耕堂制作的屈轮。

❷ 殷商有此法，日本称"镰仓雕"，即在木雕上面上朱漆。

❸ 福州"印锦"属此法。

① 百宝嵌的花木枝梗，如不用物料（如椰壳、硬木等）嵌成，则用冻子堆成。一般商品骨石镶嵌几乎无不采用此法。北京金漆厂、扬州漆器厂称之曰"堆梗"。

法：一种是用不同颜色的冻子，堆在黑色的漆胎上，然后用圬子（参阅 28）的尖端，趁冻子未干，印划出花纹来。因冻子本身有颜色，可能印划后便算完成，不再罩覆色漆。一种是用模子将冻子（当是一色的）脱印出花纹和锦地，上面再上颜色。①

127 剔犀，有朱面，有黑面，有透明紫面。或乌间朱线，或红间黑带，或雕黭等复，或三色更叠。其文皆疏刻剑环、绦环、重圈回文、云钩之类。纯朱者不好。

此制原于锥毗，而极巧致，精复色多，且厚用款刻，故名。三色更叠，言朱、黄、黑错重也。用绿者非古制。剔法有仰瓦，有峻深。

〔剔犀〕《格古要论》："古剔犀器皿，以滑地紫犀为贵（襄按：此下有'底如仰瓦，光泽而坚'一语），如胶枣色，俗谓之枣儿犀（襄按：此下有'亦有剔深峻者次之'一语）。福州旧仿（襄按：原书作'做'）者，色黄滑地圆花儿者，谓之福犀（襄按：此下有'坚且薄，亦难得，有云者是也'一语）。"《香祖笔记》："滑地紫犀，元时禾郡西塘杨汇所作。"《稗史类编》："今之黑朱漆面刻画而为之，以作器皿，名曰犀皮。"（寿 66）

剔犀是用两种或三种色漆（一般都是两种色漆），在器物上有规律地逐层（每一色层都由若干道漆漆成，各层厚薄并不一致）积累起来，至相当的厚度，然后用刀剔刻出云钩、回文等图案花纹。在刀口的断面，可以看见不同的色层。剔犀，北京文物业统称曰"云雕"，日本则称之曰"屈轮"。

最早的剔犀实例，英人迦纳（H.M. Garner）认为是 1906 年经斯坦因（M.A. Stein）在米兰堡（Fort Miran）发现的唐代（公元 8 世纪）的皮质甲片（见 H.M.Garner：*Chinese Lacquer*，1973，London）。据斯坦因的描述，甲片可能用骆驼皮制成，各片均作长方形，大小不一致（长由二英寸多到四英寸多，宽二英寸多），两面髹漆，有的多至七层，以朱黑两色漆为主，也施暗红、棕褐及黄色漆。甲片上的花纹有同中心圆圈、椭圆圈和近似逗号及倒置的 S 等几何花纹，是用刮擦的方法透过了不同的漆层取得的（见 M.A.Stein：*Serindia Vol. I*，1921，PP. 459－467）。对照以上两书所附的照片，可以观察到花纹的刮痕很浅，并无深刻剔沟的痕迹。

值得我们注意的是杨注的几句话："此制原于锥毗，而极巧致，精复色多，且厚用款刻，故名。"他告诉我们剔犀是从更早的"锥毗"发展出来的。二者的差别是"剔犀"比"锥毗""精复色多"，即反复积累起来的不同颜色漆层要多，而且"厚用款刻"，即花纹要剔刻到深厚的漆层中去。因此我们有理由认为，唐漆甲是剔犀尚未定型，而近似锥毗的一种做法。从刮擦而使露出不同色层这一技法来看，它和犀皮也有近似之处。只是犀皮在大面积上进行打磨，花纹仿佛是自然形成的；而漆甲则依图案轨迹来刮擦，故所形成的是图案花纹而已。

剔犀技法的定型可能在宋代，其器形及花纹和宋代银器有极为相似之处。杭州老和山宋墓伴随漆碗出土的有云纹银盒（《文物参考资料》1957年七期），四川德阳孝泉镇出土的宋代银器中有云纹瓶（《文物》1961年十一期），上海宝山宋墓出土的有香草纹铅粉盒（《考古》1962年八期），它们的花纹都是在剔犀漆器上可以看到的。这不仅说明漆工和金工有密切的关系，也为剔犀漆器定型的年代提供了旁证材料（图二五、二六）。

〔有朱面，有黑面，有透明紫面。或乌间朱线，或红间黑带，或雕黡等复，或三色更叠〕〔三色更叠，言朱、黄、黑错重也〕朱面、黑面指剔犀表面的颜色而言，也就是它最后的一层漆色是红的或黑的。透明紫面，当即《格古要论》所谓"滑地紫犀"。乌间朱线是说黑色的漆层厚，红色的漆层薄；红间黑带是红色的漆层厚，黑色的漆层薄；雕黡等复是红黑二色的漆层，厚薄相等；三色更叠是朱、黄、黑三色重叠。

〔其文皆疏刻剑环、绦环、重圈、回文、云钩之类〕疏刻，即剔刻的意思，参见94。

〔剑环〕明代计成《园冶》有剑环式圈门（图二七）。剑环纹的剔犀，可能用与此近似的图案，或由此图案变化出来的花纹剔刻而成的。

〔绦环〕见111。

〔重圈〕由双重圆圈或由此图案变化出来的花纹组成。

〔回文〕有多种。有一个一组的，有两个一组的，有连续不断的。元代张成造曳杖观瀑图剔红盒，盒边即用两个一组的回文（《文物参考资料》1956年十期）刻成。当然剔犀上所用的回文，不可能

图二五　宋银盒

图二六　宋银瓶

与剔红一样，转角不是方的，而要圆婉一些。

〔云钩〕剔犀花纹中最常见的一种，变化也很多。安徽省博物馆藏的张成造剔犀盒是一个很好的例子（详后）。

〔剔法有仰瓦，有峻深〕仰瓦、峻深是指剔犀的刀口而言。仰瓦，浅而圆；峻深，深而陡。（见《格古要论》）

下面举四件剔犀实例：

（一）南宋剔犀执镜盒　它出土于常州宋墓中。木胎，长二七厘米，径

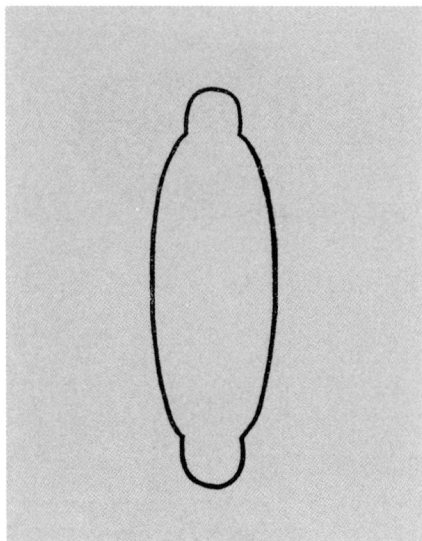

图二七　剑环式圈门

漆层各十余道，是乌间朱线的实例。柄上还刻有"君玉"二字，乃周瑀珤号（和惠：《宋代团扇和雕漆扇柄》，《文物》1977 年七期）。据考证周瑀卒于淳祐九年（1249 年）（镇江博物馆等：《金坛南宋周瑀墓》，《考古学报》1977 年一期），可知扇柄为南宋末年的制品。

（三）元张成造剔犀盒　安徽省博物馆藏。盒圆形，径一四点五厘米，通盖高六点五厘米，盖高三点二厘米，底高五厘米（连子口）。盒盖及盒底的周缘均雕云纹三组，堆漆肥厚，比一般明代的剔犀器要丰腴得多。刻工圆润，刀口深几达一厘米，漆光莹滑照人，形制古朴淳厚。这种制法应即《格古要论》所谓"剔深峻者"的一种。圆盒的漆色黝黑，刀口中露出朱漆三层，每层相隔约二毫米。盒底足内光素，漆呈紫黑色。靠近足的边缘，针划"张成造"三字款（参阅拙著《记安徽省博物馆所藏的元张成造剔犀漆盒》，《文物参考资料》1957 年七期）。

（四）明葵花式剔犀盒　故宫博物院藏。径约二〇厘米，刻云钩纹，朱色内间极细黑线，是一件朱面剔犀的例子。

一五点七厘米，厚三点二厘米。盒面、柄部及周缘雕云纹图案，黑面，褐色底，是朱、黄、黑三色更叠的实例（陈晶：《记江苏武进新出土的南宋珍贵漆器》，《文物》1979 年三期），并应是现知较早的剔犀器。

（二）南宋剔犀扇柄　它出土于金坛周瑀墓。扇柄两端细，中间粗，长一二点五厘米，最大径二点四厘米，刻云纹三组，黑面，从刀口可见朱黑两色

128 镌甸，其文飞走、花果、人物、百象，有隐现为佳。壳色五彩自备，光耀射目，圆滑精细，沉重紧密为妙。

壳色细螺、玉珧、老蚌等之壳也。圆滑精细乃刻法也，沉重紧密乃嵌法也。

〔镌甸〕《遵生八笺》："如甸壳镌刻观音普陀坐像，山水树石，视若游丝白描。"（寿 67）

杨注"细螺"之"细"字，应为"钿"字之误。

镌甸的做法是用细螺、玉珧、老蚌等贝壳，镌刻成飞禽、走兽、花果、人

物等等花纹，将它们镶嵌到漆地中去，组成一幅画面或图案。它与 103 螺钿的不同是：螺钿的花纹都与漆面齐平，即使上面有划刻的纹理，也是经嵌入磨显之后，然后刻划的。镌甸则以"有隐现为佳"，"圆滑精细为妙"。这就是说贝壳的镌刻，依物象的高低为隐现，刻成

之后，才嵌入漆地。它的表面不是平的，而是高出漆面的浮雕。它与152百宝嵌做法相似而取材不同。百宝嵌用多种多样的材料镶成，镙钿只限于用螺钿。

镙钿实例曾见嵌狮纹小插屏，尺寸失记，在黑漆地上用厚螺钿嵌成大小三狮，高低起伏，有如浮雕。又如故宫博物院藏程文光制百宝嵌人物插屏，背面用螺钿嵌"盈盘珠玉来天瑞，象饰辉煌爱德光"行书十四字，笔划光圆，高出漆面，也是镙钿的一例。

在前代的实物中也有介乎镙钿与百宝嵌之间的做法，即螺钿为主而又兼用了一些其他的材料。这种作品，即称之为镙钿亦似无不可。

清梅花纹黑漆册页盒，长二四点五厘米，宽一八厘米，高七点五厘米，天覆地式。盒面正中以湘妃竹界出栏格，内用镙钿法嵌"宋杨补之梅谱"六大字及"杭郡金农题"五小字。栏格之外嵌

梅花，盒面枝干与四边立墙连属，成为通景，和瓷器盘碗上的描绘有所谓"过墙花"者，用意相同。梅花花朵亦为镙钿，梅枝则用褐紫色漆堆成。

又如清卢葵生制的漆沙砚，砚盖以紫漆作地，嵌折枝梅花两本，一直一弯，掩映取势。梅花用镙钿法，花瓣饱满，光彩耀目。全开者花心用红色小料珠嵌成，花蕊及须尖都用阴文刻出，但由于螺钿的闪光反射，却予人立体的感觉。梅花枝干用椰子壳嵌成（参阅《卢葵生和他的作品》，《文物参考资料》1957年七期）。

与以上两件镶嵌漆器做法相似的还有一件琵琶，因所用的材料种类较多，故用它来作为百宝嵌的实例（见152）。

镙钿在北京称为螺钿镶嵌，现在还大量生产，器物以黑漆箱、盒为多，上嵌花鸟人物等。所用材料除以螺钿为主外，有时也采用各色石片来嵌制花纹。

129 款彩，有漆色者，有油色者。漆色宜干填，油色宜粉衬。用金银为绚者，倩盼之美愈成焉。又有各色纯用者。又有金银纯杂者。

阴刻文图，如打本之印板，而陷众色，故名。然各色纯填者，不可谓之彩，各以其色命名而可也。

〔款彩〕《游宦纪闻》："款谓阴字，是凹入者，刻画成之。"（寿68）

款彩是在漆地上刻凹下去的花纹，里面再填漆色或油色，以及金或银。杨注"阴刻文图，如打本之印板，而陷众色"几句话，描写得最为形象。因为从实物来看，确实像木刻的印板。款彩一般用黑漆作地，花纹轮廓都保留下来，轮廓以内的漆地则剔去，以备填漆或油。漆或油填入之后，并不与漆地齐平，所

以花纹轮廓略为高起。这样，在感觉上，真像是木刻的印板了。

款彩的实物，有小自箱匣、插屏，大至高达丈余的八扇或十二扇的屏风。但北京的文物业不称之为款彩，而叫它为"刻灰"或"大雕填"。款彩的漆胎，为了便于刊刻，一般都不坚实。采用材料可能有砖粉、猪血，而生漆并不多。所以它的颜色近于灰绿。刊刻时，刻至漆灰而止，"刻灰"的名称就是这样来的。

"大雕填"是用它来区别所谓"小雕填"的。北京文物业所谓的小雕填，包括本书 100 填漆，148 铩金细钩描漆和 149 铩金细钩填漆几种做法。

〔又有各色纯用者〕〔然各色纯填者，不可谓之彩，各以其色命名而可也〕指纯用一色的款彩，应以它所用的颜色命名，例如填红叫款红，填绿叫款绿。

〔又有金银纯杂者〕指只用金、银两色，不用其他颜色的款彩。

1922 年吉辛斯基（Herbert Cescin-sky）编的《中国家具图录》（*Chinese Furniture*，1922，Benn Brothers），中有三具屏风的图片，可以看出原物都是用款彩的方法做成的。其中尤以花鸟纹一具最为精美。中刻山石，凤凰振翅其上，牡丹围植，后有梧桐玉兰。左右有梅、竹、芙蓉、山茶等各种花卉及仙鹤、鸳鸯、白头翁等禽鸟。布置妥帖，笔划劲挺，有吕纪花鸟画的意趣。又郝勃逊编的《中国美术》（R.L.Hobson：*Chinese Art*，1927，Ernest Benn Ltd），印出了款彩屏风的某一局部。环冈之外，松杉成林，崇楼一角，远山映带，颇似南宋人画的山水小景。上举两例足见款彩的表现能力是很强的。

款彩目前在北京、山西、扬州等地仍多生产，但名称则为"雕填"、"刻漆"，或"刻灰"，而不曰"款彩"。作品往往表现新的题材内容，技法也有所发展。实例如晋南新八景屏风、平型关颂、黄河颂等（《美术》1960 年五期、1962 年四期），都是比较成功的作品。

130 铩划第十一

细镂嵌色，于文为阴中阴者，列在于此。

凡在漆面上镂划纤细的花纹，花纹中填金或银或其他色漆，填后不齐平，仍露阴文划迹的，都属此门。

关于这一类漆器中的各种名称见附表九。

131 铩金，铩或作戗，或作创，一名镂金，铩银，朱地黑质共可饰。细钩纤匕，运刀要流畅而忌结节。物象细钩之间，一一划刷丝为妙。又有用银者，谓之铩银。

宜朱黑二质，他色多不可。其文陷以金薄或泥金。用银者宜黑漆，但一时之美，久则霉暗。余间见宋元之诸器，希有重漆划花者；戗迹露金胎或银胎，文图灿烂分明也。铩金、银之制，盖原于此矣。结节见于戗划二过之下。

〔铩金，铩或作戗，或作创〕铩金或铩金，其源当始自鸽金。

《诗经·周颂·载见》："鞗革有鸧，休有烈光。"郑玄笺："鞗革，辔首也。鸧，金饰貌。"陆德明《音义》："鸧，七羊反，本亦作铩。"明代杨慎《丹铅总录》："《唐六典》十四种金，有铠金。"以上各家所讲的，是金工中的鎗金或铠金，而都与金饰有密切的关系。

方以智《通雅》更明确指出抢金宣盒（襄按：当指宣德的铠金漆盒。）与铠金的关系："以金银丝戗器曰商，谓镶嵌也。元美曰：'赵希鹄云夏时器多相嵌，讹为商嵌，用修以为镶嵌。'智谓本商嵌，盖古谓刻为商。商金、商银，乃古之遗称也。张怀瓘《书录》言'三代钿金'，今之谓抢金宣盒，即唐之戗金也。今作去声，曹昭以为剗（襄按：《新字典》：'剗，初两切，音铲，皮伤也。'）金。《两钞摘腴》曰'䌸革有鸽'，笺云'鸽，金饰貌'，戗金出此。"

铠金漆器从它的形态来看，与嵌金的铜器或铁器，确有相似之处。所以漆工铠金命名的由来，当起源于金工的鸽金。

关于漆工铠金的记载，据已知材料，最早见于陶宗仪《辍耕录》："嘉兴斜塘杨汇髹工铠（去声）金铠银法：凡器用什物，先用黑漆为地，以针刻划，或山水树石，或花竹翎毛，亭台屋宇，或人物故事，一一完整。然后用新罗漆，若铠金则调雌黄，若铠银则调韶粉，日晒后，角挑挑嵌所刻缝隙。以金薄依银匠所用纸糊笼罩，置金银薄在内，逐旋细切取，铺已施漆上。新绵揩拭牢实，但着漆者自然粘住，其余金银都在绵上，于熨斗中烧灰，坩埚内熔锻，浑不走失。"

铠金、铠银的做法是在朱色或黑色漆地上，用针或刀尖镂划出纤细的花纹，花纹之内打金胶（见82），然后将金箔或银箔粘着上去，成为金色或银色的花纹。日本称之为"沉金"，取金色沉陷在划纹之内的意思。

〔余间见宋、元之诸器，希有重漆划花者。戗迹露金胎或银胎，文图灿烂分明也。铠金、银之制，盖原于此矣〕杨氏所见的宋元实物，大都用真金或真银作胎，上面上漆。这种器皿，一经铠划，花纹中自然露出金地或银地，所以无须再填金或填银。杨氏并认为，宋、元之器，是铠金、铠银漆器的起源，与方以智的说法不同。

用金、银作胎的铠金、铠银漆器，今日已难见到，杨注所云，当有所据。但是，他所说的铠金、铠银之制原于宋、元金银胎诸器，实不可信。因为漆器上的铠金、铠银，可以从春秋、战国的金银错铜器得到启发。战国时期漆工艺既已十分精美，绝不需要再过一千几百年到了宋代才有铠金铠银漆器出现。据近年考古发掘所得，西汉不仅已有针划纹漆器（图二八），而且还在针划云气纹中施加彩笔勾点，说明其技法已相当成熟。实例如长沙马王堆一号汉墓出土单层五子奁中的小奁（湖南省博物馆、考古研究所：《长沙马王堆一号汉墓》，下册图一七七，1973 年文物出版社）和银雀山西汉墓出土的漆奁（山东省博物馆等：《临沂银雀

图二八　长沙马王堆西汉墓出土五子奁内针划纹小漆奁

山四座西汉墓葬》,《考古》1975年六期）。长沙马王堆三号墓死者为利苍之子，葬于汉文帝初元十二年（公元前168年）。墓中部分漆器用针划花纹作雕饰。同墓出土的竹简还记载着这种技法的名称——"锥画"，可见当时已成为专门术语（湖南省博物馆等：《长沙马王堆二、三号汉墓发掘简报》,《文物》1974年七期；考古研究所等：《马王堆二、三号墓发掘的主要收获》,《考古》1975年一期）。晚于上墓一年的湖北纪南城凤凰山一六八号汉墓也出土一件针划纹奁，上刻似狐而操着人动作的怪兽（《关于凤凰山一六八号汉墓座谈纪要》,《文物》1975年九期）。如果说上述几件锥画漆器只有划纹而未填金，和"锵金"尚有所不同的话，那么湖北光化县西汉墓则确实发掘到针划锵金漆器。该遗址三号、六号两墓出土的两件漆卮，承湖北省博物馆杨权喜同志函告："二卮技法一致，即在黑漆地上，用针刻虎、鸟、兔、怪人等，并在这些动物之间针刻流云纹。然后在所有针刻的动物、流云纹线条内填进了金彩。"两墓均经发掘者归入墓群的第二组，年代约当汉武帝时期（湖北省博物馆：《光化五座坟西汉墓》,《考古学报》1976年二期）。这样就可以说至迟在西汉中期已经有锵金漆器了。

〔物象细钩之间，一一划刷丝为妙〕即在花纹轮廓之内，用锐锋作密划。这样，在粘着金、银之后，花纹和漆地会有显著的差别，能加强装饰的效果。

从实物来看，并从本书133 扁斓、153 复饰等门所列的名称来看，锵金或锵银漆器有两种不同的面貌：一种是所谓"细钩纤皴"，物象细钩间往往划刷丝的锵金或锵银。《辍耕录》中所叙述的即此种。本条所讲的也主要指此种。另一种纹路比前者较粗较深，一般不划刷丝。

这种锵金在它独自作为器物的文饰时，或称"清钩"（见陆树勋《剔红戗金犀皮三种髹器考》）。但单独以此法作花纹的漆器，并不太多，而更常见的是它与描漆或填漆相互结合。当然，凡是与描漆或填漆相结合的，便不能称它们为锵金或锵银，而当称之为"锵金细钩描漆"（见148）和"锵金细钩填漆"（见149）。

以下分别举两种锵金的实例：

（甲）细钩纤皴锵金

这种锵金，现在可以看到两件宋代实物，均出土于武进林前公社的南宋墓葬中。一件是人物花卉纹奁，通高二一点三厘米，径一九点二厘米，莲瓣式，分盖、盘、中、底四层，木胎朱髹，银扣镶口。盖面锵划出高髻两妇人，着花罗直领对襟衫，长裙曳地，分执团扇、折扇，挽臂而行，似作絮语。侧一女童捧瓶侍立，后有山石花木，旁设藤墩，所写是夏日游园之景。各层立墙为折枝花卉。盖面内有"温州新河金念五郎上牢"十字。另一件是朱髹长方盒，通高一〇点七厘米，长一五点三厘米，宽八点一厘米。盖面锵划出袒腹一老人，肩荷木杖，杖头挂钱一串，自山间行来，意态闲适。盒盖及盒身立墙也细钩折枝花卉。盖内朱书"丁酉温州五马钟念二郎上牢"十二字（陈晶：《记江苏武进新出土的南宋珍贵漆器》,《文物》1979年三期）。两件均是朱漆锵金的实例。人物的衣衫，花的瓣萼枝叶以及树干和山石低凹处，都可以看到划刷丝和纤皴。有些线条很劲挺，也可以体会到黄成提到的"运刀要流畅而忌结节"的要求（图二九）。

元代的锵金漆器，传世尚多，经日本出版的《世界美术全集》（修订本）卷十四刊载图片的有两件：

（一）广岛光明坊所藏的双鸟纹经箱　箱正面开光内铍划飞翔的鹦鹉两只，地子用平行的横线充填，并加朵云纹。光外划花卉，似为牡丹。都用黄氏所谓"物象细钩间一一划刷丝"的方法做成。开光之上还有"存性"两字。据日人冈田让的说明，此箱有款识："延祐二年栋梁神正杭州油局桥金家造"凡十六字。延祐二年为公元1315年。

（二）人物花鸟纹经箱　箱长四〇厘米，宽二〇点六厘米，高二五点八厘米，无款识，吉泽家旧藏。据冈田让的说明，此箱箱盖铍划凤凰，两侧为孔雀，前面为长尾鸟，背面为人物。图版所示是划孔雀的一面。图案的处理也是开光内划双鸟及朵云纹，开光外四角划牡丹纹，与前箱似出一手。箱子的边缘有嵌螺钿壳屑的条带，是前箱所没有的。

明初的铍金器有在邹县朱檀墓发现的云龙纹朱漆箱，长、宽各五八点五厘米，高六一点五厘米，盝顶式，分三层，抽屉安在侧面。四壁圆形图案内铍划龙纹。龙长喙，披鬒鬛，细鳞卷尾，左右以云纹作点缀。划纹精到准确，遒劲有力。由于多年埋藏地下，金色犹灿烂夺目。按朱檀死于洪武二十二年（1389年），所以此箱实际上可以代表元、明之际的铍金漆器水平（图三〇）。

"皇明祖训"云龙纹朱地铍金箱是一件明代前期的作品。箱长方形，长三九厘米，宽二六厘米，高八厘米。箱盖边缘，抹去棱角，作盝顶式，在长方的签条内用细密的网目纹铍划出楷书"皇明祖训"四字。签条两旁各划云龙，右升左降，丰颏锐喙，长鬛起立，极似永乐宣德瓷器上所描绘者。箱盖立墙划香草纹，箱底立墙划云纹，内有纤细的

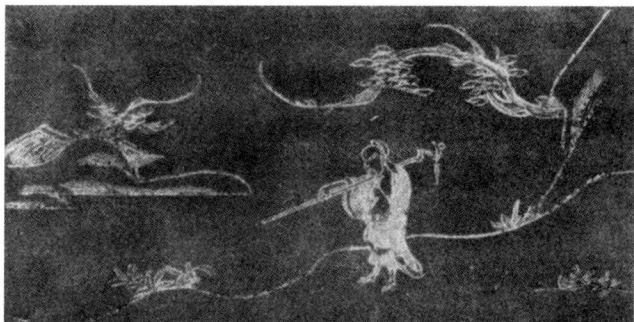

图二九　江苏武进南宋墓出土人物花卉纹朱漆铍金长方盒

图三〇　明朱檀墓出土云龙纹朱漆铍金箱

刷丝。上述花纹内都填金，但箱面铍迹内金色已残退将尽。

明代中期的铍金器以嘉靖款的云鹤纹砚盒为例，盒底长四六厘米，宽三五点七厘米；盒盖长四二点五厘米，宽三二点五厘米；通盖高九厘米。盒胎木质糊布，上漆灰。盖正面及立墙用回纹及卍字纹图案的条带界出斜方，斜方内刻仙鹤及云纹，一一相间。仙鹤有五六种不同的姿态，密划羽毛。云纹轮廓内划刷丝。全幅花纹，极似明锦。盒底牙子及子口立墙刻花卉，花、叶密勾筋纹。承盖的平台一周匝，刻波纹及落花。盒盖有椭圆形嵌件，可能为玉片，已脱落。盖内紫漆里，正中有长方篆书印，阴文铍金"嘉靖甲子曲密花房"八字，划纹粗于鹤纹。可惜盒盖正面漆已剥落，花

纹金色也已暗褪，只有立墙花纹尚清晰。

（乙）清钩铲金

故宫博物院藏有一件龙纹黑漆铲金的炕桌，长一一八厘米，宽八四点二厘米，高三一厘米。炕桌有面罩，在开光内铲划坐龙一条。揭起面罩，炕桌面上有直径约二寸的圆形透孔十五个，分列三行。圆孔之间，铲划团龙。桌旁牙子上铲划行龙。凡桌腿及边缘起线处都用

罩金髹（见91）做成。

此桌的铲划花纹内不加纤细的刷丝，是一件清钩铲金的实例，制造年代当为清前期。桌面圆孔为何而设尚待考。

除上述两种铲金之外，还有一种以作画的笔法来运刀，题材采用写生画，与图案画不同，这是本条所没有讲到的。参阅160铲金间犀皮所举实例。

132 铲彩，刻法如铲金，不划丝。嵌色如款彩，不粉衬。

又有纯色者，宜以各色称焉。

〔铲彩〕即用各种色彩，填入漆器上铲划花纹的做法。黄氏称"刻法如铲金，不划丝"，是说花纹轮廓之内，不划细密的文理。"嵌色如款彩，不粉衬"，是说用漆色干填（见129），而不用油色。

可能是由于铲纹太浅太细，一经粉衬，便被填满，没有再填色的余地了。

纯用一色的铲彩应以所嵌的颜色命名，如嵌红曰铲红，嵌绿曰铲绿。

133 斒斓第十二

金银宝贝，五彩斒斓者，列在于此。总所出于宋、元名匠之新意，而取二饰、三饰可相适者，而错施为一饰也。

〔斒斓〕《字汇》："斒斓，色不纯也。"（寿70）（襄按：斒斓与斑斓通，即灿烂华丽的意思。）寿注70引《字汇》："斒斓，色不纯也。"似与黄氏的本意不合。

这一门类中的漆器，是采用本书已讲过的做法两种或三种，合起来施之于

一件器物之上；也就是说，一件漆器上具备两种或三种不同文饰的做法。正因如是，所以称之曰"斒斓"。

关于这一类漆器中的各种名称见附表十。

134 描金加彩漆，描金中加彩色者。

金象、色象，皆黑理也。

〔描金加彩漆〕《遵生八笺》："仿效 倭器泥金描彩，种种克肖。"（寿71）

〔彩漆〕即 95 描漆的别称，由 140 描漆错甸条可以证明。因黄氏用"彩漆中加甸片者"一语来说明"描漆错甸"，可见彩漆就是描漆。

描金加彩漆就是一件器物同时采用 94 描金与 95 描漆的两种做法，使它具备描金和彩漆的花纹。两种花纹都用黑漆勾纹理。

描金加彩漆可以故宫博物院藏的明代山水人物大圆盒为例，盒径五三厘米，高一〇点五厘米，以朱漆作地。近景山石几叠，上有长松三株，夹叶树数本。楼阁在山石之后，面临湖水。左侧山坡间画寺观，寺门有三人作相揖状。寺后山径曲折，通向岭上的山寺。右侧对岸以坡石及点子树作远景，一童子在石径中穿行。

此盒的画面绝大部分用金色，而山石的皴纹、苔点，树木的枝干、夹叶，寺观的门窗、檐瓦，都用黑漆画成，完全采用了山水及界画的方法。松树中有几株用绿漆画松针，人物面部及衣服用加了粉的油色，值得提出的是夹叶树虽用金笔勾，因中间露朱色漆地，所以给人以秋林红叶的感觉。盒的立墙为描金云龙纹，黑漆底。

135 描金加甸，描金杂螺片者。

螺象之边，必用金双钩也。

〔描金加甸〕即同时采用 94 描金与 103 螺钿的两种做法，使一件漆器上具备描金的花纹和嵌钿的花纹。一般嵌螺钿的做法是在钿片上刻画纹理，而此处因与描金相配合，所以在螺钿的嵌片上，用金色来勾边缘。

描金并用金双钩勾螺象边的实物，以前曾见过嵌缠莲纹的捧盒，惜当时失记，印象已模糊。现在所能举出的是描金加厚螺钿以及薄螺钿加描金的两例，螺象上虽未用金钩，与杨注不尽符合，但确是描金杂螺片的漆器。

故宫博物院藏乾隆间制的一对黑漆扶手椅子，靠背背板用描金作山水，其中房屋及坡石，有以厚螺钿嵌成者。扶手及椅面边框，用描金作折枝花卉，花叶也有以厚螺钿嵌成者。从花纹图案来看，是受了日本的影响。这对椅子并不能算是成功的作品，其缺点在螺钿与描金的物象好像截然分开，不能组成一幅统一的画面。

职贡图长方盒，黑漆嵌薄螺钿间描金，极工细，长四〇厘米，宽三四厘米，高六点八厘米，也是故宫博物院的藏品。盒面邻下大石桥上有二十七人，其中有驱象者、牵狮子者、曳骆驼者、二人抬大木笼者，手中持捧珊瑚、明珠等宝物者。内有高冠钩鼻、须满腮颊的人，显然不是汉族人的形象。石桥尽头，与栏杆相接，栏杆外临山壑，内为坦途，行人络绎成行。路途斜上，直通大殿，殿外在地上跪拜者十七人，两旁还有人侍立。大殿上空用金勾出流云及卷云纹，内露三龙首，用螺钿嵌成。再上为山峦及杂树，峰头皆用金作皴，也有以浑金作山，留出线条，作为山石的轮廓。山壑内也布满山石树木，山石用壳片或壳沙嵌成，也有用褐黄色漆微微堆起，上面描金的。观其漆质、形制及图案，当是清代初期的作品。

上述两器，都是将描金和螺钿混合起来，组成一幅画面。明代实物另外还有用描金及螺钿各自作花纹的做法。例如日本东京国立博物馆藏的明代栀子纹黑漆盘，盘心用描金作栀子花一枝，盘边则用螺钿嵌缠枝花纹。盘心、盘边做法不同，花纹形成明显的对比，和描金、螺钿混合在一起的效果不同。

136 描金加甸错彩漆，描金中加螺片与色漆者。

金象以黑理，螺片与彩漆，以金细勾也。

〔描金加甸错彩漆〕这种做法是将134的描金加彩漆和135的描金加甸结合在一起，使一件器物上具备描金、彩漆、螺钿三种不同的花纹。据杨注，螺片和彩漆的花纹都用金色勾纹理，而描金花纹则用黑漆勾纹理。

137 描金散沙金，描金中加洒金者。

加洒金之处，皆为金理钩，倭人制金象，亦为金理也。

〔描金散沙金〕一件器物上具备94描金和92洒金的两种做法。洒金不问疏密，都由屑或片组成，没有连续的轮廓，只能填布面积，不宜于表现物象，所以描金散沙金是用描金的方法勾出物象轮廓，而轮廓之内用洒金来填布，最后用金勾纹理。杨注称"倭人制金象，亦为金理也"，是说日本有用金色在金花纹上勾纹理的办法（中国也有此法，见94万历款缠枝莲纹箱）并不会因同色而相混，那么洒金自然更不妨用金来勾了。

138 描金错洒金加甸，描金中加洒金与螺片者。

金象以黑理，洒金及螺片皆金细钩也。

〔描金错洒金加甸〕是指在一件器物上具备94描金、92洒金和103螺钿三种不同的做法。描金花纹用黑漆勾纹理，洒金和螺钿花纹用金色勾纹理。

明代或清代制的描金错洒金加甸漆器，一时举不出实例。186条中讲到的日本制百合幽禽莳绘螺钿盒。它的做法虽系识文描金（高莳绘）而非描金，螺钿也是高出漆面的镌甸而非磨显的平螺钿，但却是在一器上结合了描金、洒金、螺钿三种做法，可参阅。

139 金理钩描漆，其文全描漆，为金细钩耳。

又有为金细钩，而后填五彩者，谓之金钩填色描漆。

〔金理钩描漆〕它的做法是按照 95 描漆的方法画花纹，但纹理不用黑漆勾或划理，而用金色细勾。据杨注，另有一种先用金勾出外框轮廓，然后填五彩的，叫做金钩填色描漆。这却与 95 描漆条中所谓彤质的做法相近。所不同者，彤质不用金而用黑漆勾轮廓罢了。

"其文全描漆"之"全"字，当为"仝"字之误。"仝"即"同"。证以 116 "其文同隐起描漆"，156 "压文同细斑地诸饰"等语，更可以相信"其文同描漆"是与黄氏惯用的语法相合的。

金细钩描漆可以故宫博物院藏的嘉靖款双龙纹笔为例，笔连套长二四点五厘米，杆黑漆地，描绘双龙，一蓝色金鳞，一金色黑鳞，牙、爪、眼珠及脊刺都用白色画成，说明采用了油色。双龙之外，用红色的火焰、彩色的花卉及云纹填补

空白。上述花纹一律用金细钩。笔杆上端长条栏格内楷书"大明嘉靖年制"。

与此做法相同的为万历款龙凤纹笔（《故宫》三十三期页十二），原物虽未见，但可以肯定，该书说明"毛羽多以金银为镶嵌"的说法是错误的。从图片中可以看得很清楚，花纹是用金笔细钩的。

《圆明园漆活彩漆扬金定例》有关于金理钩描漆的条款："巴达马画漆五彩色描泥金，每尺用严生漆四钱五分，笼罩漆四钱五分，石黄一钱五分，广花一钱五分，朱砂一钱五分，雄黄一钱五分，漆朱一钱五分，潮脑一钱五分，红花水一钱五分，鱼子金七张半，赭石一钱五分，轻粉一钱五分，红金十二帖一张半，彩漆匠二工二分。"可知此种漆器当时所用工料。所谓巴达马是近似莲瓣纹的一种花纹。

140 描漆错甸，彩漆中加甸片者。

彩漆用黑理，螺象用划理。

〔描漆错甸〕这是在一件器物上具备 95 描漆和 103 螺钿的两种做法。彩漆花纹用黑漆勾纹理，螺钿花纹用刀划纹理。

141 金理钩描漆加甸，金细钩描彩漆杂螺片者。

五彩、金、细并施，而为金象之处，多黑理。

〔金理钩描漆加甸〕这是在 139 金理钩描漆的做法上，又加上 103 嵌螺钿的花纹。

杨注"五彩、金、细并施"之"细"字，当为"钿"字之误。意思是说在一器之上，五彩的描漆，金色勾的纹理和镶嵌的螺

钿，同时具备。"为金象之处，多黑理"一语，也有费解之处。因根据本书其他各条，必须描金才会有金象。此处只有彩漆带金钩的花纹和螺钿花纹，不应当有金象。如将此语易为"而为色象之处，多金理"，便与做法完全吻合了。以上仅是臆测。杨注是否有误，尚待查考。

1950 年曾在文物店见长方形小盘，盘心开光用铋金细钩描漆作龙纹，开光之外用厚螺钿嵌钱纹填实四角。据该店主人相告，此盘为近年制品，原来只有雕填花纹（北京文物业称铋金细钩描漆为雕填，见 148），而螺钿钱纹是请工匠后加的。铋金细钩描漆与金理钩描漆有相似之处，所以此例说明了金理钩描漆与嵌螺钿是可以相结合的。

142 金理钩描油，金细钩彩油饰者。

又金细钩填油色，渍、皴、点亦有焉。

〔金理钩描油〕这是用 97 描油作花纹，上面再加上金细钩作纹理。它与 139 金理钩描漆是很相近的，只是用油、用漆，材料上的不同。杨注称"又金细钩填油色"是先用金色勾出外框轮廓，然后填彩油的做法。它又相当于 139 的金钩填色描漆。

渍、皴、点是指用金色在彩油的画面上渍染，或作皴，或作点。

故宫博物院藏清蝶纹金理钩描油圆盒，径一四厘米，高七点五厘米，黑漆地上用白、蓝、紫、红、褐等彩油描绘双蝶，组成团花，布满盒盖中心，盖边用小朵团花来配合。蝶衣施金，绚丽夺目，发挥了金理钩的效果。

《圆明园漆活彩漆扬金定例》有关于金理钩描油的条款："平面画彩油西番花番草，勾泥金，七扣净，每尺用：画油四钱，银朱一钱，雄黄一钱，朱砂一钱，石二碌一钱，石三碌一钱，天二青一钱，天三青一钱，鱼子金五张，红金八帖一张，彩漆匠一工半。"可知此种漆器当时所用的工料。

143 金双钩螺钿，嵌蚌象而金钩其外匡者。

朱、黑二质，共用蚌象，皆划理，故曰双钩。又有用金细钩者。久而金理尽脱落，故以划理为佳。

〔金双钩螺钿〕本文说螺钿花纹用金钩外框，杨注又补充花纹上还用刀勾划纹理。从"故曰双勾"一语可以看出，双钩这个名称是由于螺钿花纹上既经金色钩，又经划理而来的。杨注称"又有用金细钩者"，就是螺片不加刻划，外框与纹理一律用金钩的做法。

144 填漆加甸，填彩漆中错蚌片者。

又有嵌衬色螺片者亦佳。

〔填漆加甸〕这是采用 100 填漆，再加上 103 嵌螺钿的做法。螺钿有用本色的，有用衬色的。

曾见明代铨金细钩填漆龙纹残片，龙身各部都用雕填方法做成，只是龙脊背上的鬣刺，是用三角形的螺钿片嵌成的。钿片较厚，不衬色。根据图案及断纹，当是嘉靖、万历间的制品。它是一件填漆加甸的实例。

145 填漆加甸金银片，彩漆与金银片及螺片杂嵌者。

又有加甸与金，有加甸与银，有加甸与金银，随制异其称。

〔填漆加甸金银片〕这就是 100 填漆，加 103 螺钿，再加上 105 金片或银片，或金银片，施三种做法于一器。它们的名称当分别为："填漆加甸金片"，"填漆加甸银片"，"填漆加甸金银片"。

146 螺钿加金银片，嵌螺中，加施金银片子者。

又或用甸与金，或用甸与银，又以锡片代银者，不耐久也。

〔金银甸嵌〕《遵生八笺》："有金银甸嵌山水禽鸟倭几。又香几面以金银甸嵌昭君图，精甚。"（寿72）参阅186。

螺钿加金银片，也由其取材不同而有下列不同的名称："螺钿加金片"，"螺钿加银片"，"螺钿加金银片"。

螺钿加金银片漆器，都以黑漆作地，螺钿壳片如纸，属于薄螺钿（见103）一类。金银片的厚薄，约与钿片相等，是与钿片同时粘嵌到漆地上去的。厚螺钿加金银片的，尚未见过，是否有此做法，待考。

以下举几件螺钿加金银片的实例：

（一）云龙海水纹螺钿加金银片长方黑漆盒　长一三厘米，宽九点七厘米，高六点七厘米，盖高二点四厘米，明代江千里制，故宫博物院藏。盒盖用闪红光螺钿嵌隶书铭文五行："式如金，式如玉。君子乾乾，慎守吾楷。不告而孚，不严而肃。及其相视，若合符竹。西白铭。"引首篆文"长庚堂"一长方印，款下篆文"星贲"一方印，都用闪绿光螺钿嵌成。盖边缘嵌三角形图案细锦纹一条，内镶金点。盒盖、盒底立墙，上下通景，四面各嵌一龙。两横面龙势拏空，两纵面龙欲出水，姿态各异。此盒花纹，不仅成片的物象用螺钿裁嵌，凡龙的须鬣、海水、卷云等处的细线，也都用螺钿嵌成，圆婉自如，精能之至。龙睛及鳞，都间镶金点。海水浪花，用银填嵌，年久变黑，初视以为螺钿剥落，细看方知是银。横面浪涛中有几处露鱼头及鱼尾，可惜已脱落。盒底嵌一海螺，螺口吐一火焰珠。螺壳花纹用方胜形的钿片及金叶嵌成。螺壳后衬花叶一枝，叶皆用划理勾筋。盒盖内一篆文方印"江千里式"四字。盒胎厚约二毫米，当是木制。盒面有长断纹，周身有极细如丝发的断纹。

江千里，明末人，以制薄螺钿器著名。阮葵生《茶余客话》称其"名闻朝野，信今传后无疑"。王士禛《池北偶谈》、朱琰《陶说》均作姜千里，误。王、朱都是北方人，北音"江"、"姜"难辨，故误"江"作"姜"。

（二）清初婴戏图方箱　故宫博物院藏。它是在所见到的螺钿加金银片器物中，最为精美者，不仅嵌法工绝，画本也非常出色。如果原稿不是出于仇实父一辈人之手，那么这位漆工称得起是一位精能的人物画家了。

箱为黑漆地，长、宽各二七点三厘米，高二八点四厘米，两侧面有鎏金凤纹铜环，正面及上顶有可以抽插的门。箱内装抽屉，共五具，是为贮放图章一类文具而制的。箱的插门、两侧面、背面以及抽屉的外面立墙，都嵌婴戏图。这里只对正面插门的花纹略加叙述，以见一斑。

插门右侧用金叶裁切成假山轮廓，内填细白壳沙。石后一棕树，叶布如掌，纷披左右。石旁有七童作捉迷藏之戏。其中最大的一个坐鼓墩上，用手将另一小儿双目遮住。此儿两臂伸开，作攫捉之势。两旁的幼儿，或呼若有声，或笑不能忍，或匿身石后，惟恐攫捉或及，各具天真活泼之趣。右侧偏上栏杆

一曲，里外各有二童儿，隔着华板的透空，相互戏耍调笑。插门下半，六个幼儿正在准备斗蟋蟀。有席坐地上等待观战者，有手捧策笼，两目凝视者，有一手提马灯，一手捧盆，步趋将前者。幼儿的衣服有的螺片光滑，不加纹饰；有的刻痕纤细，划出团花；有的细镂金叶作莲花，佐以螺壳的枝叶；有的缀甸作成锦纹；有的用大片金叶填嵌。至于器物的装饰如栏杆望柱，柱头用金丝作线嵌，柱身则密铺金叶莲纹。盆唇、瘿项又用银片簇成半圆形花朵。蟋蟀盆有的用线嵌，有的在金叶上作毛雕，变化迭出，给人处处翻新的感觉。虽经几次观察，还不能将它所用的手法列举完备。

（三）清楚莲香梅花式碟　径一〇点五厘米（最宽处），高一点五厘米，黑漆薄胎。正面嵌一执扇妇人，云髻高绾、珠钿双垂，是用划纹的壳片及银点嵌成。衣衫钿片用分截壳色法，自束腰以上及两袖壳色闪蓝光，袖口闪红光，束腰以下闪白光。飘带正面用钿片，转折处用金片。长裙用银片缀成小朵团花，内间钿壳圆点。碟外口有金、银及钿条组成的锦纹一道，碟底嵌隶书"楚莲香"三字，下有"修永堂"篆文方印。此碟的制造年代约在清代前期，有陈老莲所绘版画的意味。

（四）近代螺钿加金片蟾蜍镇纸　镇纸的造形是在圆形的底座上伏一蟾蜍。座径四点三厘米，通高三厘米，分量很重，可能是用锡铸成的。蟾蜍通身嵌甸壳小圆片，每个圆片中心又镶极细的金点，嘴、鼻及眼睛用金涂绘。底座立墙嵌龟背纹的锦，内镶金点。它是近二三十年山西绛县的制品。

螺钿加金片漆器，在1976年全国

工艺美术展览上展出的有山西新绛、上海和扬州的制品。可见近百年来这一濒于失传的漆工艺正在恢复发展中，其中以新绛制品保存传统技法较多。此种漆器扬州称之曰"点螺"，疑为"钿螺"谐音之误；亦可能是当地专有的名称，言其像种植螺钿似的，一片一片地点植而成的。

螺钿加金银片也可以用来做大件的家具，如立柜、书格等。器物大了，使嵌钿的花纹图案更有施展余地。例如故宫博物院所藏康熙癸丑（1673 年）制的书格，仅不同的锦纹图案就有三十六种（魏松卿：《介绍一对清代书格》，《文物》1959 年十一期），每种锦纹又各由不同形状的钿片组成。38 杨注所谓的"甸片之点、抹、钩、条，总五十有五式"，言钿片形状有五十五种之多，而它们正是嵌制锦纹所需要的。

❶ 现在扬州所谓的黑彩勾刀、红彩勾刀即此法。

147 衬色螺钿，见于填嵌第七之下。

〔衬色螺钿〕就是 104 的衬色甸嵌。根据该条本文，螺钿底下，除了衬色之外，还可以加金银衬。从这一点来说，是和"二饰三饰可相适者"这个定义相合的，所以又将它列入了斒斓门。

148 铰金细钩描漆，同金理钩描漆，而理钩有阴阳之别耳。又有独色象者。❶

独色象者，如朱地黑文，黑地黄文之类，各色互用焉。

〔铰金细钩描漆〕做法是将 95 描漆和 131 铰金结合在一起，即用彩漆在器物上画花纹。画后沿着花纹的轮廓用钩刀刻出纹路；花纹中间的纹理，也同样用刀勾出。然后打金胶，贴金箔，使描漆花纹有金色的阴文边框和纹理。

〔同金理钩描漆，而理钩有阴阳之别耳〕这是说铰金细钩描漆，在外表效果上，与 139 金理钩描漆很相似，但纹理有阴阳之别。因为金理钩描漆，画成之后，纹理凸出漆面；铰金细钩描漆，刻纹铰金之后，纹理凹入漆面；一凸一凹，故曰有阴阳之别（参阅 73）。

铰金细钩描漆，不仅和金理钩描漆相似，它与 149 铰金细钩填漆，更难分辨。所不同的只是一为描漆，花纹比漆面略高；一为填漆，经过研磨，花纹与漆面齐平。但又因两者的花纹轮廓都有铰金的纹路，所以除非仔细观察，很难看出其为铰金细钩描漆或为铰金细钩填漆（实际上清代实物，往往采用两种方法同施于一器之上。见 149）。北京文物业，不问前者或后者，或兼用两法的，统称之曰雕填。

以下举两件铰金细钩描漆实例：

（一）清彩漆流云纹鹌鹑笼　笼本身高二三厘米，通盖高二八点八厘米，径二三点五厘米。笼作栅栏形，每格空间约二厘米，在朱漆地上用蓝、褐、红、紫、茶等色描出云纹。漆色深浅成晕，由一色渐渐转入另一色，不截然变换，这是填漆所不容易做到的。云纹轮廓及纹理，勾刻填金。栅栏里面及笼底，糊黄色细绢，色已暗退。盖顶有钮，上有圆寿字纹。盖里朱漆地洒金片，外面也描刻云纹，做法与笼本身同，但漆色较新;可能原盖已缺，而此盖是后来配制的。

（二）清四龙戏珠纹帽盒　盒用松木圈成胎骨，土子漆灰，上有披麻、麻布各一道。盒通盖高四○点五厘米、径三九点八厘米。外面在褐色漆地上用彩漆描龙四条，紫色、蓝黑色各二，面面相向，中有火焰珠。龙下描海水山石，龙间彩云带绕。设色方法也多用晕分深浅。盒盖平面描云蝠，正中高出部分（为容纳帽缨而设）描正面团龙。全部花纹均勾刻轮廓、纹理，填嵌金箔。盒里朱漆。与一般乾隆时期的作品相比，龙纹主题较大，姿态较豪放，漆质也较旧。推其年代，当是康熙时期的作品。

现在北京生产的雕填，多为铧金细钩描漆。有的用填漆做锦纹地，而上面的压花还是描漆。今后如画家与工匠结合起来，在花纹描绘方面加以改进，一定能突破清代雕填的传统，形成新的面貌和风格。

149 铧金细钩填漆，与铧金细钩描漆相似，而光泽滑美。

有其地为锦文者，其锦或填色或铧金。

〔铧金细钩填漆〕做法是将 100 填漆和 131 铧金结合在一起。即在漆地上按照设计的图案剔刻出低陷的花纹，花纹之内填色漆，充满之后，全部磨平，显露出平整光滑的花纹来。然后沿着花纹轮廓用钩刀刻出纹路，花纹中间的纹理，也同样用刀钩出。最后打金胶、贴金箔，使填漆花纹有金色的阴文边框和纹理。它的外貌与铧金细钩描漆极相似（见148），但因经过磨显，花纹比较光滑。

〔有其地为锦文者，其锦或填色或铧金〕铧金细钩填漆，一般都有锦地。锦地有两种做法：一种是剔刻锦纹，充填色漆，最后磨平。一种是剔刻锦纹，中填金箔，填后成为阴文的金色纹路，并不齐平。据实物统计，以前者为多。

经观察若干件铧金细钩填漆实物，发现明代较精工的作品，多用填漆铧金法；清代作品则往往只有锦地用填漆法，而花纹则用描漆铧金法。

以工料言，填漆要比描漆费若干倍。以效果言，二者并无显著的差别。只是锦地如用描漆，因图案细小，无法用铧金作轮廓，所以容易被察觉出来。故清代的作品，在锦地上多数保留了填漆的做法。从上述情况来看，用描漆作花纹，填漆作锦地，正是一种模仿填漆的省工省料的办法。由于工料省而效果并不差，所以清代才广泛地使用它，而全部花纹都用铧金细钩填漆的做法就比较少了。

铧金细钩填漆，以明代的两块龙纹大柜残件为例，两件各高一米，宽六二厘米，四边花纹都未到尽头，可能是大立柜的残存部分。它以方格锦文作地，格子用朱漆填成，格内卍字用黑漆填成。龙纹一条为黑身红鬣，一条为红身黑鬣，牙爪奋张，夭矫有力，气势雄伟。锦地上还压缠枝花纹，疏叶、大花、细枝，使得龙纹主题相当突出。从图案风格来看，它是嘉靖时的制品。漆面已有剥落的地方，且有些断纹开裂得相当大，因而从漆片的断面，可以看见填漆色层的厚薄。凡是龙身、花、叶等较大片的花纹，色漆厚度达一毫米至二毫米，锦地的色漆则非常薄，只有一两张纸的厚度。这说明花纹的不同部位，剔刻的深浅是大有差别的。1950年，管平湖先生为故宫博物院修整宣德款龙纹铯金细钩填漆柜，在修补的过程中，也获得察看漆片断面的机会。填漆色层有厚有薄，与上述情况也完全相同。推测其理由，可能是因为锦地花纹细小，无法剔刻得深的缘故。

用填漆做锦地、描漆铯金做花纹的清代实物，以故宫博物院购藏的一对花鸟纹四件大柜为例，柜通高逾丈，阔约五尺，深三尺余，制作年代约在18世纪初叶（康熙晚期至乾隆初期）。柜通身杏黄色漆，刻卐字锦纹，内填朱漆。锦纹上用彩漆描绘花鸟，勾刻填金。漆柜保存很完整，金色也未残退，所以非常华美绚丽。尤其是柜门上的巨幅画，宛然是工笔花鸟画。经就近审视，许多彩漆花纹之下，还能隐隐看见锦纹。这就说明它的做法是先将通身填漆的锦纹做好，然后直接在上面描绘花纹。因而有花纹的地方，锦纹便被压在彩漆之下；没有花纹的地方，自然露出锦纹。采用这样的做法，是由于彩漆描绘之后，不能再加研磨。所以填漆的锦纹，必须先做好磨平，然后描绘。倘先描绘花纹，后做锦纹，研磨时便将描漆花纹伤损了。

故宫博物院藏的乾隆凤纹莲瓣式盒，也是填漆作锦地、描漆作花纹的例子。不过凤纹及缠枝花纹，不仅轮廓铯金，纹理也密施铯划，因而金色成为花纹的主调，十分醒目，得到了锦上添花的效果。它代表了雕填漆器的又一种风貌。

《圆明园漆活彩漆扬金定例》有关于填漆的条款，同时规定了彩漆、填漆两种工匠的工限："填漆万字锦边，彩漆雕填坐龙，铯金，七扣净，每尺用严生漆三钱，笼罩漆三钱，石黄一钱，广花一钱，朱砂一钱，雄黄一钱，漆朱三钱，潮脑一钱，轻粉一钱，赭石一钱，红花水一钱，鱼子金五张，红金十三帖，彩漆匠一工半，填漆匠三工。"更证明部分花纹是描绘的，并非完全是雕填的。

1950年请多宝臣先生做一件仿宋缂丝紫鸾鹊纹的长方盒，同时采用了铯金细钩描漆和铯金细钩填漆两种做法。此盒的制造过程是在黑色的退光漆胎上髹紫色退光漆五道，每道都用灰条蘸水磨平。花纹中九朵绿色的花萼，用填漆法做成。剔刻漆层，填入绿漆，然后磨平。花纹的其他部分，完全用彩漆描绘。经比较，可以看出填漆磨平部分，表面非常光滑，但能看见其中极细的色料颗粒。描绘部分则表面不免有笔毫痕迹，色料颗粒则不能察觉。次一步沿着全部花纹的边缘，勾刻纹路。通身打金胶，打后又用湿布将平面的金胶揩去，只留纹路内的金胶。入荫取出后，通身贴金箔。最后用木板裹布将平面的金（术语叫"野金"）揩去，显出铯金的纹路。据多老先生称，此盒因系仿古，求其早日坚固，所以用退光漆做地。至于填漆的传统做法是在器物的漆胎上，上退光漆一道，此后上笼罩色漆，少则五六道，多则十余道。待干到一定程度，剔刻花纹，深度至退光漆而止。由于笼罩漆较软，退光漆较坚，所以花纹容易剔除铲平。此后仍用笼罩漆调色，填入花纹，次数至平满为止，最后磨平。花纹轮廓及纹理，或勾刻填金，或不勾。这种做法因系用笼罩漆，性较软，不能随漆随磨，需用较长的时日才能做成。

鎗金细钩填漆日本称之为"存星"。

150 雕漆错镙甸，黑质上雕彩漆，及镙螺壳为饰者。

雕漆有笔写厚堆者，有重髹为板子而雕嵌者。

〔雕漆错镙甸〕依黄氏本文，它是由 123 剔彩（即雕彩漆）和 128 镙甸两种做法结合而成的。根据杨注，雕漆又有两种不同的做法：（一）"笔写厚堆"，是用笔将不同的色漆堆在黑漆的器物之上，所用技巧近乎 109 识文描漆的方法，然后雕刻花纹，镶嵌镙甸。（二）"重髹"，在器物的黑漆地上积起不同颜色的漆层，然后剔刻出不同颜色的花纹，做法等于 123 剔彩，最后再镶嵌镙甸。

以上两种做法，虽都是在彩漆上嵌镙甸，但从"雕漆错镙甸"这个名称来看，并不只限于雕彩漆。因雕漆两字的范围是包括各种雕漆（如剔红、剔黄、剔绿、剔黑等等）在内的。从实物来说，剔彩加镙甸，尚未见过，但剔红加镙甸和剔黑加镙甸，却见过不止一件。称它们为雕漆错镙甸，自然是恰当的。

曾见乾隆款云龙海水纹剔红错镙甸大瓶，云纹和海水，用剔红做成；龙头、龙身、龙爪，用螺钿镙成。龙身并不全见，只露五六段，其余则没入云气及海涛中。这种处理手法，恰好解决了蚌壳长度有限、缺乏大块材料的困难，而只须镙雕龙身局部，分段嵌入，便有了完整的形象。瓶上有一二处镙甸已脱落，槽内有胶漆痕迹，说明镙甸是粘嵌上去的。

又乾隆雕漆，往往有嵌镙玉的做法，在方法和效果上都与雕漆错镙甸有相似之处。实例如故宫博物院所藏的八仙过海剔红笔筒，八仙都用白玉嵌成。兽纹剔黑提盒，兽纹也用白玉嵌成。

151 彩油错泥金加甸金银片，彩油绘饰，错施泥金、甸片、金银片等，真设文富丽者。

或加金屑，或加洒金亦有焉。此文宣德以前所未曾有也。

〔彩油错泥金〕《皇明文则·杨义士传》："宣德间，尝遣人至倭国，传泥金画漆之法以归。杨埙遂习之，而自出己意，以五色金钿并施，不止旧法纯用金也，故物色各称，天真烂然。倭人见之，亦咋指称叹，以为不可及。"（寿73）（襄按：可参阅94）。

〔彩油错泥金加甸金银片〕用彩油绘饰，再加上泥金、螺钿、金片、银片等花纹，一器之上，具备五饰。所谓泥金，即描金，因描金又名泥金画漆（见94）。

杨注称或加金屑或洒金，是说描金

花纹之外，还可以加金屑花纹或洒金花纹。此两种花纹，依137、138的杨注来推测，是用金色来勾纹理的。像这样多种做法的高度结合，可能是明代中叶以后才流行的，因而杨注说"宣德以前所未曾有也"。

152 百宝嵌，珊瑚、琥珀、玛瑙、宝石、玳瑁、钿螺、象牙、犀角之类，与彩漆板子，错杂而镌刻镶嵌者，贵甚。

有隐起者，有平顶者。又近日加窑花烧色代玉石，亦一奇也。

〔百宝嵌〕《西京杂记》："汉制，天子笔管以错宝为趺。"《遵生八笺》："如雕刻宝嵌紫檀等器，其费心思工本，为一代之绝。"（寿74）

钱泳《履园丛话》："周制之法，惟扬州有之。明末有周姓者，始创此法，故名周制。其法以金、银、宝石、真珠、珊瑚、碧玉、翡翠、水晶、玛瑙、玳瑁、车渠、青金、绿松、螺钿、象牙、蜜蜡、沉香为之，雕成山水、人物、树木、楼台、花卉、翎毛，嵌于檀、梨、漆器之上。大而屏风、桌、椅、窗槅、书架，小则笔床、茶具、砚匣、书箱，五色陆离，难以形容，真古来未有之奇玩也。乾隆中有王国琛、卢映之辈，精于此技。今映之孙葵生亦能之。"谢堃《金玉琐碎》："周翥以漆制屏、柜、几、案，纯用八宝镶嵌，人物花鸟，亦颇精致。愚贾利其珊瑚宝石，亦皆挖真补假，遂成弃物，与雕漆同声一叹。余儿时犹及见其全美者。曰周制者，因制物之人姓名而呼其物也。"吴骞《尖阳丛笔》："明世宗时，有周柱善镶嵌奁匣之类，精妙绝伦，时称周嵌。"

〔彩漆板子〕150杨注"有重髹为板子而雕嵌者"。彩漆板子当指用来镶嵌百宝的彩漆板，如插屏、挂屏、柜门之类。

〔有隐起者，有平顶者〕用百宝刊刻成的物象，有两种不同的做法：有隐起如浮雕的，有表面齐平，不见起伏的。

〔近日加窑花烧色代玉石，亦一奇也〕唐氏《窑器肆考》："自景德镇有陶，而凡饯金、镂银、琢石、髹漆、螺甸、竹木、匏蠡诸作，今无不以陶为之。或字或画，仿嵌维肖。"说明用瓷片来代替百宝。

镶嵌实物，也有用料片来代替玉石的。曾见故宫博物院藏的紫檀嵌茶花纹文具盒，花瓣用粉红料片嵌成，色艳质润而且材料易得。所谓窑花烧色，当指用瓷、料等做成的嵌件。

清代早期的百宝嵌，可以故宫博物院藏的洗象图长方盒为例，盒长二二点五厘米，宽一八点三厘米，高七厘米。在掺有牙角碎屑的漆灰地上，用螺钿嵌一巨象，三人持长柄帚，正在为象洗刷。人物衣衫用青玉、水晶、玛瑙等嵌成，象旁水缸则用绿松石，配色绚丽，主题突出。

又岁朝图八方盒，大约是乾隆或嘉庆时期的制品，技法复杂，而风格较晚。盒长、宽各三九点三厘米，高一二厘米，紫漆地。盒面嵌葫芦式瓶，内插天竹、蜡梅各一枝。瓶以青玉琢成，并镶镌钿"大吉"两字。天竹以珊瑚作株，绿色染牙作叶。蜡梅以鹨鹕木作枝，蜜蜡作花。

瓶左在剔红的浅盆中，植水仙两本。一本用碧玉作叶，一本用染骨作叶。白玉作花，螺钿作花心，本色象牙作水仙根。盆下有黄杨木刻成的几座。盒面还有用紫晶嵌成的葡萄，绿松石的果子，岫阳石的石榴，青金石的松枝，青玉镶蓝宝石珠（可能为料）的磬，玻璃鱼缸，缸内用紫色油描金鱼两尾。盒边立墙用描金涂地。留出紫漆作缠莲纹。

清代扬州名漆工卢葵生，精于制造百宝嵌。曾见黑漆背嵌梅花纹琵琶，虽无款识，但和卢氏其他作品来比，可以相信是他做的。琵琶高九七厘米，最宽二五点五厘米，嵌梅花一本，老干疏花，有金俊明画意。花朵用螺钿琢成，花萼用剔红，梅干用椰子壳，利用壳面的天然节眼来表现树本的鳞皴，还用绿色染牙嵌成苔点。左侧上部有五言诗两句："朗月侵怀抱，梅花寄指音。"下署"自在主人识"款及"匏田"椭圆一印，均用镈甸嵌成。右侧还有用鸡血、田黄等石质嵌成的两印。

琵琶的其他部分，制作也见匠心。如"项"用白色料，上下配碧玉片，"品"用湘妃竹条，"轴头"用黄杨木，"缚弦"用紫檀，上有嵌银丝的图案。组合起来，使它成为一件精美绝伦的美术工艺品（参阅《文物参考资料》1957年七期，《卢葵生和他的作品》）。

153 复饰第十三

美其质而华其文者，列在于此，即二饰重施也。宋、元至国初，皆巧工所述作也。

〔复饰〕也是采用两种不同的漆工做法，施之于一件器物之上。但它与蜔斓有一点主要的不同，即复饰是限于某一种漆地的做法，与一种或一种以上的文饰做法配合起来，使其在同一器物上出现。因此，复饰门中各名称，都附列在各种漆地名称之下。总的说来，蜔斓是两种或两种以上的文饰做法相结合，而复饰是某种漆地做法，与一种或一种以上的文饰做法相结合。

关于这一类漆器中的各种名称见附表十一。❶

154 洒金地诸饰，金理钩螺钿、描金加甸、金理钩描漆加蚌、金理钩描漆、识文描金、识文描漆、嵌镈螺、雕彩错镈螺、隐起描金、隐起描漆、雕漆。

所列诸饰，皆宜洒金地，而不宜平写款饮之文，沙金地亦然焉。今人多假洒金上设平写描金或描漆，皆假效此制也。

〔洒金地〕见92。凡上面加雕绘嵌饰，用来作地子的洒金漆，一般金点都非常细密。又因它上面有一层罩漆，乍看上去，只见闪闪发光，要细看才能分辨出是由细密的金点组成的。这种漆地，北京文物业俗称"金蚵蝲地"，言其像一种背上发光的金黄色甲虫。从实物来看，这种做法在清代相当盛行。近代，在福建的漆器制作中，也是一种较常见的做法。

154 所列的十一种名称，都适宜与洒金地相结合。因而它们的全称，都应当加上洒金地的字样：

（一）洒金地金理钩螺钿，是在洒金地上嵌螺钿（厚螺钿，见103），而螺钿之上还用金色勾纹理。

（二）洒金地描金加蚌，是在洒金地上加 94 描金花纹和 103 螺钿花纹。138 描金错洒金加蚌，与此名称相近，但做法不同。138 是在素漆地上做出描金、洒金、螺钿三种不同的花纹，而这是以洒金漆做地子，在上面做出描金和螺钿两种花纹。

（三）洒金地金理钩描漆加蚌，是在洒金地上画 95 色漆花纹，并加 103 螺钿花纹。两种花纹上都用金色勾纹理。

（四）洒金地金理钩描漆，是在洒金地上画色漆花纹，上面再用金色勾纹理（见139）。

（五）洒金地识文描金，是在洒金地上加 108 识文描金花纹。

（六）洒金地识文描漆，是在洒金地上加 109 识文描漆花纹。

（七）洒金地嵌镌螺，是在洒金地上加 128 镌甸花纹。

（八）洒金地雕彩错镌螺，是在洒金地上加雕彩漆和镌甸花纹。它与 150 雕漆错镌甸相同，不过用洒金地来代替黑质的漆地罢了。

（九）洒金地隐起描金，是在洒金地上加 114 隐起描金花纹。

（一○）洒金地隐起描漆，是在洒金地上加 115 隐起描漆花纹。

（一一）洒金地雕漆，是在洒金地上加雕漆花纹。它与（八）的不同当在彩色雕漆和纯色雕漆之别。

〔所列诸饰，皆宜洒金地，而不宜平写款馀之文，沙金地亦然焉〕不宜平写是说描漆、描金等花纹，宜高而显，不宜低而平，以致与洒金地相混。款馀后，纹理低陷，不论是否填金，都易与洒金地相混。沙金地，据 92，就是洒金地（洒金，一名沙金漆）。但从这里杨注"沙金地亦然焉"一语来看，似为另一种漆地。依实物来推测，杨氏当指金点颗粒细小如沙的漆地，实际上还是洒金地的一种。

〔今人多假洒金上设平写描金或描漆，皆假效此制也〕指用金银薄飞片来做假洒金地（见92），或用锡屑来做，上面再加描金或描漆花纹，目的在模仿洒金地描金、描漆诸饰。

上列十一种复饰，有的实物尚未见到，有的传世极少，目前只能举出以下两个实例：

（一）清荻浦网鱼图圆盒 盒径一三厘米，高四点六厘米，胎骨薄轻匀整，历年久而无断纹，当是皮胎。盒以洒金漆作地，盖面以不同颜色的稠漆写起花纹，上面或描金、或洒金、或贴金叶、或贴银叶、或留漆本色，变化很多。论做法它虽属于识文描金系统，但又采用了其他的装饰手法。近景为丛树，大小凡六株，树干有用紫漆堆出者，有堆后描者。树叶用漆平涂，黑叶者洒金粉，紫叶者不洒。右侧山石四叠，做法也各不相同。最大一叠用黑漆堆起上面贴金，借金色浓淡来分阴阳面。次大的一叠用相当厚的金叶蒙贴上去，并依石头的轮廓，研出皱纹。其余两叠，一贴银叶（银已霉黑），一紫漆略洒金粉。石上有树木三株，树后用描金平写石崖。山石下临水隈，苇荻数丛，用描金画出。稍左横渔船，船尾一中年人弄篙，船头一老翁正在收网。人物皆识文描金，船身贴金叶。远景在山坳中露出寺观，并点缀杂树。遥见山头金浓，山脚金淡，自然成晕。盒边立墙为落花蛱蝶纹，花、蝶也采用描金、空钩、贴金叶、银叶等不同的做法。此盒乍看盖面山水部分，可能认为是日本的制品，尤其是石上有方形苔点，为日本莳绘惯用的表现方法。但人物渔船，却是中国的风格。等到看

见盒边的花蝶，则完全是中国的传统画法，足证此盒出自我国工匠之手。

（二）清瓜蝶纹葵花式大捧盒　盒径三九厘米，高一三点五厘米，木胎，在洒金地上用朱、黑两色稠漆堆起瓜蝶纹的图案，上面描金并全勾纹理。现在金已磨残，露出下面的漆色。从盒底的某些剥落处可以看出部分花纹在稠漆上蒙贴银叶，而上面又罩黑漆。贴银而不使其外露，目的何在，尚待考。盒里也是洒金地，上有平写描金折枝花卉。此盒为乾隆时的制品。

155 细斑地诸饰，识文描漆、识文描金、识文描金加钿、雕漆、嵌镌螺、雕彩错镌螺、隐起描金、隐起描漆、金理钩嵌蚌、戗金钩描漆、独色象铯金。

所列诸饰，皆宜细斑也，而其斑黑、绿、红、黄、紫、褐，而质色亦然，乃六色互用。又有二色、三色错杂者，又有质斑同色，以浅深分者，总揸光填色也。

〔细斑地〕见 102。细斑地诸饰即用一种或一种以上的文饰，与带花斑的漆地相结合。所列各种名称，都应当加上细斑地字样：

（一）细斑地识文描漆，在细斑地上加 109 识文描漆花纹。

（二）细斑地识文描金，在细斑地上加 108 识文描金花纹。

（三）细斑地识文描金加钿，在细斑地上加 108 识文描金和 103 螺钿花纹。

（四）细斑地雕漆，在细斑地上加雕漆花纹。

（五）细斑地嵌镌螺，在细斑地上加 128 镌钿花纹。

（六）细斑地雕彩错镌螺，在细斑地上加 150 雕彩错镌螺花纹。

（七）细斑地隐起描金，在细斑地上加 114 隐起描金花纹。

（八）细斑地隐起描漆，在细斑地上加 115 隐起描漆花纹。

（九）细斑地金理钩嵌蚌，在细斑地上加带金色钩纹理的嵌螺钿花纹。螺钿的嵌法与勾法，当与 143 金双钩螺钿相近。

（一○）细斑地戗金钩描漆，在细斑地上加 148 铯金细钩描漆。

（一一）细斑地独色象铯金，在细斑地上用一种颜色的色漆画花纹，花纹的轮廓和纹理用铯划填金的方法来表现。

〔其斑黑、绿、红、黄、紫、褐，而质色亦然，乃六色互用。又有二色、三色错杂者，又有质斑同色，以浅深分

者〕从这段杨注来看，细斑地的做法是变化无穷的。因为如上所列，各饰可与细斑地相结合的有十一种，但细斑地的漆地和斑纹的颜色，又都可以有黑、绿、红、黄、紫、褐六色。不同色的地与不同色的斑相结合，再与不同的饰相结合，用数学的"可遇率"来计算，将得到惊人的数字。何况细斑地还有二色、三色错杂的和地子与斑纹同色而以深浅分的，这样，变化就更多了。当然，以上只言其可能性，在实际的制造中，未必每一种结合都是妥适美观的。

156 绮纹地诸饰，压文同细斑地诸饰。

即绮纹填漆地也。彩色可与细斑地互考。

〔绮纹地〕即绮纹填漆，见 101。

〔压文同细斑地诸饰〕压文，同压花（见 118、123、158），即压在地子上的花纹。所以此处说"压文同细斑地诸饰"，等于说 155 所列的十一种做法，都可以施诸绮纹地之上。各种复饰的名称为：

（一）绮纹地识文描漆

（二）绮纹地识文描金

（三）绮纹地识文描金加甸

（四）绮纹地雕漆

（五）绮纹地嵌镌螺

（六）绮纹地雕彩错镌螺

（七）绮纹地隐起描金

（八）绮纹地隐起描漆

（九）绮纹地金理勾嵌蚌

（一〇）绮纹地戗金勾描漆

（一一）绮纹地独色象铯金

绮纹地可以用黑漆作刷纹，以朱、或黄、或绿、或紫、或褐等色漆填刷纹的间隙。以上文、质各色，也可以互相调换。又可以用刷纹刷出花纹图案。所以绮纹地诸饰，也和细斑地诸饰一样是变化繁多的。

157 罗纹地诸饰，识文划理、金理描漆、识文描金、揸花漆、隐起描金、隐起描漆、雕漆。

有以罗为衣者，有以漆细起者。有以刀雕刻者，压文皆宜阳识。

〔罗纹地〕这个名称，在本条以前并未见过（100 填漆一条中杨注说到罗文，系指填漆的花纹而言，与罗纹地无关）。根据杨注"有以罗为衣者，有以漆细起者，有以刀雕刻者"，罗纹地是指表面不光滑而类似罗纹的漆地。它的做法有：（一）用罗来做器物之衣，上面不加漆灰，露出罗纹（襄按：罗衣为裹衣门中的一种，杨注"以物衣器而为质，不用灰漆者"，见 166、168）。（二）用蘸子打起漆面，做出罗纹（见 19、87）。（三）用刀刻出罗纹。论其性质，当属于纹𪉖门。

宋代唐积《歙州砚谱》砚石品目有十三种罗纹，是漆器和砚石采用相同名称的又一证例。但罗纹砚石表面是平滑的，与表面不平的罗纹地漆器是不同的。

黄氏列举了七种做法，都适宜与罗纹地相结合。结合之后，它们的全称为：

（一）罗纹地划理描漆

（二）罗纹地金理描漆

（三）罗纹地识文描金

（四）罗纹地揸花漆

（五）罗纹地隐起描金

（六）罗纹地隐起描漆

（七）罗纹地雕漆

158 锦纹铦金地诸饰，嵌镌螺，雕彩错镌甸。余同罗纹地诸饰。

阴纹为质地，阳文为压花，其设文大反而大和也。

〔锦纹铦金地〕即在漆地上刻锦纹，锦纹内填金。149 杨注"有其地为锦文者，其锦或填色或铦金"可移作此条的注解。

黄氏列举了九种适宜与锦纹铦金地相结合的做法。结合之后，它们的全称是：

（一）锦纹铦金地嵌镌螺

（二）锦纹铦金地雕彩错镌甸

（三）锦纹铦金地识文划理描漆

（四）锦纹铦金地识文金理描漆

（五）锦纹铦金地识文描金

（六）锦纹铦金地揸花漆

（七）锦纹铦金地隐起描金

（八）锦纹铦金地隐起描漆

（九）锦纹铦金地雕漆

以上各种做法，凡是铦金的锦纹，都是凹下去的，而压在锦地上的花纹，都是凸出来的。所以杨注称"阴纹为质地，阳文为压花"。一阴一阳，它们是相反的，而配合在一起，却很调和。所以说"其设文大反而大和也"。

159 纹间第十四

文质齐平，即填嵌诸饰及铦、款互错施者，列在于此。

〔纹间〕根据杨注，纹间是填嵌（见99）类的做法与铦划（见 120）、款刻（见 129）类的做法相结合，施之于一器之上。乍看起来，其中似乎有与这个规定不相符合的，如嵌蚌间填漆，填漆间螺钿和嵌金间螺钿，文与质都属于填嵌门。不过根据实物来推测，不论 162 的嵌蚌或填漆，或 164 的嵌金，都可以加划纹，而 162 填漆的划纹还应当是填金的。在这种情况下便与杨氏的定义相符合了。

杨注又称"文质齐平"，是指花纹与漆地齐平而言。不过铦划，花纹为"阴中阴"，款彩是"阴刻文图，而陷众色"的，它们不可能完全齐平。所谓齐平，也只是有别于某些做法花纹与地子有显著的高下差别而已（例如 158 锦纹铦金地诸饰）。

读纹间门中的各条原文及杨注，可以得出这样一个规律来：即凡是被称为文的，放在名称之前半的，都是主体，花纹比较大而疏朗；凡是被称为间的，放在名称之后半的，都居宾位，花纹比较小而细密。

关于纹间门漆器中的各种名称见附 表十二。

160 铰金间犀皮，即攒犀也。其纹宜折枝花、飞禽、蜂蝶及天宝海琛图之类。

其间有磨斑者，有钻斑者。

〔铰金间犀皮〕《格古要论》："铰金人物景致，用攒攒空闲处，故谓之攒犀。"（寿75）

据本文及杨注，可以知道铰金间犀皮有两种做法：（一）以铰金作花鸟、昆虫等花纹，纹内填金。花纹之外，以犀皮作地子，也就是铰金与犀皮相结合。这种做法即杨注所谓"其间有磨斑者"（犀皮斑纹由填漆磨显而成），也可以算是真正的铰金间犀皮。（二）花纹做法与前相同，漆地则不是真正的犀皮而是用钻钻成密布的小眼，用这种不平的地子来衬托出铰金花纹来。这种做法因漆地有钻眼，称之为攒犀较为恰当。

铰金做花纹，间以真正犀皮漆地的，或单纯的铰金花纹，间以钻斑漆地的，实物均待访求。下面要举的实例有三件，没有一件做法和黄、杨二家所谓的"铰金间犀皮"完全相合，但却都有一定的关系，而且有一件是十分难得的施加了多种髹饰技法的南宋漆器，有可能它是铰金间犀皮未定型前的一种做法。

（一）铰金填朱漆斑纹地山水花卉纹盒　出土于武进南宋墓。通高一一厘米，长一五点四厘米，宽八点三厘米。黑漆地，盒面用铰金勾划出一幅池塘小景。岸柳毵毵，下复塘水，水中有游鱼荇藻菱芰之属。物象之外，密钻细斑，斑内填朱漆后磨平。立墙铰金缠枝花卉，

花叶之内均划刷丝。花纹外空地也钻斑填朱漆。盒盖内有朱书"庚申温州丁字桥巷廧七叔上牢"十三字（陈晶：《记江苏武进新出土的南宋珍贵漆器》，《文物》1979年三期）。此盒虽是钻斑，但钻后填漆磨平，它又不是真正的犀皮地，因而不能说和铰金间犀皮完全相同。

（二）铰金花鸟纹仿犀皮地笔筒　花梨木胎，高一五点一厘米，径一四厘米，木胎上不加漆灰，用漆刷蘸红、黄、紫、黑等色漆转旋出类似犀皮的花纹，亦即北京文物业所谓的瘿木漆或桦木漆。笔筒上刻长松一株，鳞皴苍老有力，松针细如毫发，长而不乱。松下月季一本，花叶皆勾细筋。全开一朵，花瓣的卷舒向背，完全用不同阔狭的刀痕来表现。松树斜曳的一枝，位置两鸟，一鸟奋翅欲飞，一鸟侧身欲下。鸟身密丝细毛，而翅尾大翎，漆皮经过铲剔，有如用笔抹出。笔筒上有行书题字："龙鳞百尺大夫松，模云溪外史设色法，子庄铁笔。"云溪外史为恽南田别号，子庄当即是咸丰时善书画篆刻的包虎臣，见《寒松阁谈艺琐录》。

这件铰金漆器漆地虽貌似犀皮，但非磨斑的真正犀皮，所以也不能说和铰金间犀皮完全相同。

（三）宣德款铰金细钩填漆攒犀地花卉纹盘　故宫博物院藏。盘径三五厘

米，开光内用填漆做出菊花、芙蓉、山石等花纹。花朵有红色者、红兼细色者及蓝色者，绿色叶，深绿色山石。盘心开光之外，花卉四组，菊与芙蓉相间。花纹一律戗金细钩。花纹之外的地子，布满如豆粒大小的钻眼，露出细色的漆层。只有盘口及开光的两道圆圈，表面是光滑的黑漆，高出钻斑地子之上。盘外边黑漆无纹饰。从上述的情况来推测它的做法，可能是在漆胎上先用细色漆堆成一定的厚度，通体上黑漆，然后做填漆花纹，戗划填金，最后钻斑纹地子。

此盘的地子虽是钻斑，但花纹不是单纯的戗金，而是戗金细钩填漆，所以也不能说和戗金间犀皮完全相同。

161 款彩间犀皮，似攒犀而其纹款彩者。

今谓之款文攒犀。

〔款彩间犀皮〕即用 129 款彩作花纹，花纹之间的漆地，用钻钻成密布的小眼。

162 嵌蚌间填漆，填漆间螺钿，右二饰纹间相反者，文宜大花，而间宜细锦。

细锦复有细斑地、绮纹地也。

〔嵌蚌间填漆〕即用蚌壳刻作主题花纹，嵌入漆面，而花纹之间的漆地，用填漆的方法做锦纹。

〔填漆间螺钿〕亦可称为"填漆间嵌蚌"（143 金双钩螺钿，下称："嵌蚌而金钩其外匡〔框〕者"，可见螺钿即嵌蚌）。做法是以填漆做主题花纹，用嵌蚌来做锦地，在花纹及漆地的做法上，恰好与前者对调了一下，所以说"文间相反"。填漆间螺钿，从名称上来看，似与 144 填漆加甸相同，不过其中自有分别。填漆加甸是用甸片做成填漆花纹的一部分，而填漆间螺钿则钿片只限于做锦地，不用它来做花纹。

〔细锦复有细斑地、绮纹地也〕这是说用嵌蚌或填漆做主题花纹，也可以用细斑地或绮纹地为间，它们的名称当为：（一）嵌蚌间细斑地。（二）嵌蚌间绮纹地。（三）填漆间细斑地。（四）填漆间绮纹地。按 155 细斑地诸饰中有细斑地金理钩嵌蚌，156 绮纹地诸饰中，有绮纹地金理钩嵌蚌，可能与以上的（一）、（二）相近似。

163 填蚌间戗金，钿花纹戗细锦者。

此制文间相反者不可，故不录焉。

〔填蚌间戗金〕即用螺钿作主题花纹，嵌入漆面；花纹之间的漆地，用戗金作锦地。杨注称"此制文间相反者不可",是说用铦金来作主题花纹,螺钿来作锦地是不合适的,故不录。这里所指的螺钿是厚螺钿(见103),壳色或黄或白,非常明朗。铦金则为划文填金,轮廓比较纤细。因此如以铦金作主题花纹,螺钿作锦地,花纹远不及锦地来得鲜明,会有喧宾夺主的毛病。杨氏认为不可的理由,可能在此。

164 嵌金间螺钿,片嵌金花,细填螺锦者。

又有银花者,有金银花者,又有间地沙蚌者。

〔嵌金间螺钿〕即用金片作主题花纹,嵌入漆面(见105),用螺钿作锦地。据杨注,螺钿也有不作锦纹,而以蚌壳沙屑铺成漆地的。除用金片作主题花纹者外,还有用银片的和金片、银片并用的。它们的名称当为嵌银间螺钿,嵌金银间螺钿。据165"填漆间沙蚌"这个名称。嵌金花以沙蚌作地的可以称为"嵌金间沙蚌",嵌银花或嵌金银花者应称为"嵌银间沙蚌"和"嵌金银间沙蚌"。

165 填漆间沙蚌,间沙有细粗疏密。

其间有重色眼子斑者。

〔填漆间沙蚌〕即用填漆作主题花纹,蚌壳沙屑作地子。沙蚌地子有粗、细、疏、密等变化,完全视壳屑的大小和用得多少而定。

重色眼子斑,是指填漆的花纹非常繁密,所露的沙蚌地子不多,星星点点,好像眼子斑似的。123有"重色雕漆"的名称,它是指繁文素地(即花纹间的空隙太小,已无法剔刻锦纹,所以任其光素)的雕漆而言的,用法及含义与这里相同。

166 裹衣第十五

以物衣器而为质,不用灰漆者,列在于此。

〔裹衣〕一般漆器的制造过程,在胎骨上糊裹麻布或其他织物之后,都要加漆灰(见179、180、181),裹衣门各器做法的特点,是在胎骨上糊裹皮衣、罗衣或纸衣之后,上面上几道漆便算完成,不再上漆灰(参阅66)。

关于裹衣门漆器中的各种名称见附表十三。

① 等复色数叠磨平为斑
纹，日本称"布目涂"。

167 皮衣，皮上糙、䰍二髹而成，又加文饰。用薄羊皮者，棱角
接合处如无缝缋，而漆面光滑。又用觳纹皮亦可也。

用觳纹皮者不宜描饰，唯有色漆三层而磨平，则随皮皱露色为斑纹，光华且坚而可耐久矣。

〔皮衣〕《居家必备》："备具匣以轻
木为之，外加皮包厚漆。"（寿76）

皮衣的做法是器物胎骨在糊裹皮革
之后，便上糙漆和䰍漆。所谓糙漆是指
生漆糙和煎糙（见181），而不是灰糙。
因为裹衣门的做法是不用灰漆的。

皮衣所用的皮革有两种：（一）薄

羊皮，糊裹后可加绘饰。它的好处是皮
质很薄，所以交搭接口的地方不显痕迹
（参阅66），而且表面也很光滑。（二）觳
纹皮，利用皮革的皱纹，上面积累色漆
层次，最后磨平，可以做出斑纹。它的
做法和效果，都与薄羊皮不同。

168 罗衣，罗目正方，灰缛平直为善。罗与缛必异色。又加文饰。

灰缛以灰漆压器之棱，缘罗之边端而为界缛者。又加纹饰者，可与复饰第十三罗纹地诸饰互考。
又等复色数叠而磨平为斑纹者，不作缛亦可。

〔界缛〕《玉篇》："缛、缝也。"《尔
雅·释训》："缛，羔裘之缝也。"注："孙
炎曰：'缛之为界域。'"（寿77）

〔罗衣〕指用罗（一种经纬织得较
稀的丝织物）来糊裹在器物胎骨之上，
上面直接上漆，漆成还可以看出罗的纹
理。灰缛是沿着罗衣器物的棱际边缘，
用灰漆堆起线条，给器物表面添上了齐
整的边框。由于罗文是正方的，所以灰
缛必须平直。否则灰缛的一端可能多压
住两格罗文，另一端少压住两格罗文，

便显得不规矩齐整了。在器物上面上色
漆的时候，总是用不同的色彩，将灰缛
和罗地区分开来。又有在地子上加各种
纹饰的，做法见157。

〔等复色数叠而磨平为斑纹者〕即
用两种或两种以上的色漆，有规律地依
次 ① 上到器物上去。由于地子原来不平，
最后磨光，可以显出不同色漆的层次，
灿烂成纹。它的做法及原理，与102彰
髹和109犀皮是相同的。采用这种做法
的，可以不堆灰缛，以便研磨。

169 纸衣，贴纸三、四重，不露胚胎之木理者佳，而漆漏燥，或
纸上毛茨为颣者，不堪用。

是韦衣之简制，而裱以倭纸薄滑者，好且不易败也。

〔纸衣〕指用纸糊裹在器物胎骨之
上，上面上漆的做法。纸必须多糊几层，

以免将木纹透露出来。漆漏燥是说纸衣
不够厚，或纸质不佳，漆渗漏了下去，

表面显得不滋润了。它与67单漆二过之一，由于衬底不足而引起的燥暴病；171单漆，由于底法不全而引起的燥暴病；道理是相通的。

〔纸上毛茨为颣〕指纸的纤维会起毛，使漆面不光滑（参阅15、52）。

〔韦衣〕《考工记》："攻皮之工凡五；其四曰韦氏。"（襄按：韦是治熟的兽皮。）杨注称纸衣是"韦衣之简制"，就是说纸衣是皮衣的简省替代品。日本制纸很精，柔韧而光滑，适于作漆器的纸衣之用，所以杨氏提到它。

170 单素第十六

榡器一髹而成者，列在于此。

〔单素〕捎当、贴布、垸漆、糙漆、黻漆（见176—181），是制造一般漆器的几个过程。凡是漆器在捎当之后，不再经过贴布、垸漆、糙漆等过程（单漆并不糊布，由67"多颣，朴素不滑之过"一语可证），上面上漆便算完成的，属于单素门。关于单素门漆器中的各种名称见附表十四。

171 单漆，有合色漆及髹色，皆漆饰中尤简易而便急也。

底法不全者，漆燥暴也。今固柱梁多用之。

〔单漆〕即在底漆做完之后，上面上色漆，便算完成，是漆工中一种极简便的做法。从杨注可以知道，当时房屋的大木梁架，往往采用这种做法。

〔有合色漆及髹色〕合色漆，是调上了颜色的色漆。髹色，是先刷颜色打底，上面再上漆。

172 单油，总同单漆而用油色者。楼、门、扉、窗，省工者用之。

一种有错色重圈者，盆、盂、碟、盒之类。皿底盒内，多不漆，皆坚木所车旋，盖南方所作，而今多效之，亦单油漆之类，故附此。

〔单油〕与单漆完全相同，不过以油代漆罢了，比单漆所需工料，更加节省。现在一般的木构建筑物，不在木质上披麻挂灰，而直接上油的，正是这个做法。

杨注中讲到用单油或单漆做成的日常用具，如盆、盂、碟、盒等等，都是用质地较坚硬的木头，在镟床（见3）上镟成的。器皿里面和底不上油漆，而外面用不同颜色的油或漆涂画成圈，作为装饰。现在南方还生产与此类似的漆器。

173 黄明单漆，即黄底单漆也。透明鲜黄，光滑为良。又有单漆墨画者。

有一髹而成者，数泽而成者。又画中或加金，或加朱。又有揩光者，其面润滑，木理灿然，宜花堂之瓶卓也。

〔黄明单漆〕在器物上打黄色地子，上面上罩漆，漆后黄色透露过来，故曰"透明鲜黄"。北京有一种普通用的木器叫"榆木揩漆"，在木头上打红黄色的色地，然后罩漆，木头纹理可以隔着漆看见，正是黄明单漆一类的做法。

〔单漆墨画〕即在器物的色地上用墨笔画花纹，然后上面罩漆的做法。隔着漆也能看见墨笔的花纹。

〔画中或加金，或加朱〕即在黄色地子上加金色或红色花纹，然后上面罩漆的做法。它们的全称当为"黄明描金单漆"或"黄明描朱单漆"。

〔有一髹而成者，数泽而成者〕指罩漆的层次而言。一髹是上一次便了，数泽●是上好几道罩漆。

〔揩光〕上漆之后不经磨退的，曰揩光。它是与退光相对而言的（见76）。一般罩漆，都可称为揩光。此处杨氏似别有所指，含义待考。

〔瓶卓〕卓，即桌。瓶卓似指堂屋中置放花瓶陈设的桌案。

174 罩朱单漆，即赤底单漆也，法同黄明单漆。

又有底后为描银，而如描金罩漆者。

〔罩朱单漆〕与黄明单漆做法相同，色地不用黄色而用红色罢了。还有赤底描银单漆，在红色地子上用银色画花纹。上漆之后，由于漆色的笼罩，银色却成金黄色，与描金罩漆很相似（参阅91条中的银箔罩漆）。

175 质法第十七

此门详质法名目，顺次而列于此，实足为法也。质乃器之骨肉，不可不坚实也。

质法门中各条专讲制造漆器的基本方法。不问漆器的纹饰为何，在纹饰之前的基本制造方法是一样的。这里由胎骨起，至糙漆止，依其工序的先后，一步一步地分列出来。

"质"是漆器的骨肉，是与纹饰相对而言的。所以质法门的范围，不包括花纹雕饰的做法。

黄氏在叙述各种纹饰的名称及做法之后，末了讲到质法，似有从事纹饰，不可忘其本质之意。

176 棬榡，一名胚胎，一名器骨。方器有旋题者，合题者。圆器有屈木者，车旋者。皆要平正、轻薄，否则布灰不厚。布灰不厚，则其器易败，且有露脉之病。

又有篾胎、藤胎、铜胎、锡胎、窑胎、冻子胎、布心纸胎、重布胎，各随其法也。

〔棬榡〕《玉篇》："棬，屈木盂也。"《广韵》："器似升，屈木为之。"《孟子》："顺杞柳之性，而以为桮棬。"《类篇》："榡，器未饰也，通作素。"《周礼》："槁人献素。"注："形法定为素。"《辍耕录》："梓人以脆松劈成薄片，于旋床上胶缝干成，名曰棬榡。"《格古要论》："宋朝内府中物，多是金银作素。"（寿78）

棬榡就是漆器的胎骨。做胎骨是制造漆器的第一道工序。距今已有七千年的河姆渡文化层中，发现内外有朱红色涂料的木碗，应当是现知最早的木胎漆器。

黄氏此条专讲木胎。在漆器中出现最早、使用最广的胎骨就是木胎。其开始在商代以前，战国、西汉时期的漆器，大多数是木胎。为了防止木料破裂，又发展为木胎糊布的做法。直到今天，木胎仍是漆器中最常用的胎骨之一。

〔方器有旋题者，合题者。圆器有屈木者，车旋者〕物之端曰"题"，所以合题是用一块一块的木板，在它的尽端处斗合起来，成为一件方形的器物，即一般做木匣、木箱的做法。旋题的做法待考。朱桂辛先生认为"旋"、"羡"谐音，可能旋题即羡题。建筑中的券门，古书作羡门，而羡题可能是用做券门之法来做方匣。例如印盒上的盝顶式盖，一般用四块木板斗合，而上面再承小块方木，在结构上，与券门有相通处。

屈木是用木性易于弯曲的材料，切成薄而长的片，将它拗成圆形的器物，并加粘合。宽片的与北京做罗圈、蒸笼的方法相似；窄条的近似用麦秆编辫盘成草帽的做法。车旋即以旋床旋成（见3）。

〔皆要平正、轻薄，否则布灰不厚。布灰不厚，则其器易败，且有露脉之病〕漆器木胎，不问方、圆，有一个共同的要求，就是要平正、轻薄。胎子平正，成器后才能规矩匀整。如胎子略欠平整，虽可用漆灰来补救，但必然会因此而使漆灰的厚薄不一致。胎子轻薄，漆灰才能加得厚，否则木胎本身已经厚重，漆灰便上得有限了。一件漆器是否坚固耐久，与漆灰的厚薄是有直接关系的。露脉就是漆灰太薄，将木胎的年轮筋脉透露到漆面上来的毛病。

本条杨注又补充了木胎以外的各种不同质地的胎子。

〔篾胎〕用竹子劈成丝条，编成漆器的胎子。实物以水仙纹黑漆描金小碟为例。碟径一三厘米，高二点九厘米。用极细篾丝编织成胎。碟中心及背面上黑漆，碟边一圈，露着篾丝，故意使它与光滑的漆面产生不同质地的对比。中心用褐色漆绘水仙一株，黑漆画纹理，再用金漆勾描，旁佐灵石一拳。碟边镶钤铜质镀银的口。这是成套小碟中的一个，是清代晚期的制品。与此做法相似的还有铜丝胎的漆器，实例有清初制的黑漆小箱。箱底盖的边缘棱角都用铜包镶，除箱顶及底板髹黑漆外，四面都露着用铜丝编成的胎子。

〔藤胎〕用藤皮劈成的丝条编成漆器胎子。

〔铜胎〕用铜作胎。119金银胎剔红，杨注"鍮锡胎者多通漆"，所谓鍮胎即铜胎。

〔锡胎〕见上。古代剔红，常用锡作胎，实例见118明代进狮图剔红圆盒及119宣德款人物楼阁剔红方盘。清代卢葵生制漆器也常用锡作胎（见32）。

〔窑胎〕即用瓷作胎（见119杨注）。故宫博物院藏有瓷胎剔犀瓶，通身上漆，与一般剔犀器无异，只有瓶里及底足露出瓷质。瓶作花觚式，是康熙时物。说明髹饰时代，不能早于康熙。

〔冻子胎〕用冻子作胎（参阅28、126）。

〔布心纸胎　重布胎〕布心纸胎是用漆或漆灰将若干层布糊裱在一起，外面再糊纸；重布胎则表里均用布糊成。二者实际上就是汉、唐以来所谓的"夹纻"。（襄按：纻，麻属，可以织布。）"夹纻"两字，即有重布之意。

夹纻漆器，其源甚早，战国时楚国墓中已有发现。承湖南文管会的同志见告，1964年发掘的长沙左家塘三号墓，时代为战国中期，其中所出的黑漆杯及彩绘羽觞，即为夹纻胎。

夹纻胎至汉而盛行，其名亦在漆器铭文中出现，写作："侠纻"或"紽纻"。战国时期一般用木作胎的器物，如奁、匣等，至此往往代以夹纻。汉后佛教渐兴：常用夹纻制造佛像，晋戴逵就是一位善造夹纻像的雕塑名家。夹纻由制造形状简单的器物发展到模脱体态复杂的塑像，在技法上是一个进步。南北朝至

隋、唐，夹纻像一直流行。天宝间鉴真和尚还将此法传往日本。日本所谓的"干漆像"，即渊源于夹纻。

夹纻像至元代名曰"搏换"，或作"搏丸"，又曰"脱活"，并见虞集《刘正奉塑记》。明、清两朝，夹纻像不及前代盛行，糊布层次加多，胎骨由薄而厚，线条轮廓，呆滞臃肿，技法日趋退化。近年来，尤其是解放后，福建漆工制夹纻人像，极有成就，已超越明、清，将工艺提高到一个新的水平。

关于夹纻像的做法，《刘正奉塑记》中有几句话概括了它的过程："漫帛土偶上而髹之，已而去其土，髹帛俨然成像矣。"清《圆明园内工佛作则例》，有关制造夹纻像的条款："佛像脱纱堆塑泥子坐像，法身高一尺四寸至三尺，立胎糙泥一遍，衬泥一遍，长面像粗泥一遍，中泥一遍，细泥二遍。每高一尺用：黄土一筐，西纸六张，砂子三分筐，麦糠三分筐，麻经二两，塑匠一工二分。每尊用秫秸半束。"又："漆灰脱纱使布十二遍，压布灰十二遍，长面像衣纹熟漆灰一遍，垫光漆三遍，水磨三遍，漆灰粘做一遍，脏膛朱红漆二遍。每尺用：严生漆十二两六钱，夏布一丈四尺四寸，土子面三斤十五两二钱，笼罩漆六钱，漆朱一两二钱，退光漆一斤十五两六钱，脱纱匠二工四分。"（襄按：所谓"堆塑泥子"，就是塑造作为内范，在表面糊布的偶像；所谓"脱纱"，即在泥塑完成后，用漆灰在上面糊布并加髹饰，以及去掉泥塑，使布胎成为脱空像的过程。）目前福建所制的夹纻人像，往往不用布而用绢。绢细而薄，模脱塑像，造形不易走失，是提高漆像质量的一项重要措施。

夹纻像因体质轻，比石刻更容易移动散失，传世的早期实物，保存在国内的为数不多。这里举唐代坐佛一例，现在美国弗利尔博物馆。像高九九厘米，眉目疏朗，衣纹简练，身上着色已剥落。从手腕残缺中空处，可以看见干漆布层的厚度（图三一）。

晚期的夹纻像，以清代的罗汉为例。像高三一厘米，胎骨由十数层麻布糊成，分量较重。从像底窥看像内，头部和两臂虽非实心，但空间不大。衣纹残缺的地方，露出堆在布面上的漆灰，可知衣纹、面相正如清代则例所述，是用漆灰堆塑出来的。漆灰上面用黑漆、朱漆各一层打地，上贴金箔。最后罩漆，也就是91罩金髹的做法。

从文献来看，宋、元以后，夹纻之名，少见使用。杨注列举"布心纸胎"、"重布胎"而不及夹纻，亦是一证。但尽管当时夹纻像渐趋衰退，用布或其他织物作胎的器物，在明、清还是相当流行的。至迟在清代中叶已被人称道的所谓"脱胎"漆器，实际上就是夹纻。清代宫廷曾用夹纻之法，大量制造菊花瓣形朱漆的盖碗和盘碟，有不少还刻上弘历（乾隆帝）的题诗。诗的首四句是："吴下髹工巧莫比，仿为或比旧还过。脱胎那用木和锡，成器奚劳琢与磨？"说明它是苏州生产的仿旧漆器，而脱胎这个名称也是早有来历的。直到今天福建制造的夹纻漆器，还通称"脱胎漆器。"

总的说来，"夹纻"、"重布胎"、"脱胎"是同一种胎骨的漆器，可以说是在不同时期流行的不同名称。它的特点是坚实轻巧，用来做某些种器物极为相宜，在漆工中是大有发展前途的。

沈福文氏《漆工资料》讲到脱胎花

图三一　唐夹纻佛像

瓶的制作方法，为了避免割裂，一齐录引在下面：

第一步，制作脱胎花瓶模型：先制成花瓶石膏胎型，它的做法以一根圆钢条为轴心，放在木架上，缠上草绳与钢轴周转方向一致，再敷上黏土，做出泥胎的粗坯，再敷上一层薄石膏。用薄铁皮，按照花瓶设计的形状大小高矮尺寸，剪成半径，依照轴心距离，正确地钉在木架上。在敷上石膏时（熟石膏，调成稀泥状）圆条钢轴朝着铁皮方向转动（周转），花瓶半径铁皮，距离泥坯约二分空隙，石膏敷上泥模通过空隙时多余的就被刮去，这样就正确形成立体的石膏花瓶模型了。

第二步，花瓶模型干燥后，在石膏层上刷上浓肥皂水或胶水，稍厚一些，作为脱离剂用。

第三步，刷上细漆灰。模型上肥皂水干燥后，刷上一层细漆灰……干燥后又刷上一层，共需刷上三层。

（裏按：沈氏的细漆灰调制方法：黄土细粉55%，生漆45%，将黄土细粉先调入 10% 的生漆拌搅均匀后，再将 30% 的生漆掺入调拌均匀，再加 10% 的清水成为泥状即可使用。）

第四步，细漆灰干燥后，刷上三层较细的中漆灰。

中漆灰调制方法，用生漆 40%，糯米糊 5%，瓦灰 25%，细黄土粉 30%，15% 的清水调合成泥状。

第五步，中漆灰干燥后，再在上面刷上三层粗漆灰。

粗漆灰调制方法：生漆 40%，糯米糊 20%，砖瓦灰 40%，调拌如泥状。

第六步，在粗漆灰面上，用漆糊裱上麻布，干固后，将相接重叠的地方，用刀削平，每层刷上一层薄中漆灰，再裱麻布，连续裱上四层。

第七步，在麻布上刷上三层粗漆灰。

第八步，在粗漆灰上刷上三层中漆灰。

第九步，在中漆灰上刷上二层细漆灰，干燥后仍将原来用的造型铁皮来整理器形，同时用细漆灰敷在花瓶上，转动钢轴，多余漆灰被刮除，就成为平顺完整的花瓶了。

第十步，干固后，就将中心钢轴抽出，然后将草绳拉掉取去泥木，就把花瓶放入热水桶内，使剩余的石膏层随肥皂水的溶化而脱落。至此脱胎花瓶初步成功，中心轴相反周转即可取出。

第十一步，脱胎花瓶里外经过细磨石打磨光滑，髹涂黑漆，干燥后用灰条或木炭打磨，再涂黑漆经打磨平顺。至此器物的造型基本完成，就可以装饰花纹了。装饰完成后，再安装上底子。

用脱胎方法制造花瓶，任何造型都可以正确地制作出来，同时它是用麻布和漆灰做成，很坚硬结实。

据《实用漆工术》说，日本漆器胎骨以木制为主，其次是用纸压缩成胎。此外也有用铁、陶器、玻璃等物作胎的。

除上面所说的各种胎骨外，还有皮胎，未被本书列入作胎骨的一种。皮胎因纯用皮革做成，故和列入 166 裹衣门的在胎骨上糊裹皮革的"皮衣"或"韦衣"不同。

江陵拍马山五号战国墓曾发现皮甲漆片（湖北省博物馆等：《湖北江陵拍马山楚墓发掘简报》，《考古》1973 年二期）。1951 年在长沙战国墓出土的两具黑漆彩绘盾，也是皮胎漆器的实例。盾上方两角圆形，下方两角方形，略作葫芦状，两面施黑漆，用赭、黄两色绘龙、凤花纹（考古研究所：《长沙发掘报告》，1957 年，科学出版社）。

用皮革作器胎，颇具优点：皮革浸软后，取形方便，且无接缝，不易开裂。故各个时代的皮胎漆器，为数不少。本书 98、100、106、154 等条所举实例，都有皮胎者。

承朱桂辛先生见告："贵州毕节漆器多用水牛皮作胎。做法是将牛皮泡软，铲平，包裹在器物模型上，待它干固后取下，如有不平的地方，用熨斗熨平，上面再上漆。河南襄城也产皮胎漆器，箱匣多用牛皮，上朱漆描金色花纹，可历百年不坏。也有用马皮代制的，但不及牛皮坚固。"❶又称："前古物陈列所

图三二　清皮胎漆餐具及皮胎葫芦形外盒

藏有皮胎大葫芦，内装成套餐具，有碗、碟、羹匙等不下百数十件，也全用皮胎做成。"

古物陈列所藏品部分归故宫博物院收藏，曾见葫芦形外盒的成套皮胎漆餐具，是清代晚期制品（图三二）。它体轻便于携带，又不易破碎，是旅行时的用具。

广东阳江亦以产衣皮和皮胎漆器闻名。❷县志称："阳江皮箱驰名京省，远及外洋，其余皮枕、皮椅、皮盒各器，俱极精良。"上述产品中有一种装饰手法，即将皮革镂空作花纹，再贴着或缝缀到皮胎器物的表面，形成凸起纹样，通体再上漆。器物上往往有"阳江制造"戳记。

❶ 贵州大方皮胎隐花漆器即用马皮。

❷ 广东阳江现在主要生产纸胎漆器。

❸ 黄明似形容胶水之色而不是黄明熟漆。因合漆如在生漆中加黄明熟漆则不易干固，妨害粘合。如上面的理解不误，则黄明后之点（、）应去掉。

❹ "一两调末，一两相伴"即一两牛胫骨灰加一两牛皮胶水。"末"字不误，与抹无涉。

177 合缝，两板相合，或面旁底足合为全器，皆用法漆而加捎当。

合缝粘者，皆匾绦缚定，以木楔令紧，合齐成器，待干而捎当焉。

〔合缝〕《琴经》："凡合缝，用上等生漆，入黄明、胶水调和，挑起如丝，细骨灰拌匀，如饧丝后，涂于缝，用绳缚定，以木楔楔令紧。缝上漆出，随手刮去。"❸（寿79）

约于11世纪成书的《琴书》（瞿氏铁琴铜剑楼传钞《琴苑要录》本）记载合缝与《琴经》相似而较详："凡欲合琴……用上等细生漆，入清薄牛皮胶煎水，大忌肥腻，渐渐入少调和，令匀后，挑起如细丝不断，方得下细绢罗牛胫骨灰（牛胫骨烧存性），一两调末（襄按：疑为"抹"字），一两相伴（襄按：当作"拌"）搅，❹稠黏如饧，然后均匀涂于板缝上。先以竹钉子于两头、边及焦尾下面勘定，贵无长也。然后用索匀缠，仍于天地柱两边以木楔楔之。上缝上漆

出，便随手净刮去。"

合缝是制造漆器的第二道工序。其做法就是将胎子的木板，粘合起来。粘合的方法是将法漆抹在木板接口的地方，拼合成形后，用绦子扎勒好了，再加一头薄、一头厚的木楔子楔紧。等待干固，解绦去子，再进行下一步的捎当工作（见178）。

〔法漆〕法漆、法灰漆（见180），所用原料应当基本上是相同的，是用生漆、胶及骨灰调制而成的。当然用来合缝的法漆要稀一些，用来堆线的法灰漆要稠一些，而稀稠是由加入的骨灰多少来决定的（参阅180 "第五次起线缘" 杨注）。

现在北京匠师粘合木胎，一般只用胶，或只用生漆，极少两者调和使用。

178 捎当，凡器物先刓剗缝会之处，而法漆嵌之，及通体生漆刷之，候干，胎骨始固，而加布漆。

器面觚缺，节眼等深者，法漆中加木屑斲絮嵌之。

〔捎当〕《辍耕录》："椿橏刀刓胶缝　　　却，炀牛皮胶和生漆，微嵌缝中，名曰

捎当。"（寿 80）

捎当是制造漆器的第三道工序。据黄氏本文，将器物的接口、裂缝等处剔开，填以法漆，然后通体刷生漆为捎当。杨注并讲到，如果木胎的裂缝、节眼太深，法漆中还应当加木屑和斸絮（丝或棉、麻纤维），以防干后低陷。

乾隆十四年《工部则例》卷二十五《漆作用料则例》："凡靠木钻生漆一遍，内务府无定例。都水司每折见方一尺，用漆四钱。今拟每折见方一尺，用严生漆三钱。凡见缝捉灰一遍，内务府无定例。都水司每折见方一尺，用漆三钱。今拟每折见方一尺，用严生漆三钱"，"凡见缝捉麻一遍，内务府无定例。都水司每折见方一尺，用漆四钱，麻四钱。今拟每折见方一尺，用严生漆四钱，白麻一钱。凡满灰一遍，内务府每折见方一尺，用漆五钱。都水司每折见方一尺，用漆六钱。今拟每折见方一尺，用严生漆五钱。"（襄按：则例另有条款注明以上除钻生漆外，严生漆中均加土子面。）又卷二十六《漆作用工则例》："凡靠木钻生漆一遍，内务府无定例。都水司每折见方尺二十四尺一工。今拟每折见方尺一百尺，用漆匠一工"，"凡见缝捉灰一遍，内务府无定例。都水司每折见方尺二十四尺一工。今拟每折见方尺一百尺用漆匠一工"，"凡见缝捉麻一遍，内务府无定例。都水司每折见方尺二十四尺一工。今拟每折见方尺八十尺，用漆匠一工"，"凡满灰一遍，内务府每折见方尺八十尺一工，都水司每折见方尺二十四尺一工。今拟每折见方尺八十尺

用漆匠一工。"以上讲到靠木钻生、见缝捉灰、见缝捉麻、满灰四道工序，合起来等于本书所谓的捎当。

北京匠师的做法是将木胎的接口裂缝，用刀剔开（必须将裂缝特意铲剔扩大，成器后才不致走裂），通身上生漆，使漆渗入缝内，名曰"撕缝钻生"。此后裂缝内用竹片和漆灰填平，名曰"下竹钉"。然后周身上漆灰一道，亦即是胎子上的第一道漆灰，名曰"捎当（读如扫荡）灰"。这个名称说明了"捎当"两字还保留在北京漆工的术语中。又"见缝捉麻"、"捉麻"等至今亦为北京油漆工的常用术语。据本书"斸絮"一词，可知"捉"原应作"斸"，即用经过斫斩的麻絮填塞胎骨缝隙之意。但自清代中期或更早，工匠已用较为通俗的"捉"字来代替"斸"字了。

沈福文先生的做法与上述大致相同："将木质器皿的胎胚全面用漆刷涂上一层很薄的生漆。生漆干燥后，将器皿上木料拼合之处，用刀削成浅槽，再填入木粉漆糊，干固后拼合之处不致裂开。木粉漆糊调制方法是：糯米糊40%，生漆60%，调拌均匀。投入木粉和麻质短纤维，再调拌成为泥状，作填槽被缝等用。"（以上见《漆工资料》）

日木漆工称这一道工序曰"木固及刻苧"。木固是用生漆调水（每样各半）刷在木胎上。刻苧是将麻布捣碎，与生漆、饭浆、面粉调和一起，用来填塞低凹不平之处。加贺地方刻苧还采用木屑（以上见《实用漆工术》）。（襄按："苧"通"纻"。）

179 布漆。捎当后用法漆衣麻布，以令劙面无露脉，且棱角缝合之处，不易解脱，而加埝漆。

古有用革韦衣，后世以布代皮。近俗有以麻筋及厚纸代布，制度渐失矣。

〔布漆〕布漆是制造漆器的第四道工序。在已经捎当之后的器物上，用法漆将麻布糊贴到上面去。这样，即使将来用石搓磨，也不致于将木胎或木筋透露出来。同时周身贴了麻布，拉扯连系力加强，木胎拼合的地方，也不容易松裂脱开了。

〔古有用革韦衣，后世以布代皮。近俗有以麻筋及厚纸代布，制度渐失矣〕《琴经》："一应漆器，多用布漆，琴则不用。"（襄按：此说不尽然，古琴也常有用木胎糊布做成的。）《考工记》贾疏："以革鞔毂讫，漆之。"《辍耕录》："以麻筋代布。"（寿81）

乾隆十四年《工部则例》卷二十五《漆作用料则例》："凡满麻一遍，内务府每折见方一尺，用漆六钱，麻五钱。都水司每折见方一尺，用漆七钱，麻八钱。今拟每折见方一尺，用严生漆六钱，白麻五钱"，"凡压麻灰一遍，内务府、都水司每折见方一尺，用漆五钱。今拟每折见方一尺，用严生漆五钱"，"凡使布一遍，内务府每折见方一尺，用漆四钱，夏布一尺。都水司每折见方一尺，用漆五钱，夏布一尺。今拟每折见方一尺，用严生漆四钱，幅宽一尺，夏布一尺"，"凡压布灰一遍，内务府每折见方一尺，用漆四钱。都水司每折见方一尺，用漆五钱。今拟每折见方一尺，用严生漆四钱"，"凡使绢一遍，内务府每折见方一尺，用漆七钱，绢七寸。都水司每折见方一尺，用漆四钱，绢五寸。今拟每折见方一尺，用严生漆四钱，幅宽二尺山西绢五寸。"又卷二十六《漆作用工则例》："凡满麻一遍，内务府每折见方尺六十尺一工。都水司每折见方尺二十尺一工。今拟每折见方尺六十尺，用漆匠一工"，"凡压麻灰一遍，内务府每折见方尺八十尺一工。都水司每折见方二十四尺一工。今拟见方尺八十尺，用漆匠一工"，"凡使布一遍，内务府每折见方尺六十尺一工。都水司每折见方尺二十尺一工。今拟每折见方尺六十尺，用漆匠一工"，"凡压布灰一遍，内务府每折见方尺八十尺一工。都水司每折见方尺二十尺一工。今拟每折见方尺八十尺，用漆匠一工"，"凡使绢一遍，内务府无定例。都水司每折见方尺三十五尺一工。今拟每折见方尺五十尺，用漆匠一工。"以上计糊麻、夏布、绢各一道。清代工部的做法比《髹饰录》所讲的做法要厚一些。

近代北京漆工在做讲究的漆器时，有的完全依照清代工部漆作的做法，有的单纯用小绸子或夏布来糊木胎，层数三遍、两遍、一遍不等。做较差的漆器用麻布，最节省的办法用纸或旧麻袋。织物糊好后，必须用木制马蹄形的压子按压着实，否则下面会有气泡或多余的漆（术语曰"窝浆"），将来会发生织物与木胎离脱的毛病。

❶宋李诫《营造法式》卷十四《炼桐油》按，即"鳗水"，可见北宋时已有此法。"炼桐油之制，用文武火煎桐油，令清。先煠胶，令焦，取出不用。次下松脂，搅候化。又次下研细定粉，粉色黄；滴油于水内成珠，以手试之，粘指处有丝缕，然后下黄丹。再渐次去火搅令冷。合金漆用。如施之于彩画之上者，以乱线揲掇用之。"观其煎炼方法，添加物料，滴水试验，炼成搅冷等，可知清代所谓"打满"，与此一脉相承。其黄丹即章丹。定粉乃石灰，属固化剂。当用石灰研细，水漂沉淀成坨，故有此名。只打满不用胶和松香而已。但其中"先煠胶，令焦，取出不用"一语，待考。

180 垸漆，一名灰漆。用角灰、磁屑为上，骨灰、蛤灰次之，砖灰坯屑、砥灰为下。皆筛过分粗、中、细，而次第布之如左。灰毕而加糙漆。

用坯屑、枯炭末，加以厚糊、猪血、藕泥、胶汁等者，今贱工所为，何足用？又有鳗水者，胜之。鳗水即灰膏子也。

第一次粗灰漆：
要薄而密。

第二次中灰漆：
要厚而均。

第三次作起棱角，补平窊缺：
共用中灰为善，故在第三次。

第四次细灰漆：
要厚薄之间。

第五次起线缘：
蜃窗边棱为线缘或界缄者，于细灰磨了后，有以起线挑堆起者，有以法灰漆为缕黏络者。

〔垸漆〕《说文》："垸，以漆和灰而髹也。"（寿82）

垸漆，或作丸漆（见69），是制造漆器的第五道工序。即在布漆之后的器物上上灰漆。灰漆是用角、骨、砖、瓷等物，碾成粉末，加生漆调和成糊，敷抹到器物上去。

〔角灰 瓷屑 骨灰 蛤灰 砖灰 坯屑〕见32。

〔砥〕《广韵》："砥，磨石也。"《书·禹贡》："荆州砺砥砮丹。"注："砥细于砺。"（寿83）参阅32石灰。

〔厚糊，猪血〕《辍耕录》："如髹工自家造卖低歹之物，不用胶漆，止用猪血厚糊之类。"（寿85）

〔鳗水，即灰膏子也〕《辍耕录》："鳗水，好桐油煎沸，如蜜之状却，取砖灰石细面和匀。"（寿86）

经向北京的匠师请教，他们并不知有"鳗水"之名，而称之曰"打满"。满、鳗谐音，说明这个名称至少自元末起到现在已沿用了几百年。❶

打满的方法是用生桐油放入锅中煎熬，缓缓调搅，及沸，放入研细的章丹（即铅丹，又名黄丹，化学名称为四氧化三铅）和土子（章丹、土子，颜料店都可以买到。每油一斤，章丹、土子各一两）。章丹经煎熬，色渐转黑，然后取出少许，滴入水碗中试之。如油入水便散，说明尚未煎成；如入水凝成珠状，沉下去又浮上来，便算煎成。这时锅须离火，用勺在油内搅动，使油出烟，至油凉烟尽为止。搅动不可少停，否则烟不得出，术语曰"窝烟"，油有燃着的可能。油冷后，用坚牢的纸（术语称之曰"掩头"）将油面盖严，放在一边待用。以上是打满中熬灰油的一道工序。

另外用石灰泡成水，取稀薄的灰水调和白面成稀糊状，在此糊内加熬好的灰油，标准的比例是一对一（灰油越少，越不坚实。省料的做法，灰油和面糊的比例往往是一比二或一比三）。

灰油、面糊调匀后，加入血料（由猪血做成），用木棍搅合。搅时须注意向一个方向旋转，不宜来回往返地搅。调匀后成灰白色的浆糊状，打满至此，便算完成。用时再加砖灰，稀稠以适用为度。将它敷着在器物上，可以代替灰漆。

《圆明园漆活彩漆扬金定例》有关于打满的条款，用料与北京匠师所述相同："桐油每千斤外加：黄丹六十二斤八两，土子六十二斤八两，白灰五百斤，白面五百斤，砖灰二十七石，木柴五百斤。白煎油、糙油、光油每千斤外加白丝六斤四两。"

〔第一次粗灰漆，第二次中灰漆，第三次作起棱角补平窳缺，第四次细灰漆〕《琴经》："灰法第一次粗灰而薄，第二次中灰匀而厚，次用细灰缘边作棱角，第四次灰补平。"《辍耕录》："灰乃砖瓦坯屑，筛过分粗、中、细。"（寿87）（襄按：古代琴书中有不少讲到灰法（即垸漆）的，大体上都与上面《琴经》相同，说明一般漆器的垸法与古琴的垸法基本上是相同的。）

乾隆十四年《工部则例》卷二十五《漆作用料则例》："凡压绢灰一遍，内务府每折见方一尺，用漆五钱。都水司每折见方一尺，用漆四钱。今拟每折见方一尺用严生漆四钱"，"凡使中灰一遍，内务府、都水司俱每折见方一尺，用漆三钱。今拟每折见方一尺，用严生漆三钱"，"凡使细灰一遍，内务府、都水司俱每折见方一尺，用漆二钱。今拟每折见方一尺，用严生漆二钱。"（襄按：则例另有条款注明以上严生漆中均加土子面。）又卷二十六《漆作用工则例》："凡压绢灰一遍，内务府无定例。都水司每

折见方尺三十五尺一工。今拟每折见方尺八十尺，用漆匠一工"，"凡使中灰一遍，内务府每折见方尺八十尺一工。都水司每折见方尺二十四尺一工。今拟每折见方尺八十尺，用漆匠一工"，"凡使细灰一遍，内务府每折见方尺八十尺一工。都水司每折见方尺二十四尺一工。今拟每折见方尺八十尺，用漆匠一工。"（襄按：以上压绢灰等于本书所谓的粗灰。）

〔蜃窗〕《杂事秘辛》："日晷薄辰，穿照蜃窗。"（寿88）

（襄按：在古代没有广泛使用玻璃之前，用透明的贝壳镶在窗上。这种窗叫蜃窗。）

北京漆工上灰漆的传统做法，是在糊好的布面上上粗漆灰一道，术语称"压布灰"。干后用石干磨。再上中灰一道，干后仍用石干磨。再上细漆灰一道。干后用石蘸水磨平。粗、中、细漆灰都用土子入生漆，它们的粗细之分，在于土子研制粗细的程度而别。

沈福文先生的木胎漆器的灰漆法：

麻布干固后，削去交叉重叠的麻布。用漆刮上二层粗漆灰。刮漆灰要注意刮薄刮匀。面与面交接处要刮齐整。粗漆灰调制法与前同（见176）。粗漆灰干燥后，用磨石打磨，不蘸水，只需在打磨后，用湿帕将打磨掉的灰粉，揩除干净，这样可初步达到平顺。粗漆灰打磨后，再刮上二层中漆灰。中漆灰调制法与前同（见176）。

中漆灰干燥后，用石蘸水打磨平顺后，再刮二层细漆灰。细漆灰干固后，用石蘸水打磨平顺。（见《漆工资料》）

181 糙漆，以之实垸，腠滑灰面，其法如左。糙毕而加麴漆为纹饰，器全成焉。

第一次灰糙：
要良厚而磨宜正平。

第二次生漆糙：
要薄而均。

第三次煎糙：❶
要不为皴皲。

右三糙者古法，而髤琴必用之。今造器皿者，一次用生漆糙，二次用曜糙而止。又有赤糙、黄糙，又细灰后以生漆擦之，代一次糙者，肉愈薄也。

〔糙漆〕《辍耕录》："细灰车磨方漆之，谓之糙漆。"（寿 89）

糙漆是制造漆器的第六道工序。在器物的漆灰上面上灰漆及漆，使其光而厚，以便最后上色漆，加绘饰。

〔以之实垸，腠滑灰面〕按"腠"疑为"腠"之误。腠就是皮肤，意即用糙漆来使由垸漆一道工序做成的漆灰灰层更加坚实光滑。

〔第一次灰糙；第二次生漆糙；第三次煎糙〕《琴经》："第一次糙用生漆，第二次糙亦用好漆，第三次用煎糙。又以上等生漆入乌鸡子清，用漆工调之。"（寿 90）

《太音大全集·糙法》："第一次糙，用上等生漆，于向日暖处，令漆浸润入灰，往来刷之，以多为妙。候干，以水磨洗。第二次糙亦用好生漆。候干，磨洗过，安徽、正岳、刻冠线。第三次用煎糙。"又《太音大全集·煎糙法》："生漆半斤，先下火煎数沸，入焰硝一分，以文武火煎四、五食时，用柳枝搅起。视其色光焰为度。倾入瓷器内，以纸覆之，入地窟三宿，取出，以绵滤过三五次，假（襄按：当作"候"）日色晴明则糙，往来刷之，以久为佳。糙毕入窨。今人

只以上等生漆入乌鸡子清用，漆工谓之耀糙，取有肉地。"

各琴书所说的糙法，大体上与本书相同，只是第一次糙用生漆，不用灰糙。

〔曜糙〕即耀糙，见前。

〔赤糙，黄糙〕赤糙当用银朱调制，黄糙当用石黄调制，即清《工部则例》所谓的"垫光漆"。

乾隆十四年《工部则例》卷二十五《漆作用料则例》："凡使汁浆灰一遍，内务府、都水司俱每折见方一尺，用漆二钱。今拟每折见方一尺，用严生漆二钱"，"凡使糙漆一遍，内务府、都水司俱每折见方一尺，用漆三钱。今拟每折见方一尺，同严生漆二钱"，"凡使垫光漆一遍，内务府、都水司俱每折见方一尺，用漆五钱，漆朱三钱。今拟每折见方一尺，用白退光漆四钱，漆朱三钱。"（襄按：则例另有条款注明以上汁浆灰的严生漆中须加土子面。）又卷二十六《漆作用工则例》："凡使汁浆灰一遍，内务府每折见方尺一百二十尺一工。都水司每折见方尺三十五尺一工。今拟每折见方尺一百二十尺，用漆匠一工"，"凡使糙漆一遍，内务府每折见方尺一百尺

一工。都水司每折见方尺三十三尺一工。今拟每折见方一百尺，用漆匠一工"，"凡使垫光漆一遍，内务府每折见方尺八十尺一工。都水司每折见方尺二十五尺一工。今拟每折见方尺八十尺，用漆匠一工。"这里的汁浆灰等于本书的灰糙；糙漆等于本书的生漆糙；垫光漆等于本书的煎糙。《工部则例》垫光漆中之所以加漆朱，是由于做朱漆漆地的缘故，亦即杨注所谓的赤糙。从则例的其他条款得知，垫光漆也有不加色料的做法。

以上自 178 捎当开始引《工部则例》一直到这里，原则例各条皆相连属，足见工部漆作做漆器的方法程序与《髹饰录》基本上是相同的。

北京漆工的糙法是在磨好的细漆灰上（即垸漆的最后一道，见 180）钻生漆一道，再上一道用生漆、团粉（或血料入土粉子）调成的细腻子，干后用细石蘸水磨平。共两道。

沈福文先生的糙漆做法是：在磨平的细漆灰（见 180）上面髹涂一层下涂黑漆。干燥后用灰条打磨平滑，再髹涂一层中涂黑漆，干燥后打磨平滑就完成了，即可在上面任意装饰花纹（见《漆工资料》）。沈先生用黑漆作下涂漆和中涂漆，而黑漆是用半透明漆（即退光漆，见 35）加氢氧化铁制成的（见 75）。

182 漆际，素器贮水，书匣防湿等用之。

今市上所售器，漆际者多不和斸絮，唯垸际漆界者，易解脱也。

〔漆际〕《酉阳杂俎》："五品以上漆棺，六品以下只得漆际。"（寿 91）

漆际是在木胎上只漆棱角及边际，并不全身上漆。据杨注漆际的正当规格，应照捎当（见 178）的做法，在缝会之处填嵌有斸絮的法漆，否则容易散脱。

183 尚古第十八

一篇之大尾。名尚古者，盖黄氏之意在于斯。故此书总论成饰，而不载造法，所以温故而知新也。

此章专论古代漆器的断纹、修复和仿造旧器等问题。杨注称"此书总论成饰"，是指此章而言，并不是指《髹饰录》全书。

184 断纹，髹器历年愈久而断纹愈生，是出于人工而成于天工者也。古琴有梅花断，有则宝之；有蛇腹断次之；有牛毛断又次之。他器多牛毛断。又有冰裂断、龟纹断、乱丝断、荷叶断、縠纹断。凡揩光牢固者多疏断，稀漆脆虚者多细断，且易浮起，不足珍赏焉。

又有诸断交出，或一旁生彼，一旁生是，或每面为众断者，天工苟不可穷也。

〔断纹〕《琴经》："古琴以断纹为证。有蛇腹断，其纹横截如蛇腹下纹。又有细纹断，即牛尾（襄按：当作'毛'）断，如发千百条。又有梅花断，其纹如梅花片。又有龙纹断，其纹圆大。有龟纹、冰裂纹者。"（寿92）

宋代赵希鹄《洞天清禄集》："古琴以断纹为证，盖琴不历五百岁不断，愈久则断愈多。然断有数等：有蛇腹断，有纹横截琴面，相去或一寸，或二寸，节节相似，如蛇腹下纹。有细纹断，如发千百条，亦停匀，多在琴之两傍，而近岳处则无之。又有面与底皆断者。又有梅花断，其纹如梅花头，此为极古，非千余载不能有也。"

清代程允基《诚一堂琴谈》："古琴以断纹为证，不历数百年不断。有梅花断，其纹如梅花，此为最古。有牛毛断，其纹如发千百条者。有蛇腹断，其纹横琴面，相去或一寸，或半寸许。有龙纹断，其纹圆大。有龟纹、冰裂纹不等。以有剑锋耸起者为真。"

断纹，即漆器因年久而出现的裂痕，主要是由于胎骨及漆层经常不断的涨缩而产生的。断纹标志着漆器的年代，所以鉴赏家（尤其是古琴家）不但不将断纹视为漆器的毛病，反以有断纹为贵。当然由于断纹浮起，致使漆层剥落的不在此例。

〔梅花断〕古琴断纹的一种，指圆形而攒簇如梅花瓣的裂痕而言。实际上通体作梅花断的古琴，可以说是没有的。只要在琴身某一部位有一些，便算是梅花断琴。这种断纹也不一定非千余载不能有，杨宗稷《藏琴录》著录的飞龙琴，制于崇祯戊寅（1638年），便有梅花断数圈。

〔蛇腹断〕指长条而平行的断纹，如蛇腹上横纹的形状。又因其间隔疏密的不同，而有大蛇腹、小蛇腹之称。一般年代较久、漆灰较厚的琴，往往有蛇腹断。唐大圣遗音琴的正面，大部分都布满了蛇腹断。

〔牛毛断〕指细密如牛毛的断纹，一般漆灰薄而坚实的琴，容易有这种断纹。明代的琴往往有牛毛断，实物可以明代龙吟联珠式琴为例。牛毛断不限于古琴，一般漆器也有牛毛断纹。

古琴中尚有所谓"流水断"，形态与蛇腹断相近，但裂纹不太平行，近似流动的波纹。

〔又有冰裂断、龟纹断、乱丝断、荷叶断、縠纹断〕各种裂痕都依其形似而得名。黄氏指出，一般漆器往往有上述各种的断纹。

按，古琴断纹中也有冰裂、龟纹之称，见《诚一堂琴谈》。古琴鉴赏家并有"千金难买龟纹断"之说，见杨宗稷《藏琴录》。

〔稀漆脆虚者多细断，且易浮起〕指漆灰中用漆太少，或用猪血调砖粉代替漆灰的漆器。凡是这一类器物，漆皮会卷起，一片一片地剥落下来，除刮去重新髹漆外，无法修理。

〔又有诸断交出，或一旁生彼，一旁生是，或每面为众断者〕指一件器物上具备几种不同的断纹。同一器物由于木胎质地松实的不同，纹理的不同，麻布疏密的不同，漆灰厚薄的不同，往往会产生不同的断纹。以古琴来说，琴面漆灰总是厚于琴背，所以绝大多数的古琴，琴面、琴背的断纹是不一致的。

185 补缀，补古器之缺，剥击痕尤难焉！漆之新古，色之明暗，相当为妙。又修缀失其缺片者，随其痕而上画云气，黑髹以赤、朱漆以黄之类，如此五色金钿，互异其色，而不掩痕迹，却有雅趣也。

补缀古器，令缝痕不觉者，可巧手以继拙作，不可庸工以当精制，此以其难可知。又补处为云气者，盖好事家效祭器画云气者作之。今玩赏家呼之曰"云缀"。

〔剥击痕〕指旧漆器剥落伤损的地方。

〔漆之新古，色之明暗，相当为妙〕修补漆器，黑色的还比较容易，色漆的非常难。原因是色漆初调成时，色泽总是深暗。补在器物之上，经过几个月后，颜色自然会变得鲜明起来。因此修补时，不可以当时调成的漆色为标准，而必须能预测它将来会变成什么颜色，是否与原器相似。如不能掌握色漆的变化规律，那么在修补时漆色或与原物还仿佛相似，但日久便相差很远了。黄氏所谓"相当"两字，北京漆工术语称之曰"随"，即要求修补之处能随上原器，没有显著的痕迹。前蕉叶山房古琴店主人有多年修琴治漆经验，他喜欢说："修

补老玩意儿，不可整旧如新，要整旧如旧。"这也是"相当为妙"的意思。

〔云缀〕据黄氏原文，这种修补法，故意不使它和原器一样，而以其他颜色的漆在修补的地方画云气。据杨注，云缀所模仿的是祭器上的云纹。从近年出土的战国及汉代的漆器来看，云纹是当时常用的题材（见96战国耳杯），但变化颇多，花纹很不一致。宋代聂崇义《三礼图》中所画的器物，有云气者不下十件，都作朵云纹。云缀究竟是取法于战国漆器的云纹，还是较板刻的朵云纹，还是漫无规律的云烟（黄氏"随其痕而上画云气"一语提示，云缀似可不拘定形），因未见用云缀法修补的实物，尚难肯定。

186 仿效，模拟历代古器及宋、元名匠所造，或诸夷倭制等者，以其不易得，为好古之士备玩赏耳，非为卖骨董者之欺人贪价者作也。凡仿效之所巧，不必要形似，唯得古人之巧趣，与土风之所以然为主。然后考历岁之远近，而设骨剥、断纹及去油漆之气也。

要文饰全不异本器，则须印模后，熟视而施色。如雕镂识款，则蜡墨干打之，依纸背而印模，俱不失毫厘。然而有款者模之，则当款旁复加一款曰"某姓名仿造"。

〔仿效〕《七修类稿》："天顺间有杨埙者，精明漆理，各色俱可合，而于倭漆尤妙。其漂霞山水人物，神气飞动，

真描写之不如，愈久愈鲜也，世号'杨倭漆'。"（寿93）

本条专讲模仿复制古代的及外国的

漆器。黄氏强调指出，模仿的目的绝不是为满足古董商牟利欺人的企图，而是"为好古之士备赏玩"，当然其中也包含着研究参考的意义。因之，黄氏提出模仿古代作品，贵得前人的神趣；模仿外国作品，应当注意民族风格，绝不只是在外貌形似上下工夫。杨氏认为仿制古代器物，不妨模刻原款，但款旁应该加一个模制者的款——"某某人仿造"。这也充分表明了老实严肃的科学态度。

〔诸夷倭制〕倭指日本，诸夷指邻近中国的几个善于制造漆器的国家和地区。据推测当为朝鲜、琉球、越南、缅甸等。

（甲）日本

世所周知，髹饰工艺中的主要技法，是由中国传往日本的。至今还保存在日本正仓院的隋、唐实物是极好的见证。夹纻漆像的制法，是经鉴真和尚在天宝间（754年）传往日本的。他如南宋遗民许子元携往日本的剔黑器（见122），永乐、宣德间五次遣使致送礼品，其中有不少剔红器和少数戗金器（见 H. M. Garner : *The Export of Chinese Lacquer to Japan in the Yuan and Early Ming Dynasties*, Archives of Asian Art, xxx, 1971—1972 一文中录引当时的剔红器清单），都对日本漆工产生很大影响。但是由于日本人民勤劳灵巧，又有温润适宜的气候，漆工有很大的发展，并形成了它自己的风格。在一定的程度上，它又反过来影响了中国的髹饰工艺。尤其是到了元、明之际，日本的描金漆器（日本称之曰莳绘，参阅94）达到了极高的工艺水平，我国文献中有遣人前往学习的记载。如《皇明文则大成》卷十二张汝弼《义士杨景和埙传》："宣德间尝遣人至倭国，传泥金画漆之法以归，杨埙遂习之。"明代高濂《遵生八笺》论漆器一篇中，有很长一段叙述日本漆工的文字，也可以看出当时人对它的评价：

"漆器惟倭为最，而胎胚式制亦佳。如圆盒，以三子小盒嵌内，至有五子盒、七子盒、九子盒，而外圆寸半许，内子盒肖莲子壳，盖口描金，毫忽不苟。小盒等重三分，此何法制？方匣有四子匣、六子、九子匣。箱有衣箱、文具替箱。有簪匣。有金边红漆三替撞盒。有洒金文台手箱，涂金妆彩屏风，描金粉匣，笔匣，贴金扇匣，洒金木桃角盥桶子。罩盒有罩盖箱，罩盖大小方匣。有书厨之制，妙绝人间。上一平板，两旁稍起，用以阁卷，下此空格盛书，傍板镂作绦环，洞门两面，镂金铜滚阳线。中格左作四面板围小厨，用门启闭，镂金铜铰，极其工巧。右傍置倭龛神像，下格右方，又作小厨，同上规制，较短其半，左方余空。再下四面虎牙，如意勾脚，其圆转处悉以镂金铜镶阳线钤制，两面圆混如一，曾无交接头绪，此亦仅见。有金银片嵌光顶圆盒，蔗段盒、结盒、腰子盒、腰子研匣。有秘阁，有一枝瓶。有酒注，镂金铜镶口嘴。有折酒盂，上如大盏漏空，坐嵌一囊，以囊盖大碗，碗外泥金花彩。用之折酒，可免溅渍。有大小碟碗，红如渥丹。有描彩嵌金银片子酒盘。有都丞盘，内有倭石研、水注、刀锥、拂尘等件。有铅镶口盖匾小方匣。有笔筒。有茶橐。有漆龛观音、准提、马哈喇等佛。有小圆香撞三层、四层者。有挂吊腰子香撞五格、三格者。有八角茶盘。有茶杯。有尖底劝杯。有铜罩被熏。有镜匣。有金银细嵌山水禽鸟倭几，长可二尺、阔尺二寸余，高三寸者。有高二尺香几，面以金银钿嵌昭君图精甚。种种器具，据所见者言之，不能悉数，而倭人之制漆器，工巧至精极矣。"

明代漆工善仿日本漆器的自以杨埙最为著名（见寿93）。此外还有方信川（《遵生八笺》："有漂霞、砂金、钿嵌、堆漆等制，亦以新安方信川制为佳。如效砂金倭盒，胎轻漆滑，与倭无二。"）和蒋回回（《遵生八笺》："若吴中蒋回回者，制度造法极善，模拟用铅钤口，金银花片，钿嵌树石，泥金描彩，种种克肖，人亦称佳。"）方以智《通雅》并谓旧有"蒋制倭漆"之称）。从文献中可以看出中国摹仿日本漆器，主要是描金洒金（莳绘）等做法。108 识文描金，杨注也说"倭制殊妙"。所以黄氏所谓"模拟倭制"者，也应以描金洒金为主。

下面举几件日本莳绘漆器的实例：

（一）莳绘三十帖子箱　长三一厘米，宽二二点五厘米，高一〇点六厘米，现藏日本京都仁和寺。此箱专为贮藏日本高僧弘法大师空海（774—836年）从中国求得的佛经而作（图三三）。据沟口三郎的解说，制造时代在延喜十九年（919年，即我国五代后梁贞明五年），代表日本最早的莳绘。箱长方形，天盖地式，用金银粉描绘宝相花及迦陵频伽鸟，花纹优美流畅，富有唐代的风格，与开元二十四年（736年）大智禅师碑侧浮雕有近似之处，显然是受了中国的影响。箱盖正中有"纳真言根本阿阇梨空海入唐求得法文册子之莒"二十字，作两行，字体颇似唐人写经（见修订本《世界美术全集》第九卷图版136）。

（二）樱花山鹊莳绘砚箱　长二一点八厘米，宽二〇点九厘米，高四点六厘米。日本名漆工幸阿弥五代宗伯（1484—1557年）所作。黑漆地，识文描金（见108），自左上角斜下樱花一枝，绶带张翅回首，曳枝欲动，似未栖稳。构图及髹饰，都极精工。它代表日本近古时期的莳绘，其时代相当明代的正德、嘉靖间（见修订本《世界美术全集》第二十一卷图版17）。

（三）百合幽禽莳绘螺钿盒　盒长方形，两撞，连盖共三层，长一三点五厘米，宽一〇点三厘米，通高九点五厘米。黑漆地，用稠漆堆出百合花纹，布满全盒，三层成为通景。叶上洒金屑，金笔钩筋。花上密洒极细赤色金粉末，其下可能有朱漆打地，所以衬得格外发红，与叶色有显著的差别；这和描金的彩金象，用意是相同的。盒面百合枝上用镳甸法嵌山雀一双，全身不加一笔划纹，只用朱漆点睛染喙。两横面也各嵌一雀。盒口以银镶钤，并用洒金地髹饰盒里及盒底。

此盒在黑漆地上作识文描金（高莳绘），又因加上白色的钿嵌，所以绚丽

图三三　日本延喜十九年莳绘三十帖子箱（盖面）

异常，漆工之精，也是值得称道的。它是东京木屋本店林九兵卫的作品。

中国漆器模仿日本做法的（也可以说是受日本影响的），可以清代荻浦鱼网图洒金地识文描金圆盒、清代鹌鹑纹识文描金如意及清云龙纹识文描金长方盒等为例（见154及108）。

（乙）朝鲜

在古代，朝鲜就是一个著名产漆的地方。《鸡林志》："高丽黄漆生岛上，六月刺取，沈色若金，日暴则干，本出百济，今浙人号新罗漆。"（襄按：百济、新罗皆朝鲜古时国名。）

中国蜀郡、广汉郡所造的精美漆器，早在汉代已传至朝鲜。近年在庆州一带新罗古墓（5—6世纪）发现的漆器，可以看出和中国漆工的渊源关系。

日本奈良正仓院藏有金泥绘新罗琴、金薄押新罗琴各一件。傅芸子《正仓院考古记》称：两琴"俱十二弦。其金泥者惜已剥落不堪。惟后一琴之花纹，系以金薄嵌入成者，故尚具残文，然亦黝黑不可辨视。若据弘仁二年（811年）《杂物出入账》所云：'表图木形金泥画，以金薄押远山及云鸟花草等形，罚（即拨字）面画日像。'则千年前之辉煌绚

丽可知。按，以金泥文饰器物，亦李唐工艺美术之一，肃宗至德二年（757年）曾与平脱同禁造者。其技盖已传于新罗，乃应用于琴之文饰也"。

在宋代徐兢的《宣和奉使高丽图经》（宣和六年，即1124年，自序《知不足斋丛书》本）中，有多处讲到朝鲜的漆工。如谓市上罗列百货，"丹漆缯帛，皆务华好"；肩舆之制"丹漆间错，涂金为饰"；"盘棱皆木为之而黑漆"；王官用具有丹漆俎，黑漆俎；骑兵以"螺钿为鞍鞯"；土产"螺钿之工，细密可贵"等等，都足以说明当时的漆工业是发达的。从很早的时候起，朝鲜宫廷就有专职的髹漆工匠，并在制造上有高度的分工。

传世的朝鲜古漆器，经日本出版的《世界美术全集》（1951年平凡社修订本，第十四卷）制图刊载的有李王家美术馆的蒲柳水禽纹螺钿香箱，约为1100年前后的制品。因系出土之物，本身已残损，但花纹尚清晰。岸隈垂柳杂树相掩映，水禽翔泳其间，颇有惠崇的画意。12世纪中叶的作品为东京大仓集古馆藏的唐草螺钿箱，箱盖扣套箱底，俗称天盖地式。部分边缘嵌连珠纹，内嵌唐草纹（即一种缠枝花纹）。奈良当麻寺藏的唐草螺钿圆盒（图三四）。盖正中嵌梵文字，用八簇团花围绕，在此之外，再嵌缠枝花纹两匝，立墙也嵌同样的缠枝纹，图案明朗可爱。名古屋德川美术馆藏的唐草螺钿箱，为长方形，盝顶式，通身满嵌缠枝花纹，以细密见长。

上述嵌缠枝花纹器三件，在制法上有一个共同之点，即花纹的枝梗都用双根拧绞的铜线（北京俗称拧麻花）嵌成，正与《格古要论》螺钿一条中所讲到的"宋朝内府中物或有嵌铜线者甚佳"相

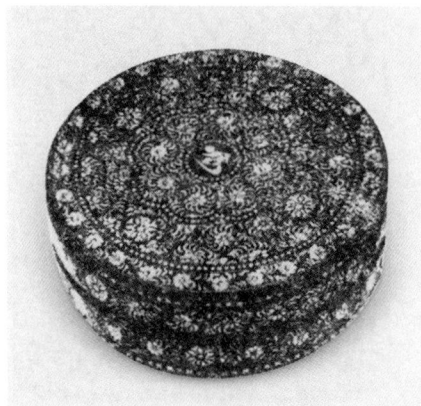

图三四　朝鲜制唐草纹嵌螺钿圆盒

合（参阅 103）。说明这种做法也是由中国传往朝鲜的。

当然朝鲜的漆器不止螺钿一种，但以螺钿器最为精工，也最有名。

（丙）琉球

琉球亦善治漆，有相当高的水平。早在 1889 年，日人石泽兵吾即著有《琉球漆器考》。他较详细地叙述了 17 — 19 世纪的琉球漆工艺，附有图样多帧，并讲到了黑漆器螺钿、铨金、剔红、描漆等几种做法的漆器，还涉及某些器物所用的工料和价值。近年关于琉球漆器的材料日见增多。英人迦纳（H.M. Garner）编写了《琉球漆器》一书（Ryukyu Lacquer，1972，Percival David Foundation of Chinese Art）。李汝宽的《东方漆工艺术》（Lee yu — Kuan：Oriental Lacquer Art，1972，Tokyo）和 1977 年东京国立博物馆编印的《东方漆工艺展览图录》，都用了一定的篇幅介绍琉球漆器。最近日本还出版了荒川浩和、德川义宣合著的《琉球漆工艺》（1977 年日本经济新闻社出版），惜尚未见到原书。

从我国文献记载来看，《大清会典》康熙八年琉球国进贡物品中有黑漆嵌螺钿茶碗。清代徐葆光《中山传信录》（据《舟车所至》摘录本）后附康熙五十七年琉球谢封贡物中有黑漆靶鞘镀金铜结束腰刀二十、黑漆靶鞘镀金铜结束衮刀十、黑漆洒金马鞍一等物。均足以说明琉球广泛使用髹漆来制造实用器物及美术工艺品。

故宫博物院藏品中，有黑漆嵌软螺钿盒，据盒上原贴纸签，知是 17 世纪时琉球制品。盒长约二尺，宽、高各约一尺。盖上正面嵌一龙，龙身有几处为流云遮掩，龙下嵌海水。盖面外围用壳沙作地，上嵌宝珠、蕉扇等花纹。立墙嵌双龙戏珠，下有六角形锦纹地。盒下有四足，刻龙首，口内衔爪，爪下攫珠。龙首龙爪皆髹浑金，珠涂朱漆。此盒的图案完全受了中国的影响。它的特点是螺钿壳色非常绚丽，一块壳片能闪出蓝、绿、红、紫各色光，黑漆也特别光润，说明琉球的治漆技巧达到很高的水平。又流云纹皆有轮廓，内填壳沙，靠近轮廓的为方形颗粒，在中心的为小圆颗粒。这种嵌法在中国的薄螺钿器中尚未发现。

故宫博物院还有与上述长方盒花纹嵌法完全一致的盘（图三五）、碟和盖碗，可见当时琉球进贡的漆器种类也是多样的。

本书 118 剔红条杨注称："近琉球国产精巧而鲜红，然而工趣去古甚远矣。"16 世纪的琉球剔红器，未能见到。但上述东京博物馆展览图录中有一件 18 世纪的琉球剔红小座屏（见《东洋の漆工艺》第三八六），宽五四点五厘米，高五五点四厘米，系冲绳县立博物馆的藏品。屏风中心开光，雕水阁人物、湖水渡船及松石远山。不仅画景及雕法受我国影响，

图三五　琉球制龙纹嵌螺钿黑漆盘

连座屏的结构和式样也悉遵中国形制。

总的说来，琉球漆器受中国和日本的双重影响，而中国的影响似乎比日本的更多一些。据迦纳的考证，一直到19世纪还有中国工匠留在琉球制造漆器。

（丁）越南

越南自古即产漆。清初潘鼎圭的《安南纪游》称："物产有桂、漆、槟榔之属。"在康熙时曾出使安南的李仙根，在所著的《安南杂记》中讲到宫中宴桌为"圆彩金漆，高可尺许"，可见王室所用的漆器是很华丽的。越南古代的漆器今虽未能举出实例，但从近年越南艺术家所制的磨漆画来看，可知在漆工方面是有优良传统的。

（戊）缅甸

明代沉德符《野获编》卷二十六云南雕漆条记载："今雕漆什物，最重宋剔，其次则本朝宣德间所谓果园厂者，其价几与宋埒。间有漆光暗而刻文拙者，众口贱之，谓为'旧云南'，其值不过十之一二耳。一日偶与诸骨董家谈及剔红香盒，俱津津执是说，辨难蜂起。予曰：'总之皆云南也。唐之中世，大理国破成都，尽掳百工以去，由是云南漆织诸技，甲于天下。唐末，复通中国。至南汉刘氏与通婚姻，始渐得滇物。元时下大理，选其工匠最高者入禁中。至我国初，收为郡县，滇工布满内府。今御用监供用库诸役，皆其子孙也，其后渐以消灭。嘉靖间，又敕云南拣选送京应用。若得旧云南，又加果园厂数倍矣。'诸骨董默不能对。"（襄按：明陈继儒《飞凫类录》亦有此条，与上文大致相同。）从上文可知云南漆工有悠久而优良的传统。

据史籍记载，唐贞元十八年（802

① 日本称此种填漆曰蒟（音矩）酱，泰国漆器亦有此做法。

年）骠国（当时称缅甸为骠国）国王雍羌派遣其弟将国家乐队送至成都。在他们所用的二十二种乐器中，知道至少有两种笙施用了髹漆（"有牙笙，穿匏达本，漆之，上植二象牙代管。有三角笙，亦穿匏达本，漆之，上植三牛角。"见《新唐书·骠国列传》）。其他乐器多加绘饰，可能也与漆工相结合。缅甸与云南接壤，在长时期的文化交流中，髹漆工艺自然也会与中国产生相互的影响。

缅甸的漆器，以舞狮逐猿纹长方盒为例，盒长三一厘米、宽一〇点三厘米、高七点七厘米，在黑漆地上用刀刃刮出花纹，填红、蓝、黄三色漆，而以红色为主。① 盖面正中一巨狮，张吻举爪，势极雄伟。左右各一妇人作舞蹈的姿态。背景平列棕榈树四株，下生丛草，都用蓝漆填成。花纹之外，以红色的环纹及黄色的网目纹填满空白。盒底立墙，刻人物与猿猴相逐的图案。人则阔步奔驰，猿则匍匐在地。全部花纹的特点是刀法很草率，并且可看出速度非常快，但物象生动，简练有力。从漆色新旧的程度来看，它是缅甸近年的制品（图三六）。

与上述填漆器风格极为相似的是云南兄弟民族制品，实物如舞女圆盒（见100）。类似圆盒的云南填漆器，也有仿效缅甸漆器的成分在里面。正如我国漆工艺在影响了日本之后，又会反过来影响我国。

〔设骨剥、断纹〕指在新做成的仿古漆器上做出剥落痕迹和断纹来。宋代赵希鹄《洞天清录集》讲，古琴断纹的伪作方法："用信州薄连纸，先漆一层于上，加灰，纸断则有纹。或于冬日以猛火烘琴极热，用雪罨激裂之。或用小刀刻画于上。虽可眩俗眼，然决无剑锋，亦易辨。"

1920年前后，住在北京西郊海淀的某漆工，专门仿制明代漆器，经古董商之手，卖给欧、美、日本等国人。他的作品，都伪造断纹，匀密自然，几乎可以乱真。伪造的方法不详。笔者曾见他所作的花鸟纹嵌螺钿黑漆小几和花鸟纹的雕填小几。

〔去油漆之气〕新做成的仿古漆器，即令造形、漆色、图案、断纹都能仿造得很像，但油漆的气味，一时不容易去掉。鉴别的人往往根据有无油漆气味来判断漆器的新旧真伪。笔者曾见无款的荔枝纹剔红盒，漆色深红，肉质肥厚，花纹圆润，极似宣德时期的作品。但打开盒子一嗅，漆气犹浓，说明它是一件仿制品。

去油漆气味的方法待考。

〔如雕镂识款，则蜡墨干打之，依纸背而印模〕这是指模仿古器的雕刻花纹，采用蜡墨干拓的办法。花纹拓出后，在拓片的背面，用颜色依样勾出，然后再按印到新制的漆胎上去。用此法过稿，不会有走失。寿注94引《洞天清禄集》铸铜蜡模之法，与此无关，故不录。

过稿之法，用铅粉或石黄或银朱（用水调，不放胶）画在画稿的背面，然后抚印到漆器上去（参阅21）。沈福文先生用红漆（丹红调半透明漆）在薄拷贝纸的画稿背面描绘，然后印到漆器上去。印后再用棉花蘸黄土粉敷扑，使画稿更加清楚（见《漆工资料》）。

图三六　缅甸制舞狮逐猿纹填漆长方盒

此条本文及杨注所说的仿效只是指模仿古代的或外国的漆器。清代实物中还有用髹漆来模仿其他物质的器物，实际上也可以称之为仿效。例如乾隆时有用填漆钩金的做法来模仿景泰蓝器（见100）。卢葵生用描彩漆的做法来模仿古铜器，笔者曾见一小水盂，不仅堆描铜器的花纹，连斑驳的锈色也都点染出来。

髹饰录"坤集"终

151

阚铎《髹饰录》跋

右《髹饰录》二卷，明黄成著，杨明注。日本享和年间，当我国乾、嘉之际，木村孔恭氏兼葭堂藏钞本一部。嗣是辗转传钞，而原钞本入昌平坂学问所及浅草文库，最后乃归帝室博物馆。其现在帝国图书馆及美术学校所藏钞本，皆自兼葭堂本钞出者也。此本寿碌堂主人眉批夹注，灿然满目，于正文有所增益，亦极精审。引证群籍，颇为繁博，偶有寻章摘句之嫌，而为学之笃，诚不可及。惜姓字不传，末由景仰。甲子、乙丑间，紫江朱公桂辛，于校刊宋李明仲《营造法式》之暇，命铎搜辑古今治髹漆之书，理董以成《漆书》。求朱遵度《漆经》，苦不可得。适读日儒大村西崖氏《支那美术史》，极道此书之美。亟移书索之，历数月始以此本邮寄。朱公又与西崖商榷体例，亲加雠校。先以正文付梓，以复明本之旧。以原钞本付铎装订，谨受而识其缘起如右。

中华民国十五年八月合肥阚铎。

卷中引书皆细校一过，似此本亦非寿碌原本，殆亦从兼葭堂本中录出者。又记。

《髹饰录解说》批注说明

四川美术学院漆艺系教授何豪亮先生数十年来把全部精力贡献给漆工艺的研究、制作和教学。他与夫人陶世智合著的《漆艺髹饰学》（1990年10月，福建人民美术出版社）详细阐述漆艺理论及技法，记录了全国各地漆工厂的工艺特色，上证古代文献，旁稽邻近国家，尤其是东瀛日本，故可谓是今世的漆经《髹饰录》。

早在十年前，1988年2月，我收到豪亮先生来信，中称："《髹饰录解说》如能再版才好。现在大城市都买不到。从出版到现在，我已买了十多本送人。这次在凉山买到一本，从头拜读一遍，感到有些问题，只好在书页旁用红笔注

明我的一些偏见，仅供参考。我是为了您看起来方便才用此法，请原谅。"我打开书一看，有不少页的上下左右，小字写得密密麻麻。其中有的指出《解说》的错误失解，更多的是增益补充。我没有想到竟有一位亦师亦友的同志对拙作如此关注，不惜费力耗时为我改正错误，补充漏缺，真使我感激莫名！今谨将批注录出，逐条编号，收入再版。除去重复，得九十七条，近六千字。批注条目首标批注编号，与《解说》的页左右两侧批注编号对应；在批注编号之后标页号，使前后呼应对照，以便检阅。❶

《髹饰录解说》失解和未解之处尚多，敬祈更多的师友有以教我。

❶ 此次重新排印《髹饰录解说》，已将何豪亮先生批注由附于书末改为随文注释——编者注。

漆器门类及名称表

附表一　质色门各种漆器名称表

75	黑䰍（乌漆、玄漆、黑漆）	揩光黑漆	
		退光黑漆	
76	朱䰍（朱红漆、丹漆、朱漆）	银朱朱漆	揩光银朱朱漆　退光银朱朱漆
		丹砂朱漆	揩光丹砂朱漆　退光丹砂朱漆
		矾红漆	揩光矾红漆　退光矾红漆
77	黄䰍（金漆、黄漆）	鸡冠雄黄黄漆	揩光鸡冠雄黄黄漆　退光鸡冠雄黄黄漆
		姜黄黄漆	揩光姜黄黄漆　退光姜黄黄漆
78	绿䰍（绿沉漆、绿漆）	绿漆	揩光绿漆　退光绿漆
		合粉绿漆	揩光合粉绿漆　退光合粉绿漆
79	紫䰍（紫漆、赤黑漆）	雀头色紫漆	
		栗壳色紫漆	
		铜紫色紫漆	
		骍毛色紫漆	

79	紫髹（紫漆、赤黑漆）	殷红色紫漆	
		土朱漆	
80	褐髹	紫褐漆	揩光紫褐漆　退光紫褐漆
		黑褐漆	揩光黑褐漆　退光黑褐漆
		茶褐漆	揩光茶褐漆　退光茶褐漆
		荔枝色褐漆	揩光荔枝色褐漆　退光荔枝色褐漆
		枯瓠褐漆	揩光枯瓠褐漆　退光枯瓠褐漆
		秋叶褐漆	揩光秋叶褐漆　退光秋叶褐漆
81	油饰（各色不备列）		
82	金髹（浑金漆、贴金漆）	贴金漆	黄糙贴金漆　黑糙贴金漆
		泥金漆	黄糙泥金漆　黑糙泥金漆
		贴银漆	黄糙贴银漆　黑糙贴银漆

附表二　纹鹨门各种漆器名称表

84	刷丝（刷迹纹）	黑漆刷丝	
		色漆刷丝	
		擦色漆黑漆刷丝	
85	绮纹刷丝	黑漆绮纹刷丝	流水纹黑漆绮纹刷丝　涧漾纹黑漆绮纹刷丝
			连山纹黑漆绮纹刷丝　波叠纹黑漆绮纹刷丝
			云石皴纹黑漆绮纹刷丝　龙蛇鳞纹黑漆绮纹刷丝
			云头雨脚纹黑漆绮纹刷丝　云波相接纹黑漆绮纹刷丝
			浪淘沙纹黑漆绮纹刷丝
		色漆绮纹刷丝	流水纹色漆绮纹刷丝　涧漾纹色漆绮纹刷丝
			连山纹色漆绮纹刷丝　波叠纹色漆绮纹刷丝
			云石皴纹色漆绮纹刷丝　龙蛇鳞纹色漆绮纹刷丝
			云头雨脚纹色漆绮纹刷丝　云波相接纹色漆绮纹刷丝
			浪淘沙纹色漆绮纹刷丝
86	刻丝花	纤刷丝地刻丝花	紫色纤刷丝地刻丝花　褐色纤刷丝地刻丝花
		细蓓蕾地刻丝花	紫色细蓓蕾地刻丝花　褐色细蓓蕾地刻丝花
87	蓓蕾漆	纯色蓓蕾漆	纯色秋花蓓蕾漆　纯色沦漪蓓蕾漆
			纯色海石皴蓓蕾漆
		彩色蓓蕾漆	彩色秋花蓓蕾漆　彩色沦漪蓓蕾漆
			彩色海石皴蓓蕾漆

附表三　罩明门各种漆器名称表

89	罩朱髹（赤底漆、赤糙罩漆）	罩朱髹		
		揩光罩朱髹		
90	罩黄髹（黄底漆、黄糙罩漆）			
91	罩金髹（金漆、金底漆）	罩金髹		
		泥金罩漆		
		假金箔罩漆		
		银箔罩漆		
		泥银罩漆		
		锡末罩漆		
92	洒金（沙金漆、撒金）	斑洒金	云气纹斑洒金	罩漆云气纹斑洒金　揩光云气纹斑洒金
			漂霞纹斑洒金	罩漆漂霞纹斑洒金　揩光漂霞纹斑洒金
			远山纹斑洒金	罩漆远山纹斑洒金　揩光远山纹斑洒金
			连钱纹斑洒金	罩漆连钱纹斑洒金　揩光连钱纹斑洒金
		麸银斑洒金	麸银云气纹斑洒金	罩漆麸银云气纹斑洒金
				揩光麸银云气纹斑洒金
			麸银漂霞纹斑洒金	罩漆麸银漂霞纹斑洒金
				揩光麸银漂霞纹斑洒金
			麸银远山纹斑洒金	罩漆麸银远山纹斑洒金
				揩光麸银远山纹斑洒金
			麸银连钱纹斑洒金	罩漆麸银连钱纹斑洒金
				揩光麸银连钱纹斑洒金
		假洒金（金银箔）		
		锡屑洒金		
		色糙洒金		

附表四　描饰门各种漆器名称表

94	描金（泥金画漆、纯金花纹）	朱地描金	朱地描金	朱地细钩描金　朱地疏刻描金
				朱地黑漆理描金
			朱地彩金象描金	朱地彩金象细钩描金
				朱地彩金象疏刻描金
				朱地彩金象黑漆理描金
		黑地描金	黑地描金	黑地细钩描金　黑地疏刻描金
				黑地黑漆理描金

156

94	描金（泥金画漆、纯金花纹）		黑地彩金象描金	黑地彩金象细钩描金
				黑地彩金象疏刻描金
				黑地彩金象黑漆理描金
		浑金漆描金	浑金漆描金	浑金漆细钩描金
				浑金漆疏刻描金
				浑金漆黑漆理描金
			浑金漆彩金象描金	浑金漆彩金象细钩描金
				浑金漆彩金象疏刻描金
				浑金漆彩金象黑漆理描金
95	描漆（描华、设色画漆）	湿设色描漆	黑理钩描漆	
			划理描漆	
			彤质描漆	
		干着色描漆		
96	漆画	纯色漆画		
		没骨设色漆画		
		朱质朱文漆画		
		黑质黑文漆画		
97	描油（描锦、油色绘饰）	黑理钩描油		
		金理钩描油		
		断理描油		
		纯色描油		
98	描金罩漆	黑糙描金罩漆	黑糙黑理钩描金罩漆	
			黑糙写意描金罩漆	
			黑糙白描金罩漆	
		赤糙描金罩漆	赤糙黑理钩描金罩漆	
			赤糙写意描金罩漆	
			赤糙白描金罩漆	
		黄糙描金罩漆	黄糙黑理钩描金罩漆	
			黄糙写意描金罩漆	
			黄糙白描金罩漆	
		黑糙描银罩漆	黑糙黑理钩描银罩漆	
			黑糙写意描银罩漆	
			黑糙白描银罩漆	
		赤糙描银罩漆	赤糙黑理钩描银罩漆	
			赤糙写意描银罩漆	
			赤糙白描银罩漆	

98	描金罩漆	黄糙描银罩漆	黄糙黑理钩描银罩漆	
			黄糙写意描银罩漆	
			黄糙白描描银罩漆	
		黑糙假洒金地描金罩漆	黑糙假洒金地黑理钩描金罩漆	
			黑糙假洒金地写意描金罩漆	
			黑糙假洒金地白描描金罩漆	
		赤糙假洒金地描金罩漆	赤糙假洒金地黑理钩描金罩漆	
			赤糙假洒金地写意描金罩漆	
			赤糙假洒金地白描描金罩漆	
		黄糙假洒金地描金罩漆	黄糙假洒金地黑理钩描金罩漆	
			黄糙假洒金地写意描金罩漆	
			黄糙假洒金地白描描金罩漆	
		黑糙假洒金地描银罩漆	黑糙假洒金地黑理钩描银罩漆	
			黑糙假洒金地写意描银罩漆	
			黑糙假洒金地白描描银罩漆	
		赤糙假洒金地描银罩漆	赤糙假洒金地黑理钩描银罩漆	
			赤糙假洒金地写意描银罩漆	
			赤糙假洒金地白描描银罩漆	
		黄糙假洒金地描银罩漆	黄糙假洒金地黑理钩描银罩漆	
			黄糙假洒金地写意描银罩漆	
			黄糙假洒金地白描描银罩漆	
		描朱器铭诗句罩漆		
		描黄器铭诗句罩漆		

附表五　填嵌门各种漆器名称表

100	填漆（填彩漆）	磨显填漆	干色磨显填漆　湿色磨显填漆	
		镂嵌填漆	干色镂嵌填漆	
			湿色镂嵌填漆——黑质红细纹填漆	
101	绮纹填漆（填刷纹）	绮纹填漆	黑刷纹填朱漆绮纹填漆	
			黑刷纹填黄漆绮纹填漆	
			黑刷纹填绿漆绮纹填漆	
			黑刷纹填紫漆绮纹填漆	
			黑刷纹填褐漆绮纹填漆	
			朱刷纹填黑漆绮纹填漆	
			黄刷纹填黑漆绮纹填漆	
			绿刷纹填黑漆绮纹填漆	

			紫刷纹填黑漆绮纹填漆 褐刷纹填黑漆绮纹填漆
		加花纹绮纹填漆 刻丝绮纹填漆	
102	彰髤（斑纹填漆）	叠云斑彰髤 豆斑彰髤 粟斑彰髤 蓓蕾斑彰髤 晕眼斑彰髤 花点斑彰髤 秾花斑彰髤 青苔斑彰髤 雨点斑彰髤 彪斑彰髤 彪斑彰髤 玳瑁斑彰髤 犀花斑彰髤 鱼鳞斑彰髤 雉色斑彰髤 绉縠纹彰髤 石绺纹彰髤	
			〔彰髤加金者未备列　用色变化参阅155〕
103	螺钿（甸嵌、陷蚌、坎螺、螺填）	螺钿 分色螺钿 片嵌划文螺钿 加沙螺钿	
104	衬色甸嵌（色底螺钿）	〔加金银衬者入147〕	
105	嵌金	片嵌金 沙嵌金 丝嵌金 片沙丝杂施嵌金	
			〔嵌输者未备列〕
105	嵌银	片嵌银 沙嵌银 丝嵌银 片沙丝杂施嵌银	
			〔嵌锡者未备列〕

105	嵌金银	片嵌金银	
		沙嵌金银	
		丝嵌金银	
		片沙丝杂施嵌金银	
			〔嵌鍮锡者未备列〕
106	犀皮（西皮、犀毗）	片云斑犀皮	黑面红中黄底片云斑犀皮
			红面黑中黄底片云斑犀皮
			黄面红中黑底片云斑犀皮
			黄面黑中黄底片云斑犀皮
		圆花斑犀皮	黑面红中黄底圆花斑犀皮
			红面黑中黄底圆花斑犀皮
			黄面红中黑底圆花斑犀皮
			黄面黑中黄底圆花斑犀皮
		松鳞斑犀皮	黑面红中黄底松鳞斑犀皮
			红面黑中黄底松鳞斑犀皮
			黄面红中黑底松鳞斑犀皮
			黄面黑中黄底松鳞斑犀皮

附表六 阳识门各种漆器名称表

108	识文描金	屑金识文描金	屑金金理识文描金
			屑金划文识文描金
			屑金黑理识文描金
		泥金识文描金	泥金金理识文描金
			泥金划文识文描金
			泥金黑理识文描金
109	识文描漆	湿色识文描漆	湿色金理识文描漆
			湿色黑理识文描漆
			湿色划理识文描漆
		干色识文描漆	干色金理识文描漆
			干色黑理识文描漆
			干色划理识文描漆
110	揸花漆	理钩揸花漆	
		铇金揸花漆	

111	堆漆	色漆堆漆	色地色漆堆漆	萃藻文色地色漆堆漆 香草文色地色漆堆漆
				灵芝文色地色漆堆漆 云钩文色地色漆堆漆
				绦环文色地色漆堆漆
			金地色漆堆漆	萃藻文金地色漆堆漆 香草文金地色漆堆漆
				灵芝文金地色漆堆漆 云钩文金地色漆堆漆
				绦环文金地色漆堆漆
			银地色漆堆漆	萃藻文银地色漆堆漆 香草文银地色漆堆漆
				灵芝文银地色漆堆漆 云钩文银地色漆堆漆
				绦环文银地色漆堆漆
		复色堆漆	色地复色堆漆	萃藻文色地复色堆漆 香草文色地复色堆漆
				灵芝文色地复色堆漆 云钩文色地复色堆漆
				绦环文色地复色堆漆
			金地复色堆漆	萃藻文金地复色堆漆 香草文金地复色堆漆
				灵芝文金地复色堆漆 云钩文金地复色堆漆
				绦环文金地复色堆漆
			银地复色堆漆	萃藻文银地复色堆漆 香草文银地复色堆漆
				灵芝文银地复色堆漆 云钩文银地复色堆漆
				绦环文银地复色堆漆
112	识文	平起识文	通黑平起识文	
			通朱平起识文	
		线起识文	通黑线起识文	
			通朱线起识文	

附表七　堆起门各种漆器名称表

114	隐起描金	屑金隐起描金	屑金金理隐起描金	
			屑金刻理隐起描金	
		泥金隐起描金	泥金金理隐起描金	
			泥金刻理隐起描金	〔漆冻模脱者未备列〕
115	隐起描漆	干设色隐起描漆	干设色金理隐起描漆	
			干设色黑理隐起描漆	
			干设色刻理隐起描漆	
		湿设色隐起描漆	湿设色金理隐起描漆	
			湿设色黑理隐起描漆	
			湿设色刻理隐起描漆	
116	隐起描油	黑理钩起描油		

附表八　雕镂门各种漆器名称表

118	剔红（雕红漆）	剔红 矾胎剔红	纯红剔红　黄地剔红　黄锦地剔红 纯红矾胎剔红　黄地矾胎剔红 黄锦地矾胎剔红	
119	金银胎剔红	金胎剔红 银胎剔红	〔鍮、锡、瓷、布漆等胎者未备列〕	
120	剔黄	纯黄剔黄 红地剔黄 红锦地剔黄		
121	剔绿	纯绿剔绿 黄地剔绿 黄锦地剔绿 朱地剔绿 朱锦地剔绿		
122	剔黑（雕黑漆）	纯黑剔黑 朱地剔黑 朱锦地剔黑 黄地剔黑 黄锦地剔黑 绿地剔黑 绿锦地剔黑		
123	剔彩（雕彩漆）	重色剔彩 堆色剔彩		
124	复色雕漆	朱面复色雕漆 黑面复色雕漆		
125	堆红（罩红、假雕红）	刀刻堆红 脱印堆红 木胎雕刻堆红		
126	堆彩（假雕彩、堆锦）	圬划堆彩 脱印堆彩		
127	剔犀	朱面剔犀（红间黑带） 黑面剔犀（乌间朱线） 透明紫面剔犀		

127	剔犀	雕黟等复剔犀		
		三色更叠剔犀		
		纯朱剔犀		
		加绿剔犀		
			〔每种均可用仰瓦法或峻深法剔制〕	
128	镌甸			
129	款彩	漆色款彩	漆色款彩	
			加金银漆色款彩	
			纯色漆色款彩	〔应以色名〕
			金银纯杂漆色款彩	
		油色款彩	油色款彩	
			加金银油色款彩	
			纯色油色款彩	〔应以色名〕
			金银纯杂油色款彩	

附表九　铨划门各种漆器名称表

131	铨金（镂金）	朱地铨金		
		黑地铨金		
131	铨银			
132	铨彩	铨彩		
		纯色铨彩	〔应以色名〕	

附表十　斒斓门各种漆器名称表

134	描金加彩漆			
135	描金加甸			
136	描金加甸错彩漆			
137	描金散沙金			
138	描金错洒金加甸			
139	金理钩描漆	金理钩描漆		
		金钩填色描漆		
140	描漆错甸			

141	金理钩描漆加甸		
142	金理钩描油	金细钩描油 金细钩填油色	
143	金双钩螺钿	朱地金双钩螺钿 黑地金双钩螺钿	朱地金双钩螺钿〔划理〕 朱地金双钩螺钿〔金细钩〕 黑地金双钩螺钿〔划理〕 黑地金双钩螺钿〔金细钩〕
144	填漆加甸	填漆加甸 填漆加衬色螺片	
145	填漆加甸金银片	填漆加甸金片 填漆加甸银片 填漆加甸金银片	
146	螺钿加金银片	螺钿加金片 螺钿加银片 螺钿加金银片 〔加锡片者未备列〕	
147	衬色螺钿〔加金银衬者〕		
148	铓金细钩描漆	铓金细钩描漆 独色象铓金细钩描漆	朱地黑文独色象铓金细钩描漆 黑地黄文独色象铓金细钩描漆
149	铓金细钩填漆	铓金细钩填漆〔无锦地〕 填色锦文铓金细钩填漆 铓金锦文铓金细钩填漆	
150	雕漆错镟甸	雕漆错镟甸〔笔写厚堆者〕 雕漆错镟甸〔髹板雕嵌者〕	
151	彩油错泥金加甸金银片	彩油错泥金加甸金银片 彩油错泥金加甸金银片〔加金屑者〕 彩油错泥金加甸金银片〔加洒金者〕	
152	百宝嵌	隐起百宝嵌 平顶百宝嵌	

154	洒金地诸饰	洒金地金理钩螺钿	
		洒金地描金加甸	
		洒金地金理钩描漆加蚌	
		洒金地金理钩描漆	
		洒金地识文描金	
		洒金地识文描漆	
		洒金地嵌镌螺	
		洒金地雕彩错镌螺	
		洒金地隐起描金	
		洒金地隐起描漆	
		洒金地雕漆	
155	细斑地诸饰	细斑地识文描漆	
		细斑地识文描金	
		细斑地识文描金加甸	
		细斑地雕漆	
		细斑地嵌镌螺	
		细斑地雕彩错镌螺	
		细斑地隐起描金	
		细斑地隐起描漆	
		细斑地金理钩嵌蚌	
		细斑地铪金钩描漆	
		细斑地独色象铪金	
			〔斑纹及质地各用黑、绿、红、黄、紫、褐者，又二色或三色错杂者，又质斑同色以浅深分者，均未备列。〕
156	绮纹地诸饰	绮纹地识文描漆	
		绮纹地识文描金	
		绮纹地识文描金加甸	
		绮纹地雕漆	
		绮纹地嵌镌螺	
		绮纹地雕彩错镌螺	
		绮纹地隐起描金	
		绮纹地隐起描漆	
		绮纹地金理钩嵌蚌	

156	绮纹地诸饰	绮纹地铪金钩描漆 绮纹地独色象铪金	
157	罗纹地诸饰	罗衣罗纹地诸饰	罗衣罗纹地划理描漆　　罗衣罗纹地金理描漆 罗衣罗纹地识文描金　　罗衣罗纹地揸花漆 罗衣罗纹地隐起描金　　罗衣罗纹地隐起描漆 罗衣罗纹地雕漆
		漆起罗纹地诸饰	漆起罗纹地划理描漆　　漆起罗纹地金理描漆 漆起罗纹地识文描金　　漆起罗纹地揸花漆 漆起罗纹地隐起描金　　漆起罗纹地隐起描漆 漆起罗纹地雕漆
		刀刻罗纹地诸饰	刀刻罗纹地划理描漆　　刀刻罗纹地金理描漆 刀刻罗纹地识文描金　　刀刻罗纹地揸花漆 刀刻罗纹地隐起描金　　刀刻罗纹地隐起描漆 刀刻罗纹地雕漆
158	锦纹铪金地诸饰	锦纹铪金地嵌镌螺 锦纹铪金地雕彩错镌甸 锦纹铪金地识文划理描漆 锦纹铪金地识文金理描漆 锦纹铪金地识文描金 锦纹铪金地揸花漆 锦纹铪金地隐起描金 锦纹铪金地隐起描漆 锦纹铪金地雕漆	

附表十二　纹间门各种漆器名称表

160	铪金间犀皮（攒犀）	铪金间磨斑犀皮 铪金间钻斑犀皮
161	款彩间犀皮（款文攒犀）	
162	嵌蚌间填漆	嵌蚌间填漆 嵌蚌间细斑地 嵌蚌间绮纹地
162	填漆间螺钿	
163	填蚌间铪金（钿花文铪细锦者）	

164	嵌金间螺钿	嵌金间螺钿	
		嵌银间螺钿	
		嵌金银间螺钿	
		嵌金间地沙蚌	
		嵌银间地沙蚌	
		嵌金银间地沙蚌	
165	填漆间沙蚌	填漆间粗沙蚌	
		填漆间细沙蚌	
		填漆间眼子斑沙蚌	

附表十三 裹衣门各种漆器名称表

167	皮衣	薄羊皮皮衣	描饰皮衣
		縠纹皮皮衣	斑纹皮衣
168	罗衣	灰缄罗衣	
		罗衣地诸饰	罗衣地识文划理描漆
			罗衣地识文金理描漆
			罗衣地识文描金
			罗衣地揸花漆
			罗衣地隐起描金
			罗衣地隐起描漆
			罗衣地雕漆
		斑纹罗衣	
169	纸衣		

附表十四 单素门各种漆器名称表

171	单漆	合色漆单漆
		髤色单漆
172	单油	单油
		错色重圈单油
173	黄明单漆（黄底单漆）	黄明单漆
		黄明墨画单漆
		黄明墨画加金单漆
		黄明墨画加朱单漆
174	罩朱单漆（赤底单漆）	罩朱单漆
		罩朱描银单漆

引证漆器实物目录

（依在解说中出现先后为序，杨明 《序》编为0号，以下编为1—186号）

中国漆器实物目表

《髹饰录解说》索引

R

S

187

彩

版

图 1　河姆渡原始社会遗址出土木胎朱漆碗

图 1　河姆渡原始社会遗址出土木胎朱漆碗

图 2　杭州老和山南宋墓出土黑漆碗

图 3 天启人物纹罩金髹识文方盘

图 4 信阳长台关战国楚墓出土彩绘描漆小瑟残片

图 5 北京故宫太和殿罩金髹宝座屏风

图 6 江陵望山一号战国墓出土彩绘描漆小屏风

图 7 马鞍山三国吴朱然墓出土对棍图彩绘描漆盘

图 8 马鞍山三国吴朱然墓出土犀皮耳杯

图 9 明红面犀皮圆盒

图 10 万历龙纹黑漆描金药柜

图 13 瑞安慧光塔北宋识文舍利函　　　图 14 清明皇试马图隐起描金挂屏

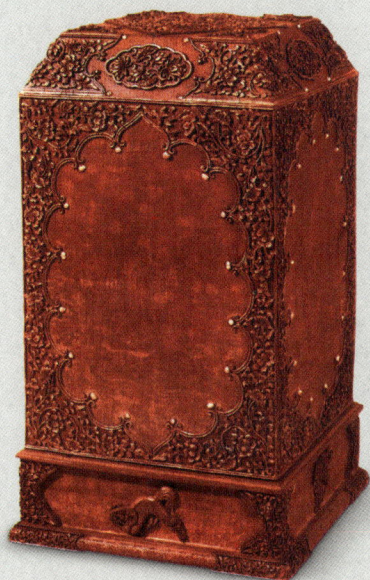

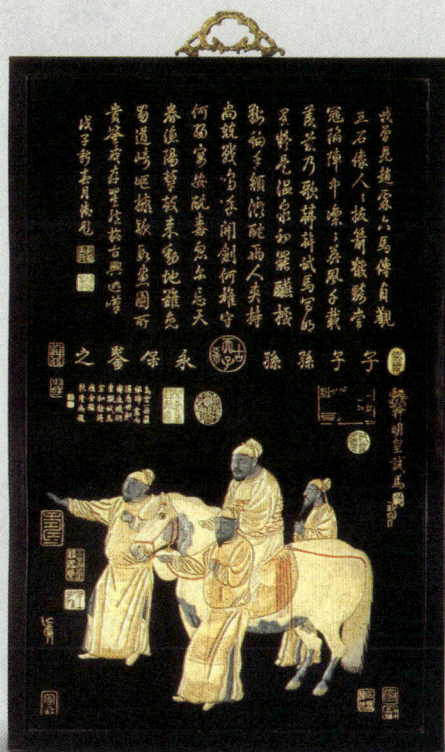

图 15　清瓜蝶纹洒金地识文描金葵瓣式捧盒

图 16　清识文描金蝶形盒

图 17 清缠枝莲纹朱地填黑漆圆盒

图 17 清缠枝莲纹朱地填黑漆圆盒

图 18 乾隆云龙纹填漆碗

图 19 清花鸟纹黑漆红细纹填漆皮胎椭圆盒

图 20 明龙纹铪金细钩填漆箱

图 21 乾隆锦地凤纹铳金细钩填漆莲瓣式捧盒

图 22　苏州瑞光塔五代花鸟纹嵌螺钿黑漆经箱

图 23　元大都遗址出土嵌螺钿广寒宫黑漆盘残件

图 24　明缠枝莲纹嵌螺钿黑漆长方盘

图 25 清初婴戏图螺钿加金银片黑漆箱

图 26 元婴戏图剔红葵瓣式大盘

图 27 元张成造栀子纹剔红盘

图 27 元张成造栀子纹剔红盘

图 28 宣德林檎双鹂图剔彩捧盒

图 29 宣德芙蓉菊石纹攒犀地盘

图 30 明双凤缠枝花纹漆画长方盒

图 31　银扣剔犀盒

图 32　元张成造剔犀盒

图 33　明朱面剔犀椭圆盘

图 34　马鞍山三国吴朱然墓出土黑漆铪金方盒

图 35 武进南宋墓出土人物花卉纹朱漆铯金莲瓣式奁

图 36 清初花鸟纹款彩屏风

图 37 清初松鹤纹款彩屏风（局部）

彩反

图 38 明花鸟山石纹百宝嵌黑漆圆角柜

图 39 清洗象图百宝嵌长方盒

图 40　清卢葵生制三鸡菊石图百宝嵌砚盒

图 41　多宝臣制紫鸾鹊纹戗金细钩描漆兼填漆盒

一本好书

读《髹饰录解说》

李一氓

《髹饰录》明人黄大成著，为讲漆器之专著。王世襄同志从事工艺美术的研究很多年了，对这本书下了极大的功夫。前前后后有三十年，在朱启钤的鼓励下，著为《髹饰录解说》，这是一本好书。

王世襄同志在工艺美术上，专长在三个方面：一是对古代，特别是明代、清代的家具有深刻的研究。二是对竹刻有深刻的研究，因此有《竹刻艺术》的著作。三是对古漆器有深刻的研究。自然而然，他在这三方面就具有很丰富的知识。王世襄同志不声不响，刻苦钻研，因此对于这三方面有独到的见解。从工艺美术上讲，就他本人和所研究的成果而论，都实在值得佩服和尊重。

中国的漆器，是讲用天然漆对于木胎、麻胎、锡胎等所形成的日用品和艺术品的加工；漆的基本颜色，原来是红色和黑色两种。现在，明清两代和以前的漆加工的日用品，亦是艺术品了。古代的漆工对于这几种胎所形成的器物，发挥了极大的美术智慧，用各种方法加工，或者是雕漆，或者是螺钿镶嵌，或者是在一色漆上加以他种色漆的图案装饰……今天看来，都是了不起的美术品。假如中国物质文化有什么特点的话，不能排除这些极可爱的漆器。

王世襄同志不同于一般的研究者，望文生义，只去用些自己亦不大懂的说辞去解原书的字句。王世襄同志对于这一部明人专著是读通了的；其所以读通了，不是靠字典、靠《说文解字》，而是靠他长期积累的对于漆器实物的亲自检验的丰富知识。我们看他提到漆的方法时，都一一举了实例，两相核对，用各种确当的漆法完成这个确实存在的漆器。这些漆器有出土的实物，有传世的实物。《髹饰录》就是这些实物的工艺总结，而王世襄同志的解说，就是对这部专著和实物的两者相联系的、实事求是的、道出一个所以然的精湛说明。没有空话，没有疑似之词，没有牵强附会之说。虽然他自己说有"间接引用"之处，而间接的也是有所本的实物。治学之道，原来就应该如此。

譬如，他在《解说》中提到有两三种实例，我猜想就是指的我的几件藏品；

他曾借去过，拍了照片，搞了拓本，还拿米达尺量过大小尺寸，还东倒西翻，详审了漆胎，这才得出定论。所以我很能感到他研究工作刻苦之所在。

《髹饰录解说》是本工艺美术的著作，专谈古漆器，范围是很狭窄的。我来推荐这本书，并不想大家都去当漆工、搞工艺美术品，我只是翻了这本书之后，深有感触，问题在于踏实作学问。要说马克思主义的话，这就是马克思主义。说实在的，我也不大看得懂这部书，无非是借题发挥而已。

（原载《人民日报》
1983 年 7 月 18 日第 8 版）

"昂首犹作花，誓结丰硕子"

王世襄和他的《髹饰录解说》

朱家溍

《髹饰录解说》，精装一册，仿"黑光漆"的书衣，朱色题签，笔意厚拙凝重，朱桂辛（启钤）先生所书。这就是王世襄同志于1949年开始编写，1958年初稿完成，后又多次修改补充，前后经历了三十多年才得正式出版的中国传统漆工艺研究专著。

我和世襄是总角之交。他的母亲、画家陶陶女史金章，以擅长花卉鱼藻名世，与我母亲是画中二友，十分相契，有通家之谊。抗战期间，我和世襄都客居四川，日本投降后，又同在故宫博物院古物馆工作。后来他离开文物界达十年之久，但往还不疏。十年浩劫，他已调回文物博物馆研究所，我们又在湖北咸宁干校相聚。他编写《解说》的前前后后我知道得很清楚。现在居然能正式出版，我也为他高兴。特写这篇短文，把它介绍给读者，兼有向世襄致贺之意。

在浩如烟海的古籍中，有关考工、工艺的书很少。阐述制作、技法的书更是屈指可数。这是因为文人认为是工匠之事，不屑去写，实际上由于缺乏专业知识，想写也写不了。工匠则限于文化水平，著书立说，确实有困难。如专讲建筑工程的《营造法式》和专讲髹漆工艺的《髹饰录》，在传世的图书中是非常罕见的。

记得1949年秋，世襄刚从美国考察博物馆归来，仍在故宫博物院工作。当时古物馆的馆址是寿康宫后墙外的三所，我和世襄都在东所的北房。这所房子的内部都还保留着旧装修，我在八方罩的里面靠北窗，他在罩外靠南窗，每天见面。有一天他说："你看过《髹饰录》没有？"我说："只知道有这个书名，没见过。"他拿起一本仿宋精刻的线装书给我看，说是朱桂老给他的。他说打算用通俗的语言注释，使研究漆器的人都能看懂。我到他的桌子旁边，看见他在一叠红格毛边纸上已经写了几行字。这就是他对于《髹饰录解说》工作的开始。自此以后，古物馆的工作虽然很忙，他每天都要利用中午休息时间翻弄这本书，圈圈点点，抄抄写写。

《髹饰录》，明隆庆间名匠黄成撰，是我国现存唯一的古代漆工专著，分"乾"、"坤"两集。"乾"集讲工具、原料及操作禁忌等；"坤"集讲髹饰品种、分类、技法及制作程序等。两集内容丰富，涉及漆工艺的各个方面，可能原意是为漆工而作，故认为不妨文字从简。另一方面又故作古奥，引经据典来象征比喻工具、原料。当时漆器名称和现在流行使用的名称又多有出入，所以尽管有天启时的杨明为它作注，还是很难读懂。

面对这样一本难读的古籍，世襄是如何攻读呢？由于我们都对工艺感兴趣，又不时探讨切磋，所以我是知之颇审的。世襄是先把《髹饰录》中的名词、术语摘录出来，编成索引，这样就能知道每一词语在书中出现若干次，通过综合比较来探索其意义。我国著述末附索引的为数不多，而世襄研读此书却是从编索引入手的。

他曾说过，《解说》的内容来自三个方面。（一）实物的观察研究；（二）向漆工艺人请教访问；（三）文献资料的查阅分析。为了观察实物，他随时注意故宫的藏品，还经常去古玩铺、挂货屋，乃至冷摊僻市搜集漆器标本，越是残件越重视，因为可以看到漆器的胎骨、漆皮及色漆层次等等状况。为了向老艺人求教，他恭恭敬敬地师事名漆工多宝臣先生，在两三年内几乎每星期日都去多老先生家，看他操作示范，不厌其详地提问题，写笔记。他还将多老先生请到家中，请求修复残器，在旁帮助操作。至于文献资料，则查阅了大量古今图籍，包括国外文献。从《解说》的编写可以看出他的工作态度和研究方法。他的态度是严谨的、不惜力的，方法是比较科学的。

1953 年世襄离开了故宫，到中国音乐研究所工作，《解说》并未因此而中辍。1957 年他被错划为"右派"，这倒使他有较多的时间，加速了《解说》的编写。一年后初稿完成。朱桂老兴奋地为他撰序，并题签。世襄冒着风险，节衣缩食，把《解说》送到一家誉印社，自费刻印了二百册，署名"王畅安"。这就是 1958 年非正式出版的油印本。

二百册书被他分送给图书馆、博物馆、漆器厂及他认为需用此书的人，当然也有我一本。记得那天他把书送到我家，线装一厚册，瓷青纸书衣，宣纸木刻水印题签。全书写刻小楷，秀劲醒目，据说是请一位高手乌先生写刻的。这部书在编写过程中我们常常在一起谈论，多宝臣先生在故宫修复厂上班，见面时他也常谈到世襄又提出什么问题，并且世襄的草稿有时也给我看，所以这部书大概内容我是有印象的。这次看到写刻清楚的全书，从头至尾读了一遍，更使我惊喜心折。他用了约二十倍于原著的篇幅，逐条、逐句、逐词对这部古籍进行了全面而缜密的注释，把古代漆器名称、品种、出土及传世的实物，乃至现在流行的名称、品种联系起来。把古代的工具、原料、技法和当代老艺人使用的工具、原料、技法联系起来，广征博引，一以贯之，详详细细地记录了许多制作方法，切切实实地解答了许多专业性问题。实际上它已远远超出一般对古书整理诠释的程度，而卓然自成一部专门著述。

《解说》油印本问世后，首先得到漆器生产者的赞赏。听说福州著名老艺人李卓卿许为前所未有，将它列为研究所、漆器厂的教材。又听说由于印数少、买不到，各地漆器厂的同志因需用它，不得不抄录的也颇有人在。当时故宫博物院正值有一项工作，在永寿宫布置一个"漆器陈列室"，由我作计划，选展品。这个油印本对我的工作有莫大帮助，陈列的总说明，分类、分段说明和每件器物的定名，都充分利用了这本书。这给我留下了很深的印象，觉得《解说》是博物馆文物工作者进行漆器编目、陈列工作时的唯一重要参考书。

1959 年故宫博物院研究员陶瓷专家陈万里先生为了和英国大维德（Sir Percival David）交换资料，向世襄索取一本寄往伦敦，立即得到国外学人的重视。大维德英译《格古要论》，迦纳（Sir Harry Carner）撰写《琉球漆器》、《中国漆器》及有关髹漆的文章，广泛引用了《解说》中的材料。

1961 年全国大专院校重编教材，美术院校的教材由文化部在香山静宜园召集一个编写的组织，我是参加编写的成员之一。为纂写《中国髹漆工艺美术史》，成立了以沈福文教授为主编的小组，按理说邀世襄参加工作是十分合适的，但由于大家都知道的原因不可能让他来。不过《解说》却成了教材的主要参考书之一。尤其是明、清实例的描绘，往往整段地录引。教材《后记》没有提到世襄的名字，只笼统地说一句："参考了不少近人有关漆器方面的论著，从中吸取了他们的研究成果。"事后我见到世襄，告诉他上述情况。他怡然表示："很好！只要我写的东西多少能为人们提供些材料，就是好事！"

1962 年世襄摘掉了"右派"帽子，《解说》经过陈叔通、齐燕铭两位同志的推荐，送到了中华书局，决定出版。这时世襄感到有必要向文物局领导汇报一下。局领导认为据该书的性质还是由文物出版社出版较为合适。于是又从中华书局取回送到了文物出版社。一经辗转，已经到了 1964 年，从完成初稿到此时又有许多考古新发现。世襄认为有必要把重要的漆器新材料补充到《解说》中，然后再正式出版。他在"四清"的间歇中对《解说》作了一次修改和增订。待修订完毕，"文化大革命"已经来临，稿子送到文物出版社，只能束之高阁了。

1969 年世襄是带着肺结核病来到干校的。连部分配他到菜地做些轻微劳动。我们在"四五二"高地的七、九两连毗邻，可以朝夕相见。疾病缠绕，岁月蹉跎，并不能消沉他的意志。有一天我经过菜地，看见有倒在畦边而色灿如金的一株菜花，我说："油菜能对付活着的劲头真大！已经倒了，还能扭着脖子开花！"他说："我还给它做了一首小诗呢。"从衣服兜里掏出一张纸给我看。上面写着："风雨摧园蔬，根出茎半死。昂首犹作花，誓结丰硕子！"我说："不要给别人看了，你现在还没解放呢！这也能招祸！"他笑了一笑。

后来我被调到丹江干校，1972 年他从咸宁来信说：已经解放了，肺病也已痊愈，调到伙房工作，干校人少物资多了，湖里鸭子、圈里肥猪、窑嘴的活鳜鱼，成为家常菜，营养丰富所以身体也强壮了。又写了很多首田园杂诗，还问我有无调回工作的消息？我的回答诗里有"今年依旧系匏瓜"的句子，就是指当时的实况。

"四人帮"覆灭后，世襄的错划问题得到了改正。三中全会后，他更加起劲地工作，公余之暇，又把《解说》作了第二次修改补充。由于考古的新发现，使《解说》征引的实例由原来的一百多件增加到二百多件，还补充了不少从清代匠作则例中找到的材料，对近年国外的论著，也提出了不少商榷意见。索引的编排，为了方便青年读者，把笔划检字改为汉语拼音。

这次正式出版，世襄又亲自送来一本，当我看到这本书时，不禁又想起当年咸宁菜地的述志诗。我对他说："真不易呀，现在总算一切都好了，风调雨顺，土厚肥丰，祝愿你结出更丰硕的菜子来！"

（原载《读书》1983 年第 3 期）

王世襄编著书目

家具

《明式家具珍赏》（王世襄编著）中文繁体字版，三联书店（香港）有限公司／文物出版社（北京）联合出版，1985 年 9 月香港第一版。艺术图书公司（台湾），1987 年出版。中文简体字版，文物出版社（北京），2003 年 9 月第二版。

Classic Chinese Furniture（《明式家具珍赏》英文版） 三联书店（香港）有限公司，1986 年 9 月出版。寒山堂（伦敦），1986 年出版。China Books and Periodicals（旧金山），1986 年出版。White Lotus Co.（曼谷），1986 年出版。Art Media Resources（芝加哥），1991 年出版。

Mobilier Chinois（《明式家具珍赏》法文版） Editions du Regard（巴黎），1986 年出版。

Klassiche Chinesische Möbel（《明式家具珍赏》德文版） Deutsche Verlags Anstalt（斯图加特），1989 年出版。

《明式家具研究》（王世襄著，袁荃猷制图） 三联书店（香港）有限公司，1989 年 7 月第一版（全二卷）。南天书局（台湾），1989 年 7 月出版。生活·读书·新知三联书店（北京），2007 年 1 月第二版（全一卷）。

Connoisseurship of Chinese Furniture（《明式家具研究》英文版） 三联书店（香港）有限公司，1990 年出版。Art Media Resources（芝加哥），1990 年出版。

Masterpieces from The Museum of Classical Chinese Furniture（美国加州中国古典家具博物馆选集，与柯惕思 [Curtis Evarts] 合编） Chinese Art Foundation（芝加哥和旧金山），1995 年出版。

《明式家具萃珍》（王世襄编著，袁荃猷绘图）中文繁体字版，中华艺文基金会（芝加哥和旧金山），1997 年 1 月出版。中文简体字版，上海人民出版社，2005 年 11 月出版。

工艺

《髹饰录解说》 1958 年自刻油印初稿本。文物出版社，1983 年 3 月增订本，1998 年 11 月修订再版。

《髹饰录》（〔明〕黄成著，〔明〕杨明注，王世襄编） 中国人民大学出版社，2004 年 1 月出版。

《故宫博物院藏雕漆》（选编并撰写元明各件说明） 文物出版社，1983 年 10 月出版。

《中国古代漆器》 文物出版社，1987 年 12 月出版。

Ancient Chinese Lacquerware（《中国古代漆器》英文版） 外文出版社，1987 年 12 月出版。

《中国美术全集·工艺美术编·竹木牙角器卷》 文物出版社，1988 年 12 月出版。

《中国美术全集·工艺美术编·漆器卷》 文物出版社，1989 年 2 月出版。

《清代匠作则例汇编》（漆作、油作）1962 年油印本，尚未正式出版。

《清代匠作则例汇编》（佛作、门神作） 1963 年 6 月自刻油印本。北京古籍出版社，2002 年 2 月出版。

《刻竹小言》（影印本，金西厓著，王世襄整理） 中国人民大学出版社，2003 年 11 月出版。

《竹刻艺术》（书首为金西厓先生《刻竹小言》） 人民美术出版社，1980 年 4 月出版。

《竹刻》 人民美术出版社，1992 年 6 月出版。

Bamboo Carvings of China（ 中国竹刻展览英文图录，与翁万戈先生合编）华美协进社（纽约），1983 年出版。

《竹刻鉴赏》 先智出版事业股份有限公司（台湾），1997 年 9 月出版。

《清代匠作则例》（王世襄主编，全八卷，已出一、二卷） 大象出版社，2000 年 4 月出版。

《中国鼻烟壶珍赏》 三联书店（香港）有限公司，1992 年 8 月出版。

绘画

《中国画论研究》（影印本，全六册）1939–1943 年写成。广西师范大学出版社，2002 年 7 月出版。

《画学汇编》（王世襄校辑） 1959 年 5 月自刻油印本。

《金章》（王世襄编次先慈画集并手录遗著《濠梁知乐集》） 翰墨轩（香港），1999 年 11 月出版，收入《中国近代名家书画全集》，为第 31 集。

《高松竹谱》、《遁山竹谱》（手摹明刊本。同书异名，高松号遁山） 人民美术出版社，1958 年 5 月出版。香港大业公司，1988 年 5 月精印足本。

音乐

《中国古代音乐史参考图片》人民音乐出版社，1954–1957 年出版 1–5 辑。

《中国古代音乐书目》 人民音乐出版社，1961 年 7 月出版。

《广陵散》（书首说明部分） 音乐出版社，1958 年 6 月出版。

游艺

《明代鸽经　清宫鸽谱》（赵传集注释并今译《鸽经》） 河北教育出版社，2000 年 6 月出版。

《北京鸽哨》 生活·读书·新知三联书店，1989 年 9 月出版。辽宁教育出版社，2000 年 4 月中英双语版。

《说葫芦》 壹出版有限公司（香港），1993 年 8 月中英双语版。

《中国葫芦》 上海文化出版社，1998 年 11 月增订版。

《蟋蟀谱集成》（王世襄纂辑） 上海文化出版社，1993 年 8 月出版。

综合

《锦灰堆：王世襄自选集》（全三卷）生活·读书·新知三联书店，1999 年 8 月出版。

《锦灰堆：王世襄自选集》（繁体字版，全六卷） 未来书城股份有限公司（台湾），2003 年 8 月出版。

《锦灰二堆：王世襄自选集》（全二卷） 生活·读书·新知三联书店，2003 年 8 月出版。

《锦灰三堆：王世襄自选集》 生活·读书·新知三联书店，2005 年 6 月出版。

《锦灰不成堆：王世襄自选集》 生活·读书·新知三联书店，2007 年 7 月出版。

《自珍集：俪松居长物志》 生活·读书·新知三联书店，2003 年 1 月出版，2007 年 3 月袖珍版。

图书在版编目（CIP）数据

　　王世襄集 / 王世襄著 . -- 北京 : 生活·读书·
新知三联书店 , 2013.7　（2024.4 重印）
　　ISBN 978-7-108-04560-7

　　Ⅰ . ①王… Ⅱ . ①王… Ⅲ . ①王世襄（1914 ~ 2009）
—文集 Ⅳ . ① C53

　　中国版本图书馆 CIP 数据核字 (2013) 第 142067 号